语义应用：
方法论、技术和企业运用

〔德〕托马斯·霍佩
〔德〕伯恩哈德·胡姆　编著
〔德〕阿纳托尔·雷伯尔德

沈　磊　郑春萍　译

科学出版社

北　京

内 容 简 介

如今，语义应用令全球诸多企业及组织获益。本书从企业用途、应用、技术、方法论四个角度对语义应用进行阐述。

语义应用是一种软件应用，明确或隐含地使用某一领域内的语义。使用语义，为了提高其应用的可用性、有效性以及完整性。将语义学加入信息处理，听起来"野心勃勃"，甚至像天方夜谭，但作者通过真实案例告诉读者，这并非白日做梦，这些应用都是可行的，且已经产生了效益。本书在多个章节中介绍了金融业、法律界、工业界、医疗保健业、公共部门及 IT 业的语义应用，为相关领域的读者提供参考。

如果读者没有在本书中找到可以应用于自己领域的语义应用，书中介绍的其他领域应用或许可以为其提供一些想法或方法。本书还介绍了语义在信息检索、内容管理、流程规划、推荐及决策支持等方面的应用。

图书在版编目（CIP）数据

语义应用：方法论、技术和企业运用 / （德）托马斯·霍佩（Thomas Hoppe），（德）伯恩哈德·胡姆（Bernhard Humm），（德）阿纳托尔·雷伯尔德（Anatol Reibold）编著；沈磊，郑春萍译. —北京：科学出版社，2024.6

书名原文：Semantic Applications: Methodology, Technology, Corporate Use

ISBN 978-7-03-078606-7

Ⅰ．①语…　Ⅱ．①托…　②伯…　③阿…　④沈…　⑤郑…　Ⅲ．①语义学-研究　Ⅳ．①H030

中国国家版本馆 CIP 数据核字（2024）第 108517 号

责任编辑：韩　东　吴超莉 / 责任校对：马英菊
责任印制：吕春珉 / 封面设计：东方人华平面设计部

科学出版社 出版

北京东黄城根北街 16 号
邮政编码：100717
http://www.sciencep.com

北京中科印刷有限公司印刷
科学出版社发行　　各地新华书店经销

*

2024 年 6 月第　一　版　　开本：B5（720×1000）
2024 年 6 月第一次印刷　　印张：15 3/4
字数：318 000

定价：180.00 元

（如有印装质量问题，我社负责调换）

销售部电话 010-62136230　编辑部电话 010-62135763-2041

前　言

PREFACE

“为什么市面上几乎没有用于企业的语义应用的相关著作呢？”

几年之前我们就问过自己这个问题。如今大多数关于语义技术和语义网络的出版物主要还是围绕技术本身，仅仅通过简单的示例或孤立的应用程序加以阐释。而我们通过开发企业用途的语义应用，学到了一些专业知识，同时我们也非常乐于与同行交流和共享，互相学习，共同进步。因此，我们在德国建立了企业语义网络社区。

2014～2017 年，我们每年都会组织达格施图尔（Dagstuhl）研讨会。我们的初衷就是希望在更大范围的社区内促进知识共享，所以在 2015 年，我们出版了第一本德语专著，名为 *Corporate Semantic Web-Wie Semantische Anwendungen in Unternehmen Nutzen Stiften*（《企业语义网——语义应用如何使公司受益》）。随后，我们又在 *Informatik Spektrum*（《信息学一览》）杂志上发表了两篇关于企业语义网络新趋势的文章。出于对该领域浓厚的研究兴趣，我们决定撰写这本新书。我们旨在与全世界的学术群体分享我们的经验，为此，我们特地使用英语进行写作。我们想要创作的不是一部松散无序的论文集，而是一部有条理的作品，能够展示工程语义应用的不同层面。因此，我们把 2017 年举办的达格施图尔研讨会的内容加入本书中。

如今，企业和其他类型的组织逐步开始使用语义应用。我们所说的语义应用是指为了提高某个领域语义的可用性、有效性和完整性，明确地或隐含地使用该领域语义（或含义）的软件应用。我们希望讲一讲如何在广泛的商业领域中开发语义应用。本书收录了一系列文章，描述了语义应用开发中已被证实的方法论，其中包括技术和架构的最佳实践。这是一本实践者写给实践者的书，其目标受众包括软件工程师和知识工程师，也包括管理者、讲师和学生。所有合著者都是来自业界和学术界的专家，在开发语义应用方面具有丰富的经验。多年来，学术群体努力的成果就是：开发此类应用时，大家对什么该做和什么不该做的看法越来越一致。

达格施图尔城堡作为"计算机科学的聚集地"，一直以来都是一个优秀的东道主，也是一个发展和分享新见解的真正孵化器。因此，我们首先要感谢达格施图尔城堡友好而称职的工作人员。

毋庸置疑，本书最重要的贡献者是我们的合著者：45 位领域专家，同时也是撰写文章的高手。非常感谢你们的合作。我们还要特别感谢沃尔夫拉姆·巴图塞克、赫尔曼·本斯、乌尔里希·沙德、梅兰妮·西格尔和保罗·沃尔什作为编辑委员会成员对我们的大力支持。感谢蒂莫西·曼宁对整本书的校对和数百条修改建议。

最后，我们要感谢施普林格的团队，特别是赫尔曼·恩格斯和多萝西娅·葛兰辛格在过去几年里对我们的支持；感谢萨宾纳凯·特克在本书中对我们的指导。本次与你们的友好合作十分顺利，且颇具建设性。

托马斯·霍佩　伯恩哈德·胡姆　阿纳托尔·雷伯尔德
于德国达姆施塔特和柏林

目　　录

CONTENTS

第1章　语义应用简介 ··· 1

　1.1　本书章节总览 ··· 1

　1.2　基础 ··· 3

　1.3　企业用途及应用 ··· 4

　　1.3.1　企业用途 ··· 4

　　1.3.2　应用 ··· 5

　1.4　方法论 ··· 6

　　1.4.1　本体工程 ··· 7

　　1.4.2　质量管理 ··· 8

　1.5　技术 ··· 8

　　1.5.1　语义搜索 ··· 8

　　1.5.2　数据的集成与抽取、转换和加载 ······················· 9

　　1.5.3　标注 ·· 10

　1.6　结论 ··· 10

　参考文献 ··· 11

第2章　企业环境中本体的实用建模指南 ······················ 12

　2.1　背景 ··· 12

　2.2　企业环境的要求 ·· 13

　2.3　开发流程 ··· 14

　　2.3.1　初始阶段 ·· 15

　　2.3.2　后续阶段 ·· 19

　　2.3.3　扩展阶段 ·· 20

2.3.4 与其他建模方法论的比较 ……………………………………………………… 20

2.4 从辞典到本体 ……………………………………………………………………… 21

2.4.1 我们的方法 ……………………………………………………………………… 21

2.4.2 建模准则 ………………………………………………………………………… 22

2.4.3 建模模式 ………………………………………………………………………… 23

2.4.4 将辞典改进为本体 ……………………………………………………………… 24

2.5 经验 ………………………………………………………………………………… 24

2.5.1 建模工作 ………………………………………………………………………… 25

2.5.2 有意义的术语 …………………………………………………………………… 25

2.5.3 拼写容错 ………………………………………………………………………… 26

2.5.4 勇于接受缺陷 …………………………………………………………………… 27

2.6 建议 ………………………………………………………………………………… 27

参考文献 ………………………………………………………………………………… 28

第3章 合规使用元数据 …………………………………………………………………… 29

3.1 对合规工具的日益增多的需求 …………………………………………………… 29

3.2 使数据湖可用 ……………………………………………………………………… 31

3.3 策略感知系统的概念与架构 ……………………………………………………… 32

3.3.1 数据采集 ………………………………………………………………………… 32

3.3.2 连接数据及元数据 ……………………………………………………………… 32

3.3.3 应用限制 ………………………………………………………………………… 34

3.3.4 创建策略感知数据价值链 ……………………………………………………… 34

3.3.5 用于合规的自动审计 …………………………………………………………… 35

3.4 相关元数据的查找及形式化 ……………………………………………………… 36

3.5 上下文感知反应是通向可用性的决定性飞跃 …………………………………… 37

3.6 合规系统的工具使用 ……………………………………………………………… 38

3.6.1 用于语义数据湖的工具 ………………………………………………………… 38

3.6.2 选择 Ontario 还是转换摄取 …………………………………………………… 39

3.6.3 可扩展语义分析栈 ……………………………………………………………… 40

3.7 建议 ………………………………………………………………………………… 40

3.8 结语 ………………………………………………………………………………… 41

参考文献 ………………………………………………………………………………… 41

第 4 章　大数据的多样性管理 43

4.1　引言 43

4.2　大数据的多样性 44

4.2.1　结构的多样性 44

4.2.2　粒度的多样性 45

4.2.3　来源的多样性 46

4.2.4　质量的多样性 46

4.2.5　处理的多样性 47

4.3　数据湖的多样性管理 47

4.3.1　元数据存储库 47

4.3.2　元数据类型 48

4.3.3　元数据的粒度 49

4.3.4　联合 49

4.3.5　分区 49

4.3.6　数据集成与数据扩充 50

4.3.7　访问控制 50

4.4　在执法中的应用 51

4.4.1　综合执法架构概述 51

4.4.2　解决多样性管理 54

4.5　建议 55

4.6　总结 55

参考文献 56

第 5 章　经济学中的文本挖掘 58

5.1　简介 58

5.2　使用 NLP 方法对文本进行预处理和分析 59

5.3　利用模板规则对年度报告中的经济预测进行分析 60

5.4　基于本体信息的商业报告中 CSR 信息的分析 63

5.4.1　知识库的数据分析及开发 63

5.4.2　建立本体 64

5.4.3　年度报告中 CSR 信息的基本统计 66

5.5 建议 ⋯⋯⋯⋯⋯⋯⋯⋯⋯⋯⋯⋯⋯⋯⋯⋯⋯⋯⋯⋯⋯⋯ 67

5.6 总结 ⋯⋯⋯⋯⋯⋯⋯⋯⋯⋯⋯⋯⋯⋯⋯⋯⋯⋯⋯⋯⋯⋯ 67

参考文献 ⋯⋯⋯⋯⋯⋯⋯⋯⋯⋯⋯⋯⋯⋯⋯⋯⋯⋯⋯⋯⋯⋯ 68

第 6 章 生成自然语言文本 ⋯⋯⋯⋯⋯⋯⋯⋯⋯⋯⋯⋯⋯⋯⋯⋯ 69

6.1 引言 ⋯⋯⋯⋯⋯⋯⋯⋯⋯⋯⋯⋯⋯⋯⋯⋯⋯⋯⋯⋯⋯⋯ 69

6.2 语言生成的认知过程 ⋯⋯⋯⋯⋯⋯⋯⋯⋯⋯⋯⋯⋯⋯ 70

6.3 自动文本生成的使用 ⋯⋯⋯⋯⋯⋯⋯⋯⋯⋯⋯⋯⋯⋯ 71

6.4 文本生成的高级方法 ⋯⋯⋯⋯⋯⋯⋯⋯⋯⋯⋯⋯⋯⋯ 72

6.5 利用信息结构提高质量 ⋯⋯⋯⋯⋯⋯⋯⋯⋯⋯⋯⋯ 74

6.6 建议 ⋯⋯⋯⋯⋯⋯⋯⋯⋯⋯⋯⋯⋯⋯⋯⋯⋯⋯⋯⋯⋯⋯ 78

6.7 总结 ⋯⋯⋯⋯⋯⋯⋯⋯⋯⋯⋯⋯⋯⋯⋯⋯⋯⋯⋯⋯⋯⋯ 78

6.8 未来趋势：新闻的高度个性化 ⋯⋯⋯⋯⋯⋯⋯⋯⋯ 78

参考文献 ⋯⋯⋯⋯⋯⋯⋯⋯⋯⋯⋯⋯⋯⋯⋯⋯⋯⋯⋯⋯⋯⋯ 79

第 7 章 本体在情感分析中的作用 ⋯⋯⋯⋯⋯⋯⋯⋯⋯⋯⋯ 81

7.1 简介 ⋯⋯⋯⋯⋯⋯⋯⋯⋯⋯⋯⋯⋯⋯⋯⋯⋯⋯⋯⋯⋯⋯ 81

7.2 自动情感分析的基本要素 ⋯⋯⋯⋯⋯⋯⋯⋯⋯⋯⋯ 82

7.3 情感分析中的词汇 ⋯⋯⋯⋯⋯⋯⋯⋯⋯⋯⋯⋯⋯⋯⋯ 84

  7.3.1 情感词 ⋯⋯⋯⋯⋯⋯⋯⋯⋯⋯⋯⋯⋯⋯⋯⋯⋯ 84

  7.3.2 实体及方面 ⋯⋯⋯⋯⋯⋯⋯⋯⋯⋯⋯⋯⋯⋯⋯ 85

7.4 建议 ⋯⋯⋯⋯⋯⋯⋯⋯⋯⋯⋯⋯⋯⋯⋯⋯⋯⋯⋯⋯⋯⋯ 86

7.5 结论 ⋯⋯⋯⋯⋯⋯⋯⋯⋯⋯⋯⋯⋯⋯⋯⋯⋯⋯⋯⋯⋯⋯ 87

参考文献 ⋯⋯⋯⋯⋯⋯⋯⋯⋯⋯⋯⋯⋯⋯⋯⋯⋯⋯⋯⋯⋯⋯ 87

第 8 章 用网络内容构建简洁的文本语料库 ⋯⋯⋯⋯⋯⋯ 88

8.1 动机 ⋯⋯⋯⋯⋯⋯⋯⋯⋯⋯⋯⋯⋯⋯⋯⋯⋯⋯⋯⋯⋯⋯ 88

8.2 目标 ⋯⋯⋯⋯⋯⋯⋯⋯⋯⋯⋯⋯⋯⋯⋯⋯⋯⋯⋯⋯⋯⋯ 90

8.3 本体的使用 ⋯⋯⋯⋯⋯⋯⋯⋯⋯⋯⋯⋯⋯⋯⋯⋯⋯⋯ 92

8.4 CorpusBuilder ⋯⋯⋯⋯⋯⋯⋯⋯⋯⋯⋯⋯⋯⋯⋯⋯⋯ 93

8.5 勘探器组件 ⋯⋯⋯⋯⋯⋯⋯⋯⋯⋯⋯⋯⋯⋯⋯⋯⋯⋯ 94

8.6 通知功能 ⋯⋯⋯⋯⋯⋯⋯⋯⋯⋯⋯⋯⋯⋯⋯⋯⋯⋯⋯ 97

8.7 技术 ⋯⋯⋯⋯⋯⋯⋯⋯⋯⋯⋯⋯⋯⋯⋯⋯⋯⋯⋯⋯⋯⋯ 97

8.8　现状及未来的工作 ································· 98

8.9　建议 ···································· 99

8.10　总结 ··································· 99

参考文献 ···································· 100

第 9 章　基于本体的网页内容建模：Leipzig Health Atlas 示例 ······· 101

9.1　简介 ···································· 101

9.2　LHA 门户的内容指定 ····························· 103

9.3　本体架构 ································· 105

9.4　Drupal 本体生成器 ···························· 106

9.5　Drupal 中的简单本体加载器 ························ 107

9.6　建议 ···································· 110

9.7　结论 ···································· 111

参考文献 ···································· 111

第 10 章　癌症治疗的个性化临床决策支持 ·················· 113

10.1　介绍 ··································· 113

10.2　用户交互概念 ······························· 115

10.2.1　药品信息服务 ··························· 116

10.2.2　文献服务 ····························· 117

10.2.3　循证医学的建议 ························· 117

10.3　医学信息提供者 ······························ 118

10.4　基于本体的电子健康记录 ························ 120

10.5　医学本体 ································ 121

10.6　软件架构 ································ 122

10.6.1　概述 ······························· 122

10.6.2　语义 ETL ···························· 124

10.6.3　文献服务 ····························· 124

10.6.4　循证医学推荐服务 ························ 125

10.6.5　实现 ······························· 126

10.7　推荐 ··································· 126

10.8　结论 ··································· 127

参考文献 ···································· 127

第 11 章 时态概念语义系统的应用 ··· 130

11.1 简介 ··· 130

11.1.1 语义扩展 ··· 130

11.1.2 蒸馏塔中时态数据的语义扩展 ·· 131

11.1.3 形式概念分析 ··· 132

11.2 蒸馏塔时态数据的概念扩展 ··· 133

11.3 形式上下文的概念格 ·· 134

11.3.1 概念、对象概念及属性概念的示例 ··· 135

11.3.2 形式概念、概念格及蕴含式 ··· 136

11.4 蒸馏塔数据的时态评估 ··· 138

11.4.1 蒸馏塔的状态 ··· 138

11.4.2 转移及轨迹 ·· 138

11.4.3 蒸馏数据的概念图 ·· 139

11.5 讨论 ··· 143

11.5.1 适用范围 ··· 143

11.5.2 方法论 ·· 144

11.5.3 技术 ··· 144

11.5.4 经验 ··· 144

11.6 建议 ··· 145

11.6.1 FCA/TCA 的通用性 ··· 145

11.6.2 形式上下文的简单性与概念格的复杂性 ···································· 145

11.6.3 FCA/TCA 程序方面的建议 ·· 145

11.7 结论 ··· 146

参考文献 ·· 146

第 12 章 智能工厂中的上下文感知文档 ·· 147

12.1 简介 ··· 147

12.2 用例 1：机器人应用程序开发 ·· 148

12.3 用例 2：工业检测机器的维护 ·· 148

12.4 需求 ··· 149

12.5 体系架构 ··· 150

12.5.1 信息架构 ··· 150

12.5.2 本体 ··· 151

　　　　12.5.3　软件架构 ··· 153

　12.6　从原始数据到语义上下文 ·· 154

　　　　12.6.1　预处理 ··· 156

　　　　12.6.2　语义丰富 ··· 157

　12.7　从语义上下文到适当的文档 ·· 160

　12.8　建议 ··· 162

　12.9　结论与展望 ··· 162

　参考文献 ·· 163

第 13 章　基于知识的工业 4.0 生产计划 ··· 165

　13.1　简介及动机 ··· 165

　13.2　基于知识的生产计划 ·· 167

　　　　13.2.1　功能块 ··· 169

　　　　13.2.2　分布式流程计划 ··· 169

　　　　13.2.3　元功能块、执行功能块及操作功能块 ································· 169

　　　　13.2.4　流程计划领域中的 WPIM ··· 170

　　　　13.2.5　主流程和流程实例、活动与任务 ····································· 171

　　　　13.2.6　基于知识的信息架构中的语义集成 ··································· 172

　　　　13.2.7　中介架构 ··· 172

　　　　13.2.8　信息集成及中介中的本体 ··· 174

　13.3　KPP 的概念验证原型实现 ·· 174

　　　　13.3.1　本体与查询库 ··· 178

　　　　13.3.2　KPP 流程编辑器 ··· 179

　　　　13.3.3　KPP 中介实现方法 ··· 179

　13.4　KPP 示范 ·· 180

　13.5　建议 ··· 182

　13.6　结论及未来工作 ·· 183

　参考文献 ·· 183

第 14 章　使用语义网络技术的自动权限处理：DALICC 框架 ················ 186

　14.1　简介 ··· 186

　14.2　许可证自动处理的挑战 ·· 188

　　　　14.2.1　许可证异构性 ··· 188

14.2.2　权利表达语言 ⋯⋯⋯⋯⋯⋯⋯⋯⋯⋯⋯⋯⋯ 189

14.2.3　许可信息的机器处理 ⋯⋯⋯⋯⋯⋯⋯⋯⋯⋯ 190

14.3　DALICC 框架 ⋯⋯⋯⋯⋯⋯⋯⋯⋯⋯⋯⋯⋯⋯⋯⋯ 191

14.3.1　系统需求 ⋯⋯⋯⋯⋯⋯⋯⋯⋯⋯⋯⋯⋯⋯⋯ 191

14.3.2　DALICC 的实现与服务 ⋯⋯⋯⋯⋯⋯⋯⋯⋯ 195

14.4　建议 ⋯⋯⋯⋯⋯⋯⋯⋯⋯⋯⋯⋯⋯⋯⋯⋯⋯⋯⋯⋯ 197

14.5　结论 ⋯⋯⋯⋯⋯⋯⋯⋯⋯⋯⋯⋯⋯⋯⋯⋯⋯⋯⋯⋯ 197

致谢 ⋯⋯⋯⋯⋯⋯⋯⋯⋯⋯⋯⋯⋯⋯⋯⋯⋯⋯⋯⋯⋯⋯⋯ 198

参考文献 ⋯⋯⋯⋯⋯⋯⋯⋯⋯⋯⋯⋯⋯⋯⋯⋯⋯⋯⋯⋯ 198

第 15 章　管理文化资产：典型的文化遗产档案使用场景的挑战 ⋯⋯ 201

15.1　简介 ⋯⋯⋯⋯⋯⋯⋯⋯⋯⋯⋯⋯⋯⋯⋯⋯⋯⋯⋯⋯ 201

15.2　文化遗产领域的特征 ⋯⋯⋯⋯⋯⋯⋯⋯⋯⋯⋯⋯⋯ 202

15.3　领域的档案标准 ⋯⋯⋯⋯⋯⋯⋯⋯⋯⋯⋯⋯⋯⋯⋯ 203

15.3.1　开放档案信息系统 ⋯⋯⋯⋯⋯⋯⋯⋯⋯⋯⋯ 203

15.3.2　元数据标准 ⋯⋯⋯⋯⋯⋯⋯⋯⋯⋯⋯⋯⋯⋯ 203

15.4　语义技术 ⋯⋯⋯⋯⋯⋯⋯⋯⋯⋯⋯⋯⋯⋯⋯⋯⋯⋯ 204

15.5　典型使用场景 ⋯⋯⋯⋯⋯⋯⋯⋯⋯⋯⋯⋯⋯⋯⋯⋯ 205

15.5.1　共享媒体文件 ⋯⋯⋯⋯⋯⋯⋯⋯⋯⋯⋯⋯⋯ 205

15.5.2　以文本形式存档内容数据 ⋯⋯⋯⋯⋯⋯⋯⋯ 206

15.5.3　提供用户友好的数据共享界面 ⋯⋯⋯⋯⋯⋯ 206

15.5.4　使档案内容可发现 ⋯⋯⋯⋯⋯⋯⋯⋯⋯⋯⋯ 207

15.5.5　档案之间的互连 ⋯⋯⋯⋯⋯⋯⋯⋯⋯⋯⋯⋯ 208

15.6　建议 ⋯⋯⋯⋯⋯⋯⋯⋯⋯⋯⋯⋯⋯⋯⋯⋯⋯⋯⋯⋯ 210

15.7　结论 ⋯⋯⋯⋯⋯⋯⋯⋯⋯⋯⋯⋯⋯⋯⋯⋯⋯⋯⋯⋯ 210

参考文献 ⋯⋯⋯⋯⋯⋯⋯⋯⋯⋯⋯⋯⋯⋯⋯⋯⋯⋯⋯⋯ 210

第 16 章　语义流程过滤气泡 ⋯⋯⋯⋯⋯⋯⋯⋯⋯⋯⋯⋯⋯ 213

16.1　简介 ⋯⋯⋯⋯⋯⋯⋯⋯⋯⋯⋯⋯⋯⋯⋯⋯⋯⋯⋯⋯ 213

16.1.1　信息社会中的流程概念 ⋯⋯⋯⋯⋯⋯⋯⋯⋯ 213

16.1.2　当前问题 ⋯⋯⋯⋯⋯⋯⋯⋯⋯⋯⋯⋯⋯⋯⋯ 214

16.1.3　组织和技术要求 ⋯⋯⋯⋯⋯⋯⋯⋯⋯⋯⋯⋯ 215

16.1.4　技术平台 ⋯⋯⋯⋯⋯⋯⋯⋯⋯⋯⋯⋯⋯⋯⋯ 215

16.2　门户的完整说明 ·· 216

16.2.1　基于流程上下文的搜索引擎参数化 ············ 217

16.2.2　根据当前用户活动识别流程步骤 ··············· 218

16.2.3　流程门户中的流程信息 ························· 218

16.2.4　基于流程上下文的门户事件日志记录 ·········· 218

16.2.5　工作流监控 ································· 219

16.3　建议 ·· 220

16.4　结论与未来研究 ·· 221

参考文献 ·· 221

第 17 章　特定领域的语义搜索程序示例：SoftwareFinder ······· 222

17.1　简介 ·· 222

17.2　SoftwareFinder 示例 ····································· 223

17.3　本体作为语义应用的核心 ································· 226

17.3.1　如何获得本体 ······························· 227

17.3.2　使用大型领域术语开发本体的经济有效的方法 ··· 227

17.4　如何实现语义功能 ·· 231

17.5　实现 ·· 235

17.6　建议 ·· 235

17.7　结论 ·· 236

参考文献 ·· 236

第1章

语义应用简介

本章要点

1）如今，语义应用程序为医疗、金融、工业等商业部门和公共部门的众多组织带来了好处。

2）语义应用程序使用领域的语义提高应用的可用性、有效性和完整性。

3）开发语义应用程序需要方法技能，如本体工程、本体的质量保证和许可证管理。

4）目前有多种技术可用于实现语义应用程序，如数据集成、语义搜索、机器学习和复杂事件处理。

1.1　本书章节总览

如今，语义应用令全球诸多企业及组织获益。本书介绍了在语义应用开发过程中已被证明的方法论，其中包括技术及架构的最佳实践，即如何从数据到应用。方法论能为应用提供支撑。企业级应用体现了这些方法论。

图 1.1 是本书章节总览，并介绍了每一章涉及的企业使用的方法论、技术及应用。

本章将对语义应用进行介绍，并对其在企业中使用的最佳方法论、技术及应用加以整体介绍。

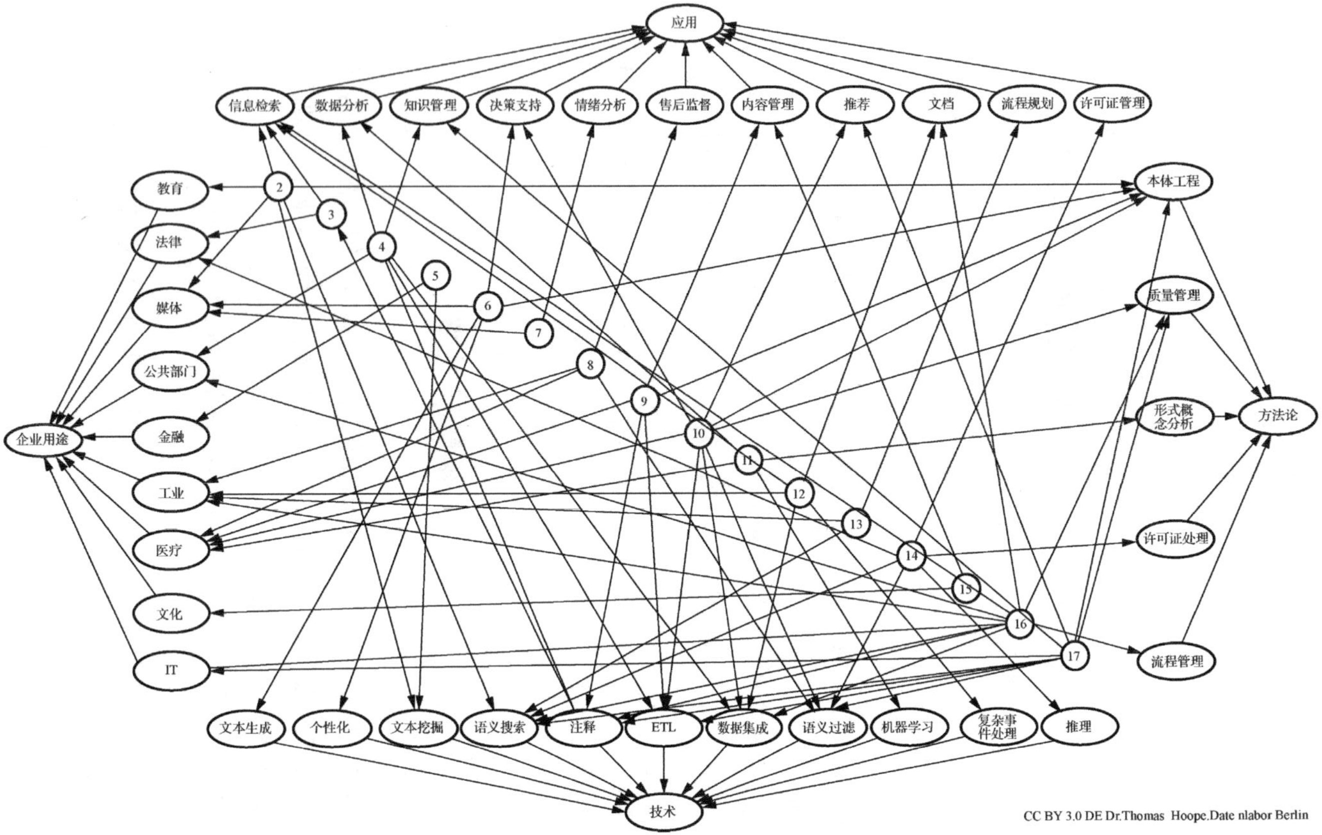

图 1.1 本书章节总览（其中圆圈内数字为章节数，其箭头所指为每章涉及的企业使用的方法论、技术及应用）

CC BY 3.0 DE Dr.Thomas Hoope.Date nlabor Berlin

1.2 基　础

并非人人都对语义应用领域的术语有所了解，因此我们将对本书中使用的重要术语进行说明。这些说明并不全面，也可能不完全与科学定义一致，只是对主要术语作直观解释。

语义学试图捕捉并规范词语（分别从术语、短语及符号等方面）与其含义之间的关系。例如，cancer 一词表示一种疾病或者十二星座中的一个，但其在某一形式化的具体含义通常取决于它的上下文，如用来解释该术语含义的其他术语和与该术语相关的术语。这种形式化通常称为本体。

在语义应用的背景下，本体是术语语义的显示表述，通常与具体应用领域[1]有关。本体的定义是形式化的、明确的、描述性的概念体系[2]。其强调术语明确取决于某一特定等级的粒度；或者定义为形式化的，对于共享概念体系的明确而又详细的说明[3]，这样定义则又强调其目的是在涉众之间共享该术语集的含义。例如，一个医学领域的本体可能会将黑色素瘤（melanoma）定义为一种疾病，将华法林定义为一种药物，同时定义这二者之间的关系为"华法林可用于治疗黑色素瘤"。图 1.1 是一个简单本体，展示了应用、企业用途的业务部分、方法论及技术，并表明其与本书各章之间的关系。

不同形式的本体包含"何种"术语取决于给定关系的复杂度。Lassila 和 McGuiness[4]区分了轻量级本体和重量级本体。轻量级本体包括受控词表、叙词表与非正式分类法。简单来说，受控词表就是某一应用领域的一个直观术语列表，如医学领域中的"黑色素瘤"。分类法是为受控词表添加一个更广/更窄的术语，如黑色素瘤是一种癌症，这是一种病。叙词表为分类法使用的术语增添更多信息，包括首选名称（如"黑色素瘤"）、近义词［如"恶性黑色素瘤"（malignant melanoma）、"皮肤黑色素瘤"（cutaneous melanoma）］，以及与该术语相关的其他术语（如"另请参阅皮肤癌"）。重量级本体通过以下两种方式扩充叙词表：给予非正式分级的更广/更窄的术语关系一个正式基础关系，用附加细粒度分布关系（如 CRYBG1 基因与黑色素瘤相关）、定义（如黑色素瘤是一种典型发于皮肤的生黑色素细胞构成的恶性新生物，出处：美国国家癌症研究所辞典）、属性及元数据来扩充表达。本体的重点并不仅在于领域内的术语，而是重点在于其内在的本体结构。例如，哪些对象存在于应用领域，它们如何组织成类（概念），还有这些类是如何定义并相关联的。

本体工程是一门构建本体的学科，它囊括了方法论和最佳实践。例如，与本体专家紧密合作进行增量本体开发。它的范围包括从可用文档及信息来源的文本分析到海量数据源的信息提取，再到本体的建模。本体建模包括适配现有本体、合并和对齐不同领域本体，或从头开始建模所需本体。本体工程作为一种关键的方法论，在 1.4.1 节中会有更详细的介绍。

语义应用是一种软件应用，明确或隐含地使用某一领域内的语义，使用语义旨在提高应用的可用性、有效性及完整性。语义搜索就是一个例子，该搜索使用同义词与相关术语，扩充简单文本的搜索结果，本体便是语义应用的中心。

信息检索通常包括根据特定需求从数据来源的集合中获取信息的不同方式。可检索的信息不仅包括纯文本信息，还包括图像、音频及视频信息。如今，信息检索应用中最突出的是通用搜索引擎，如谷歌、雅虎和必应。这类搜索引擎包含语义搜索，所以也属于语义应用。例如，在谷歌搜索中输入"约翰·肯尼迪何时出生？"，搜索结果会是一个肯尼迪的信息框，当中包含了他的生日 1917 年 5 月 29 日。与通用搜索引擎不同，特定领域搜索应用的搜索范围更窄，但语义深度更深，如酒店和旅游的门户网站、交友网站、招聘门户网站和二手车交易网站等。

数据集成是指将不同格式、不同来源的数据进行组合，以提供统一的视图。在本体工程中，有时会集成同一领域的各种本体，以提高综合性。在医学领域，可以将美国国家癌症研究所术语辞典与医学主题术语辞典整合后共同用于语义应用。

1.3 企业用途及应用

将语义学加入信息处理，听起来"野心勃勃"，甚至像天方夜谭。作为作者，我们想通过真实案例告诉读者，这并非白日做梦，这些应用都是可行的，且已经产生效益。但作为读者，你也许想知道某些应用能否应用于你所在的领域，或是能否为自己的工作提供可用的方法。因此，在此附上一个简单总览，包括本书中出现的一些应用及其对应的业务领域。总览如图 1.1 所示，左侧是"企业用途"，上侧是各类"应用"。

1.3.1 企业用途

第 5 章介绍了金融业的应用，探讨了如何在该领域中支持管理报表的准备、发布及评估。第 3 章和第 14 章介绍了法律界的应用。其中，第 3 章介绍的是管理合规问题和利用开放数据时产生的困难应用，第 14 章介绍了自动许可证结算中的应用。

第 12、13 及 16 章介绍了经济生产，即工业中的应用。其中，第 13 章探讨了生产规划支持方面的应用，特别是生产及规划均涉及多位伙伴合作的情况；生产流程的模型，或者更普遍来讲，业务流程的模型，可以通过第 16 章介绍的自动标注工具的使用得到优化；第 12 章介绍的语义应用可为故障机械及维修场景寻找合适的技术文档。

第 2 章介绍了如何在实用企业场景下开发本体，这些本体用于优化语义搜索，如在招聘门户网站、继续教育门户网站（图 1.1 中"教育"类下）或企业内网中的应用。第 8 章介绍了利用本体搜索网页以建立给定主题文档语料的应用，本书中的案例为医疗器械。

媒体部分的语义应用涵盖了情感分析（第 7 章）及根据结构化数据自动生成文本，如天气、体育赛事及股票的报道（第 6 章）。

医疗保健业的应用在多个章节均有介绍。第 8 章中的应用用于收集医疗器械文档，以支持合规性。该应用由本体控制，在互联网上检索相关科学文献，再检查其相关性，将信息组织后存入可搜索资源库。第 9 章探讨的是本体驱动的网页内容开发，以此自动搭建健康信息学门户网站。书中所写的方法现已用于建立 Leipzig Health Atlas，这是一个多功能、有质量保证并且基于网络的资源库，收录了卫生保健相关的数据及方法。第 10 章介绍了健康信息学领域的进一步创新，即用于癌症治疗决策支持的本体驱动方法。第 11 章介绍了一种时间序列的形式化数学表示，这是一种在更广泛的环境中提供术语解释的方法。这类技术在健康领域的应用包括基因表达分析、基于病患遗传数据的多维空间病患行为可视化。这同样适用于厌食症患者的治疗。

第 15 章介绍了通过匹配不同文化项目的词汇，建立文化遗产档案的应用。第 4 章讨论的应用属于公共部门。该应用支持在数据湖中定位和连接所需数据，并支持解决大数据多样性问题的合并任务。

第 16 章与第 17 章介绍了 IT 部分的应用。其中，第 16 章讲解了如何运用语义技术改进业务流程的建模及处理，以便在正确的时间交付与当前流程步骤相关的文档；第 17 章介绍了个人用途或专业用途方面的应用，其支持查找适当的和必需的软件。

1.3.2 应用

作为本书的读者，你也许无法在本书中找到可以应用于自己领域的语义应用，但用于其他领域的应用或许可以为你提供一些想法或方法，能够为你所用。因此，这里附上应用的总览。

数字化处理中，在正确的时间地点获取正确信息是诸多要求中的一个，而这个要求需要信息检索应用的支持。本书第 2、3、6、8、12、13、16、17 章介绍了语义学如何帮助这些应用变得更加智能，从而使所需信息不再被大量毫不相干的信息覆盖。第 4 章包括信息检索、数据分析及知识管理之间的重叠部分，展示了语义元数据是如何支持这些领域的，特别是当分析数据高度多样化时（大数据的多样性方面）。第 16 章介绍了根据当前流程步骤进行流程相关的文档检索。第 11 章和第 7 章增加了数据分析，其中第 11 章重点是时序方面，第 7 章着重介绍情感分析。

第 4 章介绍知识管理及内容管理的语义应用，可用于解决大数据的多样性问题。第 16 章重点介绍了业务流程语义标注模型。第 9 章介绍了如何开发内容管理系统基于本体的扩展。第 15 章讨论了如何建立文化遗产档案。文档是信息管理的另一方面，由此，第 12 章介绍了一种用于机械故障和维修情景中快速识别相关技术文档的应用，第 16 章重点介绍了业务流程模型文档。

第 8 章介绍了一种支持市场监督并收集医疗器械科学文档的应用。第 13 章介绍了流程规划。第 14 章描述了许可证管理。第 10 章介绍了推荐及决策支持。第 17 章介绍了一种为软件开发项目推荐软件组件的语义应用。

1.4 方 法 论

基于知识的系统主要优势在于知识与处理的分离，所需的知识通常由本体表示。

本体可被分为三类：顶层本体表示多个领域的共同知识，领域本体表示某一领域的特定知识，而任务本体则将领域本体与应用相连接。顶层本体通常是在研究项目中开发，领域本体通常覆盖了某一应用领域（对应多个应用程序）的术语和信息结构。

语义技术应用中的主要问题是从何处获取领域本体。对某些重要领域而言，大量本体是可用的（如医药及技术领域）；但对于专业业务领域或企业来说，通常没有适合的本体，需要创建新的本体。

虽然有许多本体工程的方法论，但它们通常是在学术背景下开发的，很少在真实场景或是企业应用中检验过。本书描述了多种用于设计所需领域本体的不同实用方法，而这些方法已经在实际应用中显示了其效用。

1.4.1 本体工程

如果某一特定应用有可用的领域本体，那么每次将所需本体重新建模则是浪费。然而，通常可用本体并不能完全覆盖应用的领域。正如第 10 章在个性化健康记录应用案例中强调的，没有一个医学本体能够囊括所有相关术语，也没有医学本体集合可涵盖所需概念的所有术语。这样一来，本体映射、对齐及集成就成为本体工程的主要任务。第 10 章介绍了本体工程中的一个特定实例，包括不同数据格式的转换、不同语义字段的映射、内容的清洗和过滤、副本的识别及处理，以及将信息整合为单一目标数据格式。

有时可以为某一特定应用领域（如信息技术）找到一些基础分类系统，该系统允许自动派生领域本体最上层部分，但并没有应用程序要求得那么细致。第 17 章采取相关但更简单的方式，通过初步识别多个"语义类别"，并将从软件及其组件的文本表述得到的领域术语分配给这些类别，可以建立一个辞典的轻量级核心；然后将缩略词和同义词与这些术语相关联，并使用其他工具识别功能性同义词，如密切相关且同义使用的术语。

第 2 章介绍了该方法的扩展，用于企业环境中的实用本体建模。通过简单文本分析和关键词列表派生，引导本体工程师首先确定应用程序的重要概念，即"分类概念"。这些分类概念用于在电子表格中预审提取出的关键词，提示本体工程师首先需要建模的术语，并持续跟踪他们的工作。对搜索应用而言，通常建模词库足够。通过建立一些建模准则，能够确保词库在之后可以转换为更有表现力的本体。

第 9 章介绍了一种扩展通用内容管理系统的处理管道——Drupal，使用本体自动导入功能。首先在电子表格模板中对领域进行建模，然后将其转换为一个本体，并由知识工程师选择性地对该本体进行优化，将其导入 Drupal 自己的数据库。这样，就允许非专家使用通用工具对门户网站的内容进行建模，并且在将其输入内容管理系统之前对其知识结构进行扩充。

有时，本体的结构及其表示会受到使用该本体的应用程序的限制，因此本体工程处理需要遵守应用相关的需求。第 2 章介绍了一个示例，在该示例中，对首选概念的同义词进行显示标记，以便在无须进行逻辑推断的情况下轻松识别它们，同时建立快速查找表，以加快自动标注流程。第 6 章介绍了使用由传统数据库实现的资源描述框架（resource description framework，RDF）三元存储，用于在文本生成过程中快速访问本体。当然在一定程度上这也给本体设计增加了限制。

质量保证依赖于领域和应用，它是本体工程中必须考虑的问题。

1.4.2 质量管理

如果我们认定本体是一种"共享概念化的正式、明确的说明"[3]，那么概念化的共享就是不同的相关者都认同了所表示的信息的含义，在某种程度上这也保障了本体的质量。

第 2 章描述了如何通过本体工程过程中的双人监控原则，保障本体在增量建模中的质量。第 10、16、17 章介绍了通过链接信息并将其放入领域上下文来解决信息质量管理问题。

信息质量对医疗领域而言至关重要，因此第 10 章中将高质量信息定义为个性化医疗的基石。个性化医疗，即根据每个病患的特点进行治疗，对病患而言十分关键。语义技术可将病患数据与医疗知识数据库中的信息关联起来，如此一来便可实现因人而异的个性化治疗。

第 16 章介绍了如何通过将信息置入业务流程的语义背景来提高组织内信息质量。在"过滤气泡"中，许多任务、文档及其他相关数据可以在语义上扩充流程模型。而信息在经过模块化处理后得以复用，这样提高了一致性。语义概念减少了信息溢出，同时将发现的信息聚焦在相关上下文中。

第 17 章显示了在软件搜索领域，使用语义信息进行数据扩充，可以提高搜索结果的质量。在某些情况下，合适的软件会被推荐给用户，这里的"合适"指的是根据许可证、社区支持、编程语言或者操作系统等特征进行选择。另外，会选择与用户使用的软件类似的软件提供给用户。

1.5 技 术

在讨论了应用程序、企业用途及方法论后，"要使用哪些技术"的问题仍然存在。显然，该问题取决于特定的应用。以下各节将简要介绍本书其他章节中涉及的重要技术。

1.5.1 语义搜索

术语"语义搜索"具有歧义，不同的相关者赋予语义搜索的含义也不同。通常含义就是，语义搜索概括了任意基于形式语义学的背景知识进行信息检索的技术，这里形式语义学包括分类法、叙词表、本体或知识图谱等。从狭义上讲，"语

义搜索"这一术语概括了基于语义形式的关键词搜索的信息检索，通常是在
Apache Lucene、Apache Solr 或 ElasticSearch 上做一些语义扩展。这种狭义角度区
别于分面浏览，也区别于以自然语言查询的问答系统和 RDF 检索系统。RDF 检
索系统[5]中，待查找信息是用某种 SQL 结构的查询语言构成的，如 SparQL 或
GraphQL。后一种检索形式通常需要通过技术专家确定查询格式，并且建立好技
术基础，参见第 13 章及第 14 章。

对于狭义角度的语义搜索，应用程序必须能够解决模糊形式查询的问题。查
询通常只有关键词，而且是以用户的语言组织的，所以不一定与文档使用的语言
或企业使用的语言完全匹配。正如第 2 章所强调的，对于许多信息检索系统而言，
这类语义搜索通常需要在用户语言与文档作者语言之间进行翻译。翻译用到了由
领域本体定义的某种受控词汇表，它就如同一座桥梁，将搜索查询词与信息提供
者使用的词汇相连通。

第 2 章和第 17 章通过将同义词、首字母缩略词、功能性同义词及隐藏术语映
射到领域本体的受控词汇表来扩大关键词查询范围，以此增加搜索结果，或是回
答相应的查询问题。其中，隐藏术语是指常见的错误拼写术语。第 17 章还介绍了
如何通过领域本体来扩充术语补全和分面搜索，以使用语义增强用户界面和用户
体验。

第 16 章介绍了在流程模型的背景下，当前流程步骤的背景信息如何作为附加
约束引导对文档的语义搜索，这样可在正确的时间地点下向用户提供正确的信息。

1.5.2　数据的集成与抽取、转换和加载

语义应用通常都要求进行数据集成。由于没有任何单个的本体被证明足以满
足目前开发的语义应用的序言，因此第 10 章介绍了集成各类医疗保健本体的方
法。第 12 章介绍了如何将特定领域的本体与业务数据集成在一起，如来自工厂车
间的机器数据与技术文档。第 17 章概述了如何使用网页爬取的数据扩充本体，以
及在软件组件中如何将这样的本体与元数据集成。第 4 章介绍了如何利用本体及
元数据目录探索异构数据湖，以及如何简化多数据集的集成。

ETL 技术是一项成熟的数据集成技术。转化、扩充和分析信息是商业智能和
数据科学中常用的方法。语义 ETL 通过一些处理步骤对传统 ETL 进行了扩展，
这些步骤包括语义匹配、清洗、过滤及副本处理。如第 8 章所示，这一流程需要
紧密反馈才能持续改进。语义 ETL 还可在本体工程阶段中使用，以此将数据库、
分类法、叙词表、本体或知识图谱等不同信息源的内容整合为一个集成的本体。
第 9 章解释了如何通过语义 ETL 组合使用电子表格和专业翻译器等可用工具，完

成数据集成。第 10 章介绍了在映射和对齐本体时的必要处理步骤，这些步骤与传统商业智能和数据科学任务中使用的步骤十分相似。

1.5.3 标注

语义技术应用的基础是内容，有时可以由用户使用标签或标记来标注这些内容，有时可以通过文本分析进行自动标注。分类法、叙词表或本体形式的背景知识可以通过相关术语对标注进行自动扩充。这些被扩充的标注可被称为指纹，或被称为足迹，由此表明这些标注特点鲜明，可以用来对标注内容进行识别。从某种意义上来说，这种扩充过程也是一种数据集成。因为在该过程中，伴随内容的关键词，或者从内容衍生的关键词，可与已建模知识集成，形成一种新的知识来源。

从技术角度来看，这些标注将语义分析的一部分从运行时转移到了信息索引阶段，由此实现了信息检索的简化和加速。从应用的角度来说，扩充的标注本身就可以成为数据分析的对象。

标注模型可描述标注与内容之间的关系，见第 3 章。同时，和其他元数据一样，这种关系也会被附加到所标注的内容中。特别是对于数据湖的内容检索而言，在设计和维护数据时，标注成为关键的考虑因素，见第 4 章。第 9 章则展示了网页内容是如何使用来自各种本体的概念进行标注的。

第 16 章中，标注用于搜索结果的过滤，同时也可按业务对象对业务流程模型进行标注。虽然没有明确指出，但是第 17 章用到的"标签"仅仅是由用户提供的标签标准化而来的标注，这是为了派生领域本体和描述软件组件。

1.6 结 论

如今，语义应用为医疗保健业、金融业、工业及公共部门等领域的许多企业及组织带来了收益。语义应用的开发需要基于方法论的技能，包括本体工程、本体质量保证及许可证管理。语义应用的实践通常离不开精通技术的软件工程师的帮助，这些技术包括数据集成、语义搜索、机器学习和复杂事件处理等。

之后的章节阐述了对语义应用相关方法论和技术的理解，而这些方法论和技术都是已经在企业实践中得到检验的、行之有效的。

参 考 文 献

[1]   Busse J, Humm B, Lübbert C, Moelter F, Reibold A, Rewald M, Schlüter V, Seiler B, Tegtmeier E, Zeh T (2015) Actually, what does "ontology" mean? A term coined by philosophy in the light of different scientific disciplines. Journal of Computing and Information Technology CIT 23(1):29-41. https://doi.org/10.2498/cit.1002508.

[2]   Gruber TR (1993) A translation approach to portable ontologies. Knowledge Acquisition 5(2):199-220. Academic Press.

[3]   Studer R, Benjamins VR, Fensel D (1998) Knowledge engineering: principles and methods. Data and Knowledge Engineering 25:161-197.

[4]   Lassila O, McGuiness DL (2001) The role of frame-based representation on the semantic web. Knowledge Systems Laboratory Report KSL-01-02. Stanford University Press, Palo Alto.

[5]   Dengel A (ed) (2012) Semantische Technologien. Spektrum Akademischer Verlag, Heidelberg.

第2章

企业环境中本体的实用建模指南

本章要点

1）确定应用程序中最重要的术语的类别。

2）如果没有适合应用的知识源，请使用 NLP 工具从文档或搜索查询日志中获取关键字列表。

3）检查这些关键字列表中属于先前确定的类的术语，并将相应的术语标记为有用、可疑或可忽略。

4）使用这些术语对同义词库进行建模，以实现第一个概念证明并推导初始领域模型。

5）根据指南对同义词库进行建模，以便之后过渡到成熟的本体。

6）持续衡量未来任务、业务案例的开发和管理所需的建模工作量。

7）根据应用程序，判断用户发现缺陷的后果，应对不完美的语言使用和用户的拼写，并且随时间不断完善不完整的模型。

2.1 背　　景

2008 年，我们成立了 Ontonym 公司，致力于语义技术的开发和商业化。最初，我们聚焦于人力资源（human resources，HR）领域，旨在实现招聘求职领域的创新。业务目标很清晰：如果我们能让求职者更容易地搜索职位，他们就能更容易地找到更适合自己技能的工作；如果我们能帮助雇主找到更适合的求职者，他们就能更快地用更合适的求职者来填补空缺。显然，我们可以为双方创造一个双赢的局面。我们和合作伙伴在语义技术和搜索引擎开发方面都有很强的背景，所以我们很快就认识到，语义技术是一个理想的手段。因为能够将求职者与工作档案相匹配的应用程序是背景知识密集型的，需要处理丰富的、有歧义的和模糊的术语。

柏林自由大学和柏林洪堡大学的研究项目 Wissensnetze（知识网络）首次演示了这种匹配型的应用程序如何运行，该项目受到了德国联邦教育和研究部的资助。该项目的总体目标是使用语义网技术进行试验，这些技术在当时刚刚实现标准化。我们之所以在各种应用领域中选择人力资源这个领域，是因为在该领域应用技术带来的业务价值是可预期的。

我们的第一步是创建演示系统，以展示语义技术的潜力。由于上述研究项目的初始演示应用程序不适合该任务，因此我们在此基础上重点进行了用于招聘广告的语义搜索引擎的开发。2008～2013 年，我们不仅为客户开发搜索引擎，还为他们开展定制和安装服务，将其拓展到继续教育领域。我们将基本技术应用于语义过滤[1]，并为招聘广告、人力资源和继续教育领域开发了一个基于本体的集成辞典（thesaurus）。至今，我们仍在继续维护这一辞典。截至 2017 年 9 月底，该辞典的词库涵盖了大约 14070 个概念、5000 个等价同义词、21570 个多语言术语、36900 个自动生成的拼写变体、28040 个子类公理和 8210 个概念间的关系。

在此期间，我们开发了一种实用的方法来建模领域本体，本章将对此方法进行说明。结果显示，这种方法对企业搜索应用程序非常有效。在解释我们的方法，将其与其他现有的本体开发方法进行比较并分享我们的经验之前，首先要指出我们在语义应用程序的商业环境中涉及的一些框架条件。

2.2　企业环境的要求

应用程序的环境决定了需要哪种本体。例如，如果需要使用本体作为得出有效逻辑结论或技术诊断的基础，那么要求本体必须是可靠且一致的。如果将本体应用于一个模糊性占主导地位的环境（如医学诊断），并且有更多的可用案例，那么可靠性和一致性就变得不那么重要了，因为统计方法可以替代清晰的逻辑[2-3]。如果本体是用于实现推荐或将用户兴趣与可用项目进行比较（如技能和职位描述的匹配，或用户需求和产品描述的匹配等），则需要考虑语言的模糊性及用户和信息提供者当前的语言使用情况。如果本体是用于帮助用户找到他们想要的信息，则其需要将用户的语言映射到某种受控的词汇表，以弥合用户和作者之间的语言鸿沟[4]。

除了这些基于应用程序的需求和所选择的开发方法的需求，在商业环境中对辞典和本体的建模还需要尊重一些未明确说明的需求。

一项尚未广泛应用的新技术往往需要首先展示其优势。因此，管理者在最初使用一项新技术时总会犹豫不决，因为其开发成本会很高。

首先，需要一些概念验证来证实新技术的实用性。不论概念验证的结果如何，都应该能得出一些结论，即便结论是最坏的情况，即技术被证明不适用或是无用。在概念验证过程中得到的产物应该可以再利用，这样至少可以节省部分投资。当然，最好的情况是概念验证的结果可以为进一步的开发服务。

显然，概念验证应该在合理的时间内完成。这样，我们在初始建模过程中不会投入太多的精力。正因为如此，我们不能在一开始就对一个领域进行全面的、理论上合理的分析，也不能开发复杂的本体。相反，需要尽早提供模型化的本体，以便获得使用的经验和技术。

这意味着最初开发的本体需要易于改写，以便以后可以进行扩展。

因此，对于企业环境中的语义搜索应用程序，我们确定了以下要求：

1）支持用户的搜索过程。

2）将用户使用的语言映射到作者使用的语言。

3）确保本体的早期可用性。

4）在生产环境中验证本体。

5）基于用户的搜索查询，对本体进行增量、数据驱动式的扩展。

6）提供从简单的初始辞典中开发一个完整本体的可选项。

2.3 开发流程

我们描述的本体的实用建模是一种固有的、增量的、渐进式方法，其在早期就将本体放入生产环境中，以便验证本体并获取额外的数据。为了避免过早投资于本体的全面开发（而本体的实用性并不能预先显示），实用建模从一个辞典的建模开始，如果需要可以将其改进为完整的本体。因此，我们使用的实用建模方法可以描述为数据驱动的、增量的、渐进的、由内而外的建模。

本体建模通常表现为自上而下或自下而上的建模。自上而下的方法是通过分析领域并区分概念（从最一般的概念到更专有的概念）来开始建模流程，而自下而上的方法则将概念聚合到更一般的概念（如果需要归类概念）。

我们的方法从应用程序最重要概念的一小部分核心概念（我们称之为分类概念）开始，主要侧重于这些概念的建模，酌情对它们采取自上而下或自下而上的建模。

这给予了知识工程师一个明确的指导方针，他们能够依此判断将哪些术语集成到本体中。通过关注一组明确定义的概念类别，不仅可以限制和集中建模工作，还可以限制获得第一个初始模型的工作量。

一个仅限于重要概念类别的模型，可以通过对初始核心部分添加额外的概念层并将它们与核心进行连接，来实现自内向外的扩展。在这个意义上，我们的方法是渐进的。

这种方法的渐进性不仅源于这种建模方式通过垂直或水平的附加层扩展了可用的概念核心，还因为它使用概念块扩展了本体，其中每一块都是由一组从新文档或搜索查询中识别出的尚未建模的术语组成。所以，利用我们的方法来扩展本体的过程完全由数据驱动，是由建模所需的术语及其在应用领域中的使用所驱动的。这就避免了为与应用程序及其情境无关的概念进行建模。

使用这种方法还需要勇于面对差距和不完美。对于一个足够复杂的领域（如医学、技术或语言使用），在本质上本体的增量开发是永远不会完成的，也不是没有错误的。因此，其只能应用于那些容错的应用程序。在这些应用程序中，错误不会被直接感知，并且在存在错误的情况下，它们的组织或管理依然可以正常运行。

在下文中，我们将更详细地描述建模流程的步骤。

2.3.1　初始阶段

建模流程的初始阶段可被视为一个引导阶段。在这一阶段，我们需要弄清楚要建模哪些概念、从何处获得一组初始术语以及在何处启动建模流程。

1. 类别概念的识别

第一步包括识别对预期应用程序十分重要的核心类别概念（central categorical concepts）。这里以求职的应用领域为例进行说明。

显然，职业、职称和职能角色是求职中最重要的术语，其次是业务部门、应聘者应具备的技能和能力，最后是应聘者应承担的责任和工作任务、工作地点和公司名称。尽管用于描述就业类型、工作时间、福利、工作相关的技术术语等其他术语也起到一定的作用，但从工作机会和求职角度来看，职业、职称、分支机构、技能、能力和任务构成了最重要的术语——类别（category）。

或者，我们以新闻的应用领域为例。显然，每条新闻都是由某个事件引发的。因此，表示事件的术语代表了新闻描述中最重要的术语类别，其次是活动、人员、组织、地点和时间。从新颖性的角度看，新闻中出现的所有其他术语都不那么重要。

我们再以诊断应用程序为例。对于技术系统而言，我们最初建模时需要的重要类别概念是组件、功能、子系统、属性、因果关系。例如，在第 12 章中，由症状、原因和解决方案构建了类别概念。对于医学诊断，最重要的类别概念是疾病、症状、解剖学、医疗器械和诊断程序。然而，如果相应的医学应用程序的应用领域从单纯的诊断扩展到治疗，其他类别概念就变得很重要，如治疗、药物、物质和副作用。例如，在第 10 章中，针对黑色素瘤的应用程序确定了六个不同的类别概念：药物、活性、症状、疾病、基因和解剖。

在 17.3 节中，我们将语义类别"开发""架构""业务""娱乐"等确定为软件组件搜索和推荐应用的类别概念。

2. 初始文件分析

在确定了最初的概念类别集之后，问题就出现了：我们如何确定需要对哪些概念进行建模？或者更准确地说，这些概念的指示符是什么？如何以及从何处获取它们？

多种应用领域都有试图统一术语以统一交流的历史。例如，医学中现有的辞典、本体或数据库，如 MeSH、SnoMed、UMLS 等。这样有可能找到词汇表、标准或其他形式的知识源。或者，知识源至少可以作为一个起点，其中的术语已经在领域中形成了共识。因此，第一步应该是对这些知识源进行广泛的研究和选择。

然而，并非每个应用领域都存在这样的知识源。例如，尽管我们可以获得一些职业分类［例如，德国联邦政府的职业分类（Klassifikation der Berufe）或国际标准职业分类（International Standard Classification Occupations，ISCO）］、技术成分说明［例如，WTI Frankfurt 的技术与管理（Technik und Management，TEMA）］和产品类别（例如，Google 的产品类别），但是职称、技能、能力、任务、新闻事件、兴趣点类型等类别没有知识源。如 17.3 节所述，即使在计算机科学中，现有的分类体系也不足以构建软件组件的语义搜索。在这种情况下，我们只能从分析现有文档开始着手。从文本文档中提取名词短语（如第 5 章中所述的工具）的语言工具是很有帮助的，可以帮助我们在第一步从现有文档中得出名词的频率分布，并按照频率高低对名词进行排序，从而确定代表重要类别概念的术语。

有时，搜索应用程序中已有的搜索查询可以用来识别类别概念，方法是使用其中相应的术语作为建模过程的输入。搜索查询的次数不仅可以用来判断术语的重要性，还可以反映用户的语言使用情况。图 2.1 中的摘录列举了关键字列表的例子。

	A	B	C	D
	搜索查询	词频	分类	建模
	daf	116	?	+
	Lohnabrechnung	115	+	+
	arbeits Sicherheit	113	x	
	Buchhaltungsfachkraft	113	+	+
	staplerschein	113	+	+
	english	112	+	+
	Gesprächsführung	108	+	+
	Theaterpädagogik	108	+	+
	Sozialer Bereich	106	?	
	IHK	105	x	
	Steuern	104	x	
	ada	103	?	+
	büroassistenz	103	+	?
	html	103	+	+
	konflikt	102	x	
	NLP	102	?	+
	Medizinisch	102	x	
	Hygiene	101	+	?
	Datenschutz	98	+	+
	Mediationsausbildung	98	+	+
	interkulturelle Kommunikation	96	+	+

图 2.1　摘自外文搜索查询的词频分布

3. 提取术语的检查

关键字列表的检查和类别概念的预审可以分别通过人工检查来完成。对于预审，已确定的概念可以分为三大类，即重要（+）、不重要（×）和不清楚（？），如图 2.1 "分类" 栏所示。

这项检查的目的是确定优先级和快速识别应该建模的重要术语。在第一阶段可能没有识别出一些重要的概念，这就需要在随后的建模步骤或建模阶段中对它们进行建模。因此，这种建模方法需要一个容错设置。

"建模" 列用于记录哪些术语被建模，或者哪些术语被推迟到稍后的建模时间点。

4. 建模过程

我们的建模过程是基于关键字列表的，如使用前述步骤识别的关键字列表。关键字列表包含预先分类的术语，通过隐藏要忽略的术语来协助集中建模。此外，关键字列表还有助于跟踪建模过程，并可用于记录附加信息，如建模的开始/结束时间、实际建模的术语、问题或注释。

我们从关键字列表中最常见的术语开始建模，并按照频率依次向下进行。如果知识工程师知道或能够解释要建模的术语，则他可以直接进行建模，否则知识工程师首先需要确定该术语的恰当定义。图 2.2 总结了建模过程的步骤，图中用加粗黑线节点表示建模任务，用点画线节点标记关键字列表上的操作，用虚线节点标记研究和建模任务之间的转换。

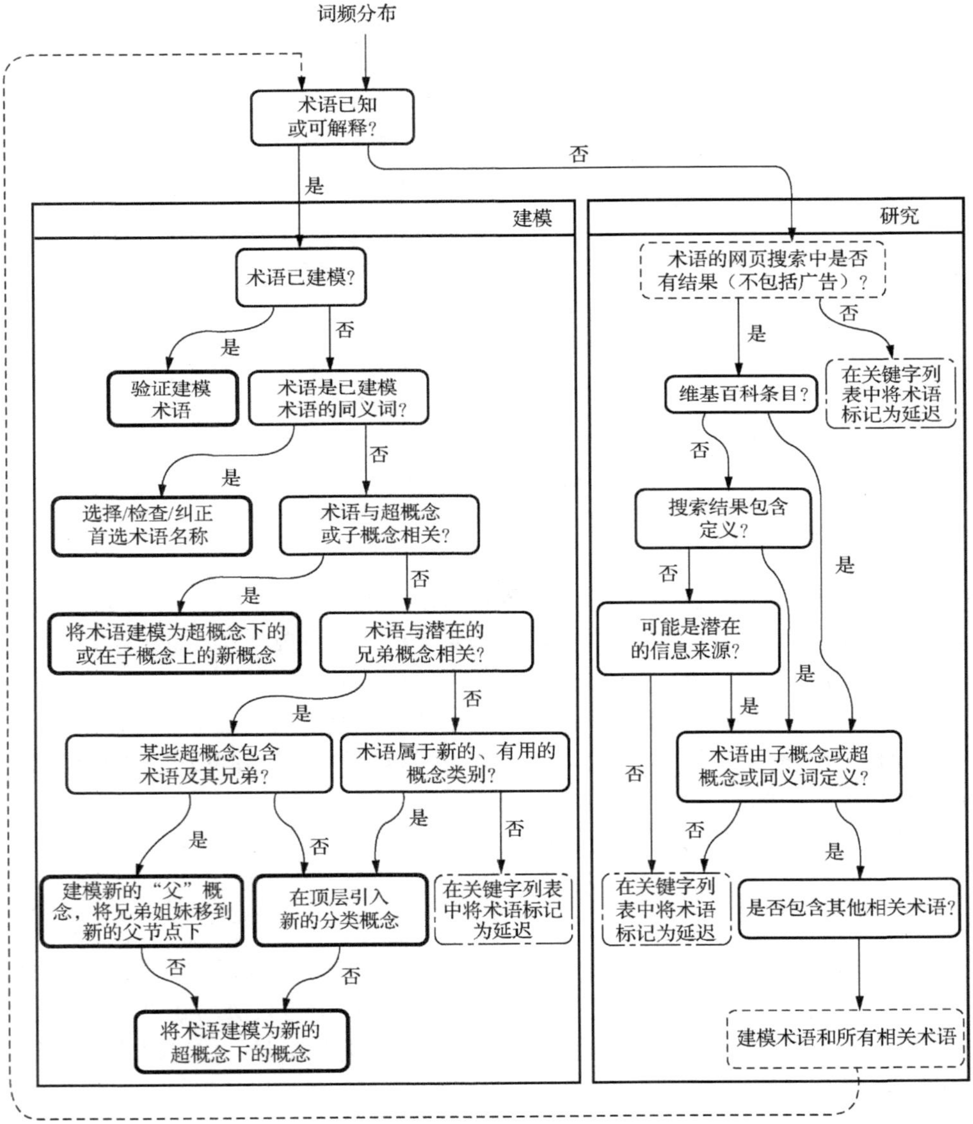

图 2.2　建模流程的工作流

以下寻找定义的策略是切实有效的。如果需要对一个具有多种解释的未知术语或有歧义的术语进行建模，我们可以通过谷歌进行快速搜索。如果该搜索结果指向一个规范、标准信息源的定义或其他规范性信息源中包含的某个定义，我们就可以使用这一定义。如果可以找到维基百科的条目，则我们使用相应维基百科页面的开始部分（第一段通常包含一些明确的定义）来解释这个术语。定义中有时会提到其他的重要术语。根据这样的定义和本体对象，我们对定义的术语和其他在定义中出现的且与应用相关的术语进行建模，如同义词、超概念或子概念、缩写和翻译。

在辞典建模或本体建模的早期阶段，知识工程师很容易对模型有一个总览，并快速为新术语指定位置。然而，模型的总览很快就会变得难以维护，尤其是在几个人协作完成建模的情况下。最后，在加入几千个术语之后，几乎不可能轻易地为一个新概念找到合适的位置。因此，为了确定一个术语的正确位置，建模工具应支持在概念和标签中搜索：首先，确定该术语是否已经建模，以及在必要时对其进行验证和更正；其次，确定可能与要建模的术语相关的概念。

如果在建模的辞典或本体中找不到相关术语或概念，知识工程师需要在模型中找到术语的正确位置。这需要考虑术语的含义。我们在不清楚的情况下可以提出以下问题，这将有助于确定一个词的正确位置：

1）包含该术语的概念是什么？

2）其他人如何命名这些包含了术语的概念？

3）我会如何解释这些概念？

4）该术语属于哪一类概念？

5）由术语总结出来的一组对象是其他概念的超集吗？

建模过程按照列表顺序，向出现频率降低的术语方向进行，直到达到时间限制、达到预先指定的术语数量或达到术语的阈值频率。这有助于限制和便于预测建模工作量。

开发好的模型有一个定义的状态，可以在概念验证的上下文中或在生产环境中用于初始评估。如果是基于文档的术语频率开发的，那么该模型适合于文档，因此可以对模型及其对文档检索的支持程度进行评估。

显然，这种初始派生的本体的完整性取决于底层文本文档的表示性和完整性，以及在某个固定时间间隔内的搜索查询的数量。

2.3.2　后续阶段

一旦概念验证证明了新技术的有效性，促使我们决定继续使用新技术，那么首要任务就是对模型本体进行扩展和细化。这需要扩展词汇表，并验证之前建模的概念。

词汇表的扩展可以遵循上述流程，但是为了验证之前建模的概念，我们需要对建模过程稍做修改。

显然，任何建模都是基于对领域的当前理解和认识，基于本体中已有的概念及建模人员当时的状态或知识来完成的。因此，可能会发生这样的情况：知识工程师在之后的某个时间点发现他对某个术语的理解并不准确，该术语被错误解读，新术语需要对之前建模的概念做消歧，或者需要为新术语或之前建模的概念引入一些新的超概念。

因此，在后续的建模阶段，建模人员还应该检查并验证之前建模的概念，并在需要时做出更正。对于此任务，我们可以将先前分类的术语用作验证的切入点。标记为"重要"（+）的术语是验证和更正术语环境概念（同义词、超概念、子概念和其他直接相关概念）的自然切入点，而标记为"不清楚"（？）的术语是重新研究并审视其意义的切入点。

这种对当前可用本体的验证也可以由独立的第二人（遵循四眼原则）完成，但这通常会带来额外的沟通成本，因为建模者和验证者需要互相确定并达成共识。

2.3.3　扩展阶段

有时，可能需要将一个已建模的本体迁移到一个不同的应用领域，或者要对使用本体的语义应用程序的对象进行扩展。在这些情况下，新的类别概念就变得重要，我们需要对新术语的整个类别进行建模。例如，医疗应用是否应该再利用医学诊断本体，或者搜索继续教育的任务是否应该采用求职搜索的辞典，如Ontonym 的辞典。

当然，在这种情况下，本体需要通过相应的概念进行扩展。由于这些新概念的同类别的概念可能还没有出现在本体中，因此需要为它们创建一个完整的概念分支，如有必要，新概念也需要与先前建模的其他概念相关联。

2.3.4　与其他建模方法论的比较

在开始对 HR 辞典进行建模时，一些建模方法论已经被制定和描述出来，如Methontology、On-To-Knowledge、HCOME、DILIGENT、RapidOWL 和 COLM[5]。这些方法论来自学术界，通常以著名的软件开发方法为导向。这些本体建模方法论中的大多数是在学术环境中开发和使用的，只有少数在一些企业环境中进行了测试。

　　虽然它们都描述了本体建模的流程模型，但是总体来看，它们并没有回答这些问题："从何处获得有关要建模概念的技术术语"和"如何在建模流程中有效地推进"。因此，我们的方法可以看作这些方法论的一个实用的延续或拓展。

　　上述方法论中的某些是专为（具有不同技能的）许多人进行分布式协作建模而设计的。这样做是为了使建模人员对所需术语的理解达成一致，这通常是可取的。但是，对于本体建模的第一阶段来说，这一成本过高。本体和基于本体的应用程序需要先证明其实用性。因此，在第一阶段，像我们这样的精简方法更加可取，随后是协作的方法，如果需要也可以采取分布式建模方法。

　　我们的实用主义建模方法与 COLM 有着密切的关系，因为文献[5]的作者之一，也是我们在 Ontonym 的合作伙伴之一——Ralf Heese（拉尔夫·海斯）在早期阶段参与了建模和方法的开发。

2.4　从辞典到本体

　　从历史的角度来看，对于知识的表示，辞典和本体似乎是两种不相容的方法。

　　人们最初是在图书馆学和信息科学领域开发辞典的，目的是用人为控制的术语表索引主题领域内的文本文档。术语表区分广义术语和狭义术语，包括同义词、反义词、相关术语、首选名称和隐藏名称，而不正式定义这些术语。

　　本体是在计算机科学、人工智能和知识表征等领域发展起来的，目的是对世界形成逻辑性形式化的描述，便于推理论证。基于一个众所周知的定义[6]，本体定义可拓展为"针对共享概念的正式而明确的规范"[7]。这个定义意味着本体是基于某种知识表征形式的。知识表征领域的研究发现，这种形式需要清晰的、形式化的语义，以便得出关于世界的有效结论，以及得出有关不同语言子集的推理复杂性及其推理能力的精确陈述[8]。

　　尽管两种形式似乎并不相容，但是辞典的规范建模能够让我们从纯粹以人为中心的词汇结构方法发展为形式上合理的知识表征方法。这就要求我们不仅要将辞典中建模的每个术语视为人类使用的某种语言结构的表征，还要将其视为一类（或一组）对象的表征。

2.4.1　我们的方法

　　我们的总体目标是为人力资源开发一个领域本体。然而，我们从一开始就很清楚，要开发一个中立的、完整的、逻辑上一致的本体，以捕获领域上所有不同的点，而且适用于广泛而未知的应用，需要付出极大的努力和高昂的代价的。任何人都没有理由冒这种风险。然而，我们想到，有一天我们可能会遇到需要这种本体的客户问题。

很明显的是（根据第一作者在 T-Systems 的经验），基于轻量级知识表征的语义搜索可以支持用户"理解"同义词并使用更具体和更相关的术语来增加搜索结果（如果考虑到用户的语言使用）。因此，我们从开发一个人力资源的辞典开始，而不是开发一个完整的本体。但是，为了将来能够将人力资源的词库转换到人力资源本体，我们在以下框架条件下开发辞典：

1）表征形式应该允许对本体进行建模。

2）表征形式应该标准化。

3）开发时应该由免费工具提供支持。

4）辞典的元概念应该根据使用的本体形式来表示。

由于在开始建模时 SKOS[9]尚未完成，因此我们决定使用网络本体语言（web ontology language，OWL）作为表示形式[10]，使用 Protégé[11]，作为建模工具。

2.4.2　建模准则

为了以后能够从辞典转换到本体，我们为语义搜索建立了以下建模准则：

1）名词术语是辞典中的第一类对象。

2）任何辞典中的术语都应该表示一组对象，因此都应该表示为概念，即 OWL 类。

3）表征形式的概念包含（concept subsumption）应该用于表征辞典的广义/狭义关系。因此，通常以广义/狭义关系表示的其他关系（例如，整体部分关系）需要以不同的方式表征（见下列第 10）条）。概念包含形成了有向无环的术语层次结构。

4）术语层次结构中的概念应该代表术语的首选名称，以便建立受控词汇表。我们将这些概念称为规范概念。

5）术语的首选名称作为规范概念的标签［非首选名称表示为同义词（见第 6）条）、隐藏名称（见第 9）条）或缩写（见第 12）条）］。

6）同义词关系表示术语之间的等价关系。因此，可使用规范概念的 OWL 等价类将同义词表示为等价概念。我们将这些等价概念标记为同义词［通过布尔（Boolean）数据属性或"应用本体"的"同义词"概念下的包含关系］，以便将其与规范概念区分开来。

7）术语的其他同义词名称表示为等价概念的标签。

8）附在标签上的语言标识符用于表示指定语言的术语名称。没有语言标识符的标签代表所有语言中常见的术语。

9）隐藏名称以同义词概念来表示。我们将相应的概念标记为"不可见"（invisible）［通过布尔数据类型或"应用本体"的"隐藏"（hidden）概念下的包含］。隐藏名称只是用来识别非常规术语和常见的拼写错误，并将其映射到由规范概念表示的受控词汇表。

10）相关术语由通用定向对象属性（称为 related_to）表示，该属性将概念与相关概念相关联。两个概念之间直接的 related_to 关系由通用对称对象属性（称为 sym_related）表示。

11）将类别概念的最顶端概念标记为"类别"（通过布尔数据属性或"应用本体"的"类别"概念下的包含）。

12）缩略语表示为同义词概念。相应的概念包含在"应用本体"的"Abbrev"概念中。与隐藏名称类似，缩略语用于识别缩写，并将其映射到规范概念。

2.4.3　建模模式

除了通常的超概念和子概念关系（用于以辞典的广义/狭义术语关系的形式表示受控词汇表）之外，我们还通过一些建模模式拓展了上述建模准则，发现这些模式对于简化语义搜索上下文中的一些处理任务非常有用。

同义词表示为指定规范概念的等价概念。一方面，这样能够将它们编译成哈希表，以便将同义词映射到受控词汇表中，从而有助于在文档分析期间实现快速查找；另一方面，这允许我们使用描述逻辑的推理技术来检查本体的逻辑一致性。

关系由通用对象属性 related_to 表示，以便在概念之间建立有向关系。此对象属性可用于建立不属于概念包含的关系，如整体与部分关系的"部分"、"另见"关系或其他依赖于领域的关系。其通过含义限制表示概念之间的关系。

如果搜索应用程序以"逆序"使用这些关系，则这些关系尤其有趣。例如，如果引入护士（nurse）通常与某家医院（some hospital）相关的关联关系，即 nurse related_to some hospital［以曼彻斯特描述逻辑符号（Manchester Notation of Description Logic）[12]进行描述］，那么如果用户搜索"医院"，则求职搜索的搜索结果中包含术语"护士"是完全合理的；然而，搜索"护士"时，返回包含术语"医院"的结果是不适合的，因为前者在某种意义上更为具体。在这个例子中，对象属性是"逆序"使用的。

有歧义的术语的表示。我们在建模过程中确定了两种形式的术语歧义模式：第一种是两个不同的概念具有共同的子概念，第二种是一个术语用于指代两个不同的概念。如果用两个不同的术语描述同一术语的两个不同方面，则通常会出现术语歧义的第一种模式，如"海上风力涡轮机"既是"风力涡轮机"，又是"海上工厂"。如果搜索这些更笼统的术语，这种歧义通常不会引起问题。如果用一个术语（例如，缩略语）表示两个不同的术语，则会出现术语歧义的第二种模式。例如，缩略语 PR，其一方面表示"公共关系"（public relation）；另一方面也可以表示"渐进放松"（progressive relaxation），这是一种治疗放松技术"渐进肌肉放松"的同义词。又如，缩略语 PDMS，其可以表示"患者数据管理系统"（patient data management system），也可以表示"产品数据管理系统"（product data management system）。术语歧义的第二种模式可以通过引入缩略语的"应用程序级"概念来解决，这种概念同时包含了这些歧义缩略语，如果搜索缩写，可以同时搜索这两种解释。

2.4.4　将辞典改进为本体

通过遵循上述建模指南，辞典的大多数概念已经可以映射到更易表达的本体表示形式。

对于从辞典到本体的转换，这些定义当然可以通过引入范围和数量限制及否定、不一致或完整性的陈述来进一步扩展。除了涉及概念定义的这些改进之外，related_to 关系还可以通过专门的子关系进一步细化，这些子关系当然仍然需要定义，我们需要用更准确的含义将它们替换为定义。

通过将其指定为 related_to some TargetConcept 形式的原始概念定义，related_to 关系已经可以用来建立概念之间的一般关系。所以，对于需要用更精确的关系来描述的概念，我们可以利用 related_to 关系很容易地将其识别出来。

从技术上讲，将辞典改进为本体非常容易，但仍然可能需要我们做出更多的努力。

2.5　经　　验

2008～2013 年，我们一直在积极开发人力资源辞典，之后，慢慢地从开发模式转变为维护模式。这段时间，在人力资源辞典用于实现几个不同的语义搜索应用程序的过程中，我们积累了一些实践经验，值得与大家分享。

2.5.1　建模工作

在辞典的整个开发和维护期间，我们通过测量每小时建模的术语数，持续记录建模所需工作量。由于整个建模过程是根据 2.3.1 小节所述的关键字列表进行的，因此我们可以很容易地对已建模的术语进行标记，跟踪建模时间，对已建模的术语进行计数并汇总总小时数。值得注意的是，在一个术语的建模过程中，我们对术语和附加术语之间的关系进行了建模，以便正确定义该术语。记录的时间包括检查、验证和对先前建模术语的更正（如果需要），以及对术语含义临时进行背景研究的时间。

经验表明，如果不对术语含义进行详细且详尽的背景研究，我们每小时可以完成 20～30 个术语的建模。根据图 2.2 中的右侧部分，此处的背景研究意味着：如果术语的含义是未知或是不清楚的，我们会使用谷歌搜索查询，检查谷歌返回的第一个结果页，如果需要，则参考该结果页中的一些网页，从而找到搜索术语的通用定义。

从严格意义上讲，这个经验发现的价值只对人力资源辞典的应用领域有效。然而，我们认为这并不依赖于领域本身，而是依赖于任务和应用，即通过了解辞典用户的语言使用来支持搜索过程。

有趣的是，在整个开发期间，每小时建模的术语数量保持相当稳定。然而，我们还发现要建模的术语数量随着时间的推移而减少，我们需要更多的时间来验证和更正之前建模的概念。

乍一看，每小时建模 20～30 个术语似乎相当少。因此，如果对 4000 个术语进行建模，即中等大小的辞典，需要 20 天的工作时间。我们一共用了 3 个月的工作时间对整个人力资源辞典进行建模，这 3 个月分布在 6 年多的时间内，并伴有一些拓展的工作时段。

通过将这种经验测量所得与公司的内部成本相结合，我们可以估计出术语建模的成本。但请不要孤立地看待这些成本。相反地，对比人工建立同等大小的数据库或开发相同代码行数的程序的成本，很明显，相比于传统的数据库或软件工程，建模的成本并不高。

2.5.2　有意义的术语

在文本挖掘和建模过程中，我们发现一件有趣的事情，即对于一个已定义的应用领域，某些名词和名词短语几乎不提供信息，因此不值得建模。

如前所述，每个应用领域都可以识别重要的概念类别。属于这些类别的术语是搜索应用程序中建模的主要候选词，这是因为用户会搜索它们。我们称这些术语为有意义的术语（meaning-carrying terms），因为对于文档搜索它们携带的信息最多。这些术语通常是名词和名词短语。

使用计算机语言文本工程方法和工具可以很容易地识别名词和名词短语（参见 5.2 节）。然而，派生的关键字列表通常由这种有意义的术语和其他名词短语混合组成，这些名词短语对特定应用程序提供的信息较少，但在分析文档中经常出现。例如，在 5.4.1 小节中，虽然与 compliance 一词同时出现的大多数术语是有意义的，但术语 Groß、Fragen、Rahmen、Jahr 或 Dauer 具有非常一般的性质，而且与特定领域无关。

在应用领域中几乎没有携带信息的这种通用术语还包括"对象"（object）、"开始"（start）、"结束"（end）、"中间"（middle）、"属性"（property）、"过程"（process）、"事物"（thing）、"类"（class）。从知识表征的角度来看，这些是通常在所谓的"上层本体"（upper ontologies）或"顶层本体"（top-level ontologies）中定义的通用术语或概念[13]。从语义搜索等应用程序的角度来看，它们携带的信息太少，用户并不感兴趣。

为了简化建模过程，如果只识别真正有意义的术语，并忽略诸如停止词之类的通用术语，这将非常有用。然而，我们目前所知道的识别有意义术语的唯一方法，是确定它们的相对频率与在通用语料库中的频率是否有显著差异。但这留下了一个悬而未决的问题："我们应该使用哪个比较域/语料库？"

2.5.3 拼写容错

在不同的搜索应用程序中，从内网搜索引擎、工程师招聘门户网站、求职搜索引擎和工人继续教育搜索引擎，到 6～15 岁儿童的电视广播搜索应用程序，我们发现用户犯了很多打字和拼写错误。虽然像包含、遗漏、交换和字符排列等简单错误很容易识别，并且在简单情况下可以自动更正，但我们需要通过特定的解决方案来增强搜索功能，以应对德语复合词、外来词和拼写错误。

在德语中，可以通过连接多个基本术语生成新的复合术语。然而，连接这些基本术语的规则并不简单，用户往往会犯错误，可能将本应该用连字符分隔的术语写在了一起，也可能将本应该写在一起的术语用连字符或空格分隔开。为了应对这些错误的所有组合，我们开发了一种方法，将所有可能的错误组合生成为某种隐藏项，从而将这些错误的拼写变体映射到正确的受控词汇表中。

此外，我们在一家德国电视台的搜索应用程序中发现，不仅是儿童，成人在拼写外国名字时也存在问题。对于该应用程序，我们还使用了语音编码，将不同的语音拼写映射到受控词汇表中。

2.5.4　勇于接受缺陷

我们的增量建模方法专业性很强，因此并不适用于每个应用程序。该方法本身基于以下要求：辞典需要尽快运行，以验证其所表示的模型，在运行期间从用户处获取新术语，而不是在模型的建立过程中输入这些术语。为避免开始时建模成本过高，可将这些成本均摊在模型生命周期的各个阶段。因此，这种方法需要搜索引擎运营商有足够的勇气和耐心来忍受模型的暂时缺陷，并在用户抱怨时及时做出反应。

当然，在开始时，诸如"为什么在特定的搜索查询中找不到某些特定的信息"之类的投诉和咨询是不可避免的，需要我们在短时间内予以回应，并及时更正这些错误。这些查询中的大多数来自文档提供者，他们想要验证是否可以找到他们的文档。然而，我们发现，这种咨询的数量很低，并且随着模型的不断完善，数量会逐渐减少。

我们没有收到用户找不到所需信息的相关投诉报告，这可能取决于搜索引擎索引信息的不可察觉性。

2.6　建　　议

我们经常从语义技术领域的实践者那里听到，本体的开发太复杂、太昂贵、需要太多的努力等，导致他们从手工本体的使用转向可用的、能链接的开放数据。

然而，对于大量的应用程序，现有可用的、能链接的开放数据源并不能完全涵盖特定领域的术语，更大的问题是：它们不能涵盖用户使用的语言。

尽管本体建模通常是由系统开发人员完成的，但这显然不是他们的职责范围。因此，在我们看来，他们忽视辞典或本体的建模似乎是合理的。因为这需要付出太多的努力，所以他们转而使用可以自动处理的数据源。然而，有一些图书馆学和信息科学家，他们从事术语工作，他们接受教育就是为了开展本体建模这类的智力工作。

搜索应用程序通常不需要开发正确的、完整的或一致的本体。如果本体涵盖了一个领域中常用术语的 80%，那么大量用户已经可以从建模领域术语的工作中受益。

　　另外，如果选择了一种实用的开发方法，并且让本体尽早投入使用，从运行中得到的数据就可以帮助解决相关重要术语的获取瓶颈。正如我们的经验所示，建模所需的时间并不是无法负担的成本，只是需要耐心和时间来进行术语收集。因此，除了让专家做术语工作，采用增量框架提供所需术语外，我们的主要建议是从一个简单的模型开始，展示其有用性，而后进行扩展，不要试图从一开始就达到完美；相反，我们可以尝试为模型的扩展建立一个容错环境。

参 考 文 献

[1] Hoppe T (2013) Semantische Filterung-Ein Werkzeug zur Steigerung der Effizienz im Wissensmanagement. Open Journal of Knowledge Management VII/2013, online under: Community of Knowledge. http://www.community-of-knowledge.de/beitrag/semantische-filterung-ein-werkzeugzur-steigerung-der-effizienz-im-wissensmanagement/. Last access 2 Nov 2017.

[2] Robinson PN, Schulz MH, Bauer S, Köhler S. Methods for searching with semantic similarity scores in one or more ontologies. US Patent US 2011/0040766 A1, filed 13 Aug 2009, published 17 Feb 2011.

[3] Schulz MH, Bauer S, Köhler S, Robinson PN (2011) Exact score distribution computation for ontological similarity searches. BMC Bioinformatics 12:441. https://doi.org/10.1186/1471-2105-12-441. Last access 2 Nov 2017.

[4] Hoppe T (2015) Modellierung des Sprachraums von Unternehmen. In: Ege B, Humm B, Reibold A (eds) Corporate Semantic Web-Wie semantische Anwendungen in Unternehmen Nutzen stiften. Springer, Berlin.

[5] Luczak-Rösch M, Heese R (2009) Managing ontology lifecycles in corporate settings. In: Schaffert S et al (eds) Networked knowledge-networked media, SCI 221. Springer, Heidelberg, pp 235-248.

[6] Gruber TR (1993) A translation approach to portable ontologies. Knowledge Acquisition 5(2):199-220. Academic Press.

[7] Studer R, Benjamins VR, Fensel D (1998) Knowledge engineering: principles and methods. Data and Knowledge Engineering 25:161-197.

[8] Baader F, Calvanese D, McGuinness DL, Nardi D, Patel-Schneider PF (2003) The description logic handbook. Cambridge University Press, Cambridge.

[9] W3C. SKOS Simple Knowledge Organization System. https://www.w3.org/2004/02/skos/. Last access 2 Nov 2017.

[10] W3C. OWL 2 Web Ontology Language document overview, 2nd edn. https://www.w3.org/TR/owl2-overview/. Last access 2 Nov 2017.

[11] Protégé. A free, open-source ontology editor and framework for building intelligent systems. https://protege.stanford.edu/. Last access 2 Nov 2017.

[12] Horridge M, Drummond N, Goodwin J, Rector A, Stevens R, Wang HH. The Manchester OWL syntax. http://ceur-ws.org/Vol-216/submission_9.pdf. Last access 2 Nov 2017.

[13] Herre H, Uciteli A (2015) Ontologien für klinische Studien. In: Ege B, Humm B, Reibold A (eds) Corporate Semantic Web-Wie semantische Anwendungen in Unternehmen Nutzen stiften. Springer, Berlin.

第3章

合规使用元数据

本章要点

1）了解处理工作流程，并对所有受合规要求（如隐私要求）限制的处理活动进行登记。

2）将法律及公司环境中的策略约束建模到关联数据中，以创建策略元数据。

3）将相关策略元数据附加在收集到的数据中，这样就可以通过关联数据关系或关联数据标注创建一个语义数据湖（data lake）。

4）查询数据及相关元数据，并只处理有正确策略属性的数据。

5）将数据处理的实际情况写回语义数据湖，并且采取适当加密措施（如区块链）。

3.1 对合规工具的日益增多的需求

随着数字化走进人们生活的方方面面，各种系统变得更加复杂，而人们也会在尝试理解这些系统的过程中遇到越来越多的困难。目前有数十亿人过着线上生活，但也因为如此，他们留下了许多生活轨迹。一些人已经开始对线上环境采取各种方式进行探测，使用大量的传感器收集到大量数据。此外，我们的社会通过许多新颖方式进行在线交流，因此产生了新型复杂社交模型，如开源软件。开源生态系统离不开互联网和网络，二者使得在线上建立复杂的管理结构成为可能[1]。人们的社交网络、浏览习惯及其他在线互动都被记录下来，由此产生了大量的数据。线上线下的数据收集越来越能反映出大数据的三个特征：高速（velocity）、多样（variety）和大量（volume）。

现在，许多人开始利用复杂系统中的不透明性，如以不透明的方式大量收集数据并且将其货币化，或者从协议会话中获利。总之，互联网在这方面存在漏洞。其中，最具威胁性的是来自美国国家安全局和英国政府通信总部无处不在的网上监视[2]。除此之外，私营部门也正监视着上网行为，也可以称为"追踪"，这可为目标个体带来短期利益，但是人们并没有意识到追踪时创建的个人档案带来的长期隐患。各种各样的技术被用来建立人们的档案资料，并将其售卖给出价最高的买家。在这个过程中，完整的平台和工具链已经形成并可免费获取，以监视人们在系统中的轨迹。针对已建档的人的广告定价带来的收入远超普通横幅广告，因此也有人称之为监视经济[3]。

在复杂系统中，这种恶意行为并不仅仅是监听人们的通信。近期的信息技术方面的丑闻显示，通过操纵复杂系统中的一端，可在另一端获取巨大利益。例如，在金融业曾曝出一起伦敦同业拆借利率（London interbank offered rate，LIBOR）操纵案[4]，交易员通过操控 LIBOR，投机取巧，从中牟利。此外，车载软件中也存在一些隐藏功能，当其检测到车辆处在实验室测试阶段时，会改变引擎特性以满足那些被认为无法达到的要求①。

复杂不透明系统与人为操纵的结合正在逐渐破坏人们对那些系统的正确功能应有的信任。如果一些哗众取宠的媒体企图引起大众的注意，广泛报道这些话题，再加以深层剖析，那么这种信任就会越来越少，用户认证也会越来越难。

结果，人们越来越不愿意使用那些复杂系统。因为对那些系统缺乏信任和信心，人们会尽量避免使用它们。这造成了经济效率低下，会导致更复杂系统的出现，进一步阻碍社会发展。如果人们开始不信任他们所使用的信息技术系统，那么创新的脚步将严重滞缓。

因此，各国政府建立新的规定，要求一切操作必须合规，而上述提到的隐私侵犯及违规追踪行为加快了欧洲数据保护法改革，后来形成了通用数据保护条例[5]。金融业中的丑闻也促使报告附加条例的形成。然而，负责确定条例的立法者们一般是实证主义，低估了在实施条例时要将规定变为准则和组织策略的困难。通常，折中方案是实现可实现的内容，同时避免其他内容。这里提出了一种不同的方式，这种方式使用更多的技术，如"社会规范"被翻译成机器可理解的元数据，然后通过元数据来控制并引导复杂系统的行为。

这里的社会规范不仅包括法律和惯例，还包含面向用户的承诺，如隐私政策。为了展示对条例的遵守，特别是在数据保护及数据安全方面，法律和实施条例通常会推荐专业认证。做认证的传统方式是雇用一些薪酬高昂的顾问或审计师，来检测 IT 系统并验证系统是按其说明的方式运行的。认证结果会以一个图标的形式

---

① 也称为"大众排放门"，但牵扯到多家公司。

呈现在网页上，这种方式的成本十分高，无法大规模进行。此外，那些认证系统也存在许多缺陷，一个简单的修改就能使认证无效①。堪萨斯大学 Leuven 的研究发现[6]，安全认证甚至更有害，隐私印章就带来了两难的困境，拥有认证标识的服务系统会向认证提供商付费，而认证提供商也不想和他们的客户对着干。人工认证不仅有许多缺陷，而且十分不灵活。为解决信任问题，SPECIAL 工程②开发出标准的、透明的、基于网页的基础架构，可在不损害用户信任的前提下实现数据共享。这将为整个经济带来正面影响，同时还能促进数据价值链的增长。

使用元数据法可以建立一个灵活的系统，从而解决策略变化及审计问题。建立一个这样的系统需要对业务流程、数据收集、目的及保留时间做详细审查，这种方法同时还可实现业务流程的更新及优化。

3.2　使数据湖可用

从 PrimeLife 工程③开始，我们对欧洲的数据复用问题有了一定的了解。通常，在某些条件下，在某个时间点收集数据，接着数据被写入数据仓库。然而，我们并不知道数据是在何种条件下被捕获并记入数据湖的。

所有的数据库形成了一个充满有价值数据的数据湖。然而，由于没有关于收集数据目的的信息，且没有数据附加的权限的信息，因此当前的数据湖有不少"浑水"。这些富有价值数据的潜在新用途面临着合法性问题，同时，该问题还引起了一定的商业及责任风险，阻止商业主体认识到数据湖的潜力。提到隐私问题，我们会发现，那些不遵守数据保护规则的服务商会将他们的数据变成货币并增值，可这却会毁掉数据驱动 IT 服务的信用和可使用性。信任的削弱会降低人们使用那些服务的次数，从而产生更少的数据，或者产生低质量数据，因为人们会因为缺乏信任而说谎。在这个数字化的世界里，网络服务会产生许多数据。使用这些数据是提高生产力、创造财富的来源。为避免信任的侵蚀和网络服务的衰落，系统必须展示其遵守了民主制定的条例。但在大数据时代，复杂系统对于人们而言还十分难懂，这意味着需要技术来实现大众可理解的可展示合规性。

数据保护通常需要数据最小化，这意味着收集和存储更少的信息。但是，这里的建议是添加更多的信息，这种附加信息就是包含了策略信息及使用情况信息

---

① 除了某些认证本身无意义或者十分不严密的情况。

② http://www.specialprivacy.eu

③ http://primelife.ercim.eu

的元数据，元数据使得系统保证遵守对数据主体的承诺。不仅如此，其还可以实现数据湖的合规性和可用性。通过这些信息，可进行风险和责任的评估。同时，因为加入了一个透明化记录层，所以依法合规流程可以更好地自动化。

3.3 策略感知系统的概念与架构

3.3.1 数据采集

建议是尽量将系统使用的社会规范转化为机器可读[①]。下文中，我们将其称为策略信息。实现可读的最佳方式就是关联数据（见第 4 章）。策略信息可在数据采集时将环境信息完整化，此处环境信息指的是在数据采集时，相关 IT 系统可用的所有协议头文件及其他信息。这些信息通常记录在各类日志文件中，但其中可能也包括其他信息源，如策略文件及 DNT 头。现在一个系统不仅收集到了真正的个人数据，还包括其元数据，这也可以是金融数据的元数据或是与遵守给定策略信息相关的数据。大量采集数据时，我们一般十分清楚在何种条件下获取数据，以及数据能保存多久。目前，这种信息在数据传输至某个数据仓库后就会丢失，然而策略感知系统将保存数据采集时的约束。约束会以元数据的形式存储，并与采集到的数据相连接。对于许多情况，有现成的本体可以将环境及语境信息转换为机器可读的元数据。对于其他情况，可以为给定业务流程的特定需求创建此类本体，甚至是分类法。

3.3.2 连接数据及元数据

目前，我们有了要处理的有效荷载数据[②]，而且还有元数据。元数据告诉我们更多关于处理的数据项的信息：保留这些项的时间、处理的目的及获取时对用户的其他承诺。如果将采集到的每个数据项都与完整的策略一起存入 SQL 数据库中，会造成数据过量。因此，我们需要将元数据与实际有效荷载数据连接，如位置数据及手机号码这样的个人数据。

对于一个系统来说，要想运行，必须将捕获的有效荷载数据转化为关联数据，该处理过程通常称为语义提升，其目的是根据关联数据原则使用标准语义网络技

---

① 见参考文献[7]和[8]，介绍了试图实现该想法的部分观点的项目。
② 有效荷载数据表示实际的数据记录，如客户名称。

术[9]，在现有的结构化/半结构化数据中加入"含义"或者附加元（语义）。关联数据的一个重要特征就是使用国际化资源标识符（internationalized resource identifiers，IRI）[10]①判定数据的唯一性。只要有效荷载数据被判定为唯一数据，元数据就可以指向它。

例如，一些服务中需要获取手机号码，而该记录会在三周后抹去。在语义提升时，赋予手机号码的 IRI 为 http://wenning.org/ns/mtel/12345678②，数据保留三周规则的 IRI 为 http://www.w3.org/2002/01/p3prdfv1#retention，根据 P3P 词汇表，这就表示其保留时间为 1814400s。使用三元组表示手机号码、保留属性及保留时间。它们均为全球唯一标识符，所以甚至可实现跨公司使用。

一旦完成语义提升，并且所有有效荷载数据记录都有一个国际化资源标识符，指向该有效荷载数据记录标识符的策略信息就可被视为该记录的一个标注（图 3.1）。

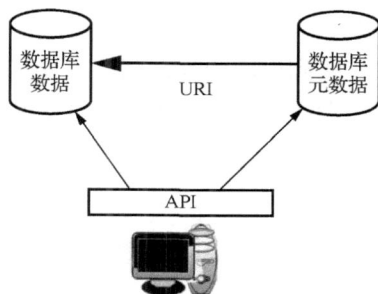

图 3.1　使用 RDF 根据元数据对数据进行标注

W3C 标注推荐[11]是给网页添加标注，而我们是对数据记录进行标注，但是因为网页也是一个有国际化资源标识符的资源，所以原理是相同的。因此，标注数据模型[12]（图 3.2）指出，标注代表着一组关联的资源，通常包含主体和目标，同时表示主体与目标是有关系的。这种关系的确切性质会根据标注的意图发生变化，而主体常以某种方式与目标相关。这种观点产生了一个在两种情况下均适用的基础三部分模型。

在数据采集过程中，环境信息（元数据）及数据会分别收到一个国际化资源标识符，该标识符使得它们互相连接形成三元关系。这就是语义包装的一种形式。通过这种语义包装，系统算法可以根据该元数据进行处理。这种简单的想法带来了巨大的社会和技术挑战，而这些挑战就没有那么简单了。下面以一个试图实现

---

① IRI 是符合 RFC 标准的统一资源标识符（uniform resource identifier，URI）国际版。

② 手机号码的国际化资源标识符仅是理论示例，其保留时间来自 P3P 规格说明 1.0。

（欧盟）（2016）2016/679[5]合规的系统为例解释这个概念。SPECIAL H2020 研究项目正在探究实现这种合规操作的方式，同时还可为大众普及大数据隐私。

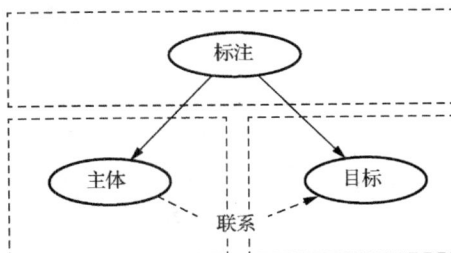

图 3.2　W3C 标注数据模型①

该系统还将致力于实现 DIN 66398 数据保留架构，该架构不仅考虑隐私权限，同时还将商业归档职责考虑在内，而且也完全有可能实现金融部门条例中的报告及规则。当然，通过 SQL 数据库使用硬连接语义也可以实现，但是这种方式不够灵活，而且会使系统无法连接到周围的复杂网络，变成孤岛。这也意味着我们需要关联数据，以此可以在不重新编写整个系统程序的情况下，将数据价值链应用于系统。

3.3.3　应用限制

由于系统使用关联数据，因此使用 SPARQL 形成查询[13]。一旦系统接收到数据及元数据，合规就变成应用正确查询的问题了。现在，可以进行智能和策略感知的查询，如"查找所有可以进一步处理的数据，以提供个性化服务"。此外，根据 DIN 66398，还允许"列出保留时间在下周内截止的所有数据"。当然，为了实现这样的查询，该系统必须了解数据的保留时间。一种重要的查询通过要求系统返回合适的数据，实现数据共享约束，如"可以与业务伙伴 B1 共享以用于 P2 意图"。

3.3.4　创建策略感知数据价值链

劳动分工带来更高效率，创造更多价值。在数字化经济中，分工也意味着共享数据。我们知道，"共享经济"就曾掀起热潮。但由于该"共享"的概念比较模糊，因此人们对数据共享也有越来越多的顾虑，担心共享的数据会另有用途。一

---

① 见 https://www.w3.org/TR/annotation-model/.版权所有：2017 W3C®（麻省理工学院、欧洲信息学与数学研究联盟、庆应义塾大学、北京航空航天大学）W3C 责任、商标及文件使用规则适用。

种可行的解决方案，就是在附加一定策略或限制信息的条件下进行数据共享。这并不是新出现的想法，之前迈克尔·魏德纳[①]为这一概念提出了"黏性策略"。

正如之前所说，即使是在合作场景下，国际化资源标识符的使用也使得我们可以保存一系列策略信息及有效荷载数据。对于典型数据保护场景，PrimeLife 语言使用的术语为"数据主题"、"数据控制器"及"下游数据控制器"（图 3.3）。

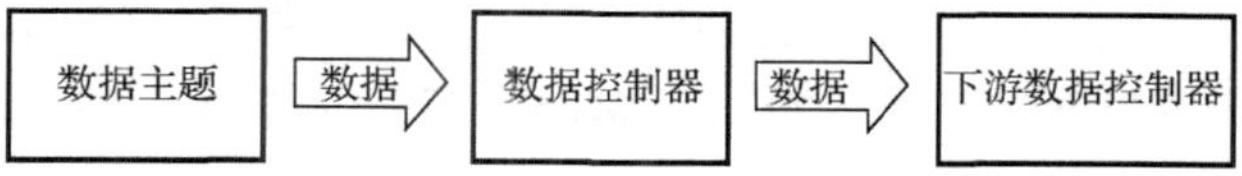

图 3.3　隐私角度的数据价值链

之后的过程是一个选择的问题，和附加在目标数据流的业务模型有关，附加策略、限制和义务的元数据是否：

1）以各种方式与数据记录打包在一起。

2）以两个独立文件交付。

3）由数据控制器通过一些 API 提供给下游数据控制器。

下游数据控制器需要使用与数据控制器相同的限制条件。那么为了保障这种关系，就需要合同条款，要求遵守接收到的限制条件或对密码安全系统开放的约束。这样的密码安全系统与今天我们所熟知的权限管理及权限标签系统十分相似。

3.3.5　用于合规的自动审计

如果处理了某人的数据记录，那么该记录照例可以被写入一个日志文档，这整个过程就是系统元数据的一部分，而不仅仅使用该日志文档。在这种情况下，采集和处理有效荷载数据的过程作为标注被附加在有效荷载数据上，该系统就可以通过像"目的"这样的术语来进行推导。这样一来，处理过程、处理目的及披露和共享都会被记入一个信息日志，并由系统保存。但由于这不仅是一个记录文档，还是一种通过复杂方式可查询的文件，因此审核本身就是在业务应用中对某一数据流的查询。

现在能够保证数据控制器确实处理了它们需要处理的东西。为了确保这一点，最重要的是要保证日志文档的安全性及完整性，这可以通过第三方来实现，如一些企业规则或是组织措施。最新的方式就是应用区块链技术，将交易及重要处理过程写在有担保的账本上，目前 SPECIAL 项目正在重点研究这项技术。

---

① 迈克尔·魏德纳，现达姆施塔特夫琅和费安全信息技术研究所负责人，之前在苏黎世 IBM 任职。

3.4 相关元数据的查找及形式化

策略感知系统与作为元数据记录的策略信息一样有用。实现所提出设想的主要障碍就是缺少与实际共享数据连接的可重复使用又机器可读的上下文信息，并且这些信息要有足够高的质量。此外，策略一般只是定义在字面上。同样地，数据使用的许可也仅收集在纸面上，其中包括全部信息，因此不够具体，无法决定实际使用限制或数据处理指令。重要的是要提供一个基础架构，使得人类可读策略与对应的机器可读策略连接，这将保存上下文信息和使用限制，并且将它们和数据一起传输。

将策略信息建模并将其形式化，同时还要考虑到上文提到的语义提升，这是一项巨大的工程。语义提升的复杂性和丰富性取决于添加到有效荷载数据的元数据的多样性，以及该用例中已经有多少可用的分类和本体。人们对标准化有着强烈的兴趣，因为它可以允许广泛使用由那些规范建立的词汇表。这可能包含了行业行为准则，还包括了可能以新方式组合的策略片段。

PrimeLife[1][8]语言对 XACML 语言[14]进行扩展，为许可使用及互操作性基础上的访问控制提供可能，由此隐私使用案例取得了一些进展。SAML[15]的语义学可以用于进行安全认定和访问数据控制。SPECIAL 项目的核心在于通过使用 ODRL[16]表示附加在数据采集中的使用限制和义务。使用 W3C 起源框架[17]添加有关数据质量的元数据是一种好方法。对于金融服务而言，该过程目前还没有完成，但是参考可扩展业务报告语言 XBRL[18]的语义可能会有所帮助。第 2 章介绍了其在实际中应用的方法。

一旦识别并建模了给定策略的分类或本体，接收实体或下游控制器就会收到该模式，然后使系统快速适应与数据控制器协作的需求。预计会有很多种类的数据来源和数据类型。随着数字化在我们生活中的推进，该系统会有越来越多的上下文信息可用，而所有的信息都会流入数据湖，从而进一步扩大数据湖的规模。所以，这就是为什么第 4 章中介绍的类型管理如此重要。目前为止，大多数信息用于分析和市场营销。有人担心，了解客户意味着能够操控他们，损害他们的利益。此处的建议是使用更多的数据来给用户更多控制权。

---

① 见 3.2 节脚注。

3.5　上下文感知反应是通向可用性的决定性飞跃

一个采集策略数据的系统，能够了解限制条件、正在进行的过程、采集目的以及其他方面的信息。合规及信息方面的最新技术发展可以用两个极端形容，其中一个极端是将复杂和冗长的信息表提供给人们。许多人收到来自银行的数页信息，这些信息以后可以成为取消抵押品赎回权的借口。McDonald 和 Cranor[19]发现，隐私策略平均约有 2500 个词，该结果是对 749 名互联网用户进行线上研究得来的，笔者以此做出推断，人们并不能真正地理解隐私规定[20]。

一个在隐私策略中很明显的问题造就了这种不理解，在金融环境中也是如此。一个无所不含的隐私策略或通知可以在一个文档中覆盖操作的所有可能分支及可能性。这就导致了"一刀切"的思想，这种思想不是为用户服务，而是完全致力于避免责任。律师习惯了这类长文档，但这些文档对于可用性来说是一个灾难。越来越多的人认为，隐私策略未能产生信任，但从避免责任的角度来看是有效的。

SPECIAL 系统提供了解决这一问题的根本方法，就是允许用户及数据控制器之间一步一步、逐渐达成协议。这将有助于用户建立信心及信任，并且在一些适当的附加组件的帮助下实现避免责任。可以通过使用关联数据实现这一点，在关联数据中建立一个由互相关联的节点构成的图表。在一个状态化的系统中，给定的某点具有周围节点的信息，该系统就可以利用这一信息建立上下文感知的用户体验。该系统只了解当前应用部分的策略、限制或者义务，而并非全部的策略。用户和商业伙伴的接口不需要展示出全部信息，而可以专注于传递与当前交互相关的信息。采集时的策略建模阶段的分类对此十分有帮助，这些分类可以被重复利用，帮助接口实现分层信息接口。

该系统遵循通用数据保护条例[5]，显示了相关及必要的上下文信息。当通用策略仅为一个信息文档时，SPECIAL 系统允许直接交互。通过设置一个反馈通道，就可以从接口处收集到数据主体的积极反馈，从而得到通用数据保护条例中所称的"许可"。由于系统是策略感知的，因此可将这种许可存储回数据湖中，同时将其存入一个透明记录或账本中。用户可能会在不同情况下遇到这类对许可的请求，但经验表明实际的请求都相当简单，如"为了互助，我们将使用您的登录许可，向论坛中的其他人显示您的个人资料。本论坛为非公开论坛"。之后，可能会联系用户，以同意"该线上论坛中的行业趋势研究"。除此之外，数据主体非常需要在控制面板中使用该信息的权限。还有学者研究如何累积地加入这些策略信息。Villata 和 Gandon[21]提出了一个机制，可将不同许可证中的权限合并至一个许可总集。因此，将各种上下文相关的许可累积起来，形成一个已知的并且机器可读的限制、许可及义务的集合，该集合可以管理与数据主体或下游数据控制器的关系。这种交互适用于金融或其他场景，将产生一组累积的机器可读的协议集合，这些协议可由系统根据已证明的合规性自动执行。

动态化可以使应用在不同粒度等级的策略以不同级别的敏感度绑定到数据中的不同部分。数据主体同时检测与控制，就不需要在数据采集之前确定目的。这样，通过使用机器帮助人类克服大数据环境中的认知劣势。

3.6 合规系统的工具使用

上述系统需要一些好的辅助工具。如果记录数据和元数据，就形成了一个巨大的数据流，这就需要大数据技术。今天，多数大数据工具并不能很好地适用于关联数据，但是经过三年的不断开发，欧洲大数据项目[22]已经建立了一个能够处理关联大数据（linked big data）的平台。

BDE 是一个标准大数据平台，使用 docker 容器对数据处理单元进行虚拟化，并使用 docker 集群将它们编排至工作流中。BDE 为 Apache 的许多大数据工具链建立了现成的 docker 容器，这被称为大数据集成器（big data integrator，BDI）。

在 BDI 之上，创建了用于语义操作的工具。虽然只有部分工具可以使用，但这些工具正处于快速开发中，BDE 项目在 2017 年结束，但是工具的开发仍在继续。作为该技术的使用者，SPECIAL 项目将继续开发语义工具链，并为已建立的工具群提供帮助。下面将为大家解释 BDI 的这些语义工具。

3.6.1 用于语义数据湖的工具

上面提出的系统中，有许多挑战与大数据中的挑战相差无几，即数据量（volume）、变化速度（velocity）、数据多样性（variety）及数据真实性（veracity）方面的挑战。数据量与变化速度方面的问题大部分可通过组件解决，如 HDFS、Spark 及 Flink[23]。然而，在 BDE 和 SPECIAL 项目的使用案例中，数据多样性才是最大的挑战①，因为在不同数据集中发现了许多不同的数据类型及不匹配项。

正如前面所讨论的，解决数据多样性问题的最佳方式就是直接使用语义网络技术（图 3.4）。

---

① 见第 4 章。

知识图谱

关系定义及元数据

XML2RDF　　JSON-LD　　CSVW　　R2RML

数据湖：可扩展非结构化数据存储

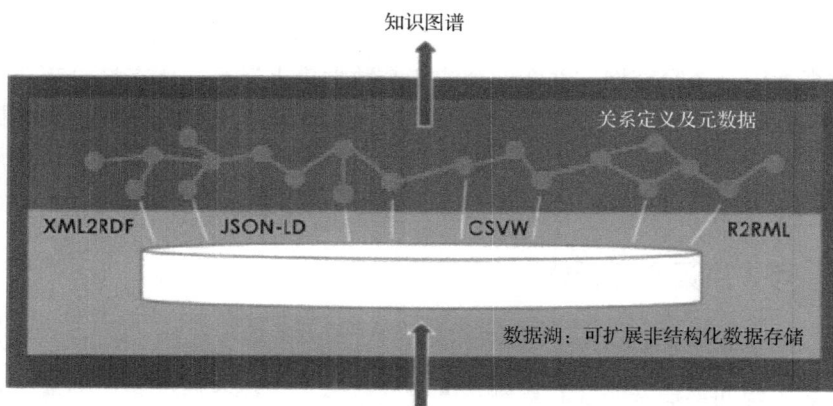

图 3.4　语义数据湖[①]

3.6.2　选择 Ontario 还是转换摄取

BDE 使用"用于语义数据湖的基于本体的安大略架构"（Ontario architecture）[24]（图 3.5），数据以任意形式进入数据湖，并以该形式存储，但是数据都可进行查询

可扩展语义分析栈（SANSA）

机器学习

推理

查询

知识分布及表示

分布式内存处理进程

分析

分布

语义技术栈

分布式机器学习

机器学习函数库

分布式数据集/流

内存式计算框架

分布式文件系统

查询 SPARQL

本体OWL

RDFS

规则RIF

数据交换 RDF

XML

URI/IRI

图 3.5　SANSA 栈[②]

和分析，就像存储为 RDF 一样。Ontario 可以选择接受 SPARQL 查询，然后根据数据集查询语言重写查询，并在一个或多个数据集上运行。所有结果都会先进行整合，然后以一个单独的结果集合返回。SPECIAL 还有一个选项对相关数据及元数据的摄取进行转换，在本例中，原始有效荷载数据通过唯一标识符语义化，然后通过标注实现可寻址化。

3.6.3 可扩展语义分析栈

可扩展语义分析栈（scalable semantic analytics stack，SANSA）（图 3.5）[25]是一个工具集，有助于通过关联数据简化查询及推理。正如之前所述，有效荷载数据及元数据标注均存储在系统中。通过在数据处理之前进行数据过滤来实现合规性，这表示查询或过滤需要一定程度的复杂性才能识别可用数据集。SANSA 栈使用 RDF 数据作为它的输入，同时该栈能够实现分析功能，如利用平台中可用的关联数据进行查询、推理或进行机器学习。

这不仅允许探索有效荷载数据与元数据的关系，还可以探索关于有效荷载数据内部或元数据内部的关系的知识。此外，通过提供可集成到更复杂、更大型系统的算法，SANSA 还可帮助构造需要考虑许可及限制条件的复杂 SPARQL 查询。这些查询也特别需要 BDE 提供并行化。并行化 SPARQL 查询和推理仍然是一个挑战。虽然 SANSA 仍在开发中，但其已经很好地集成到 BDE 生态系统中，并在 GitHub 上提供 docker-compose 配置文件作为示例，这使安装变得简单。

3.7　建　　议

通用数据保护条例的出现将迫使企业重新考虑其工作流程，现在就需要考虑为合规加入语义层，步骤如下：

1）为有效荷载数据提供国际化资源标识符，进行语义提升。标识符通过一些中间件指向有效荷载数据，旧系统能够保持原样。

2）根据第 2 章建立必要的分类及本体，以在数据标注中包含适当的语义，这些标注是合规数据处理及检查所需要的。

3）将提供的元数据（标注）写入与商业伙伴的合同中，以此保证双方遵守数据处理限制条件。

3.8 结　　语

　　我们的生活已被数字化，而数字化也在高速发展，当生活的诸多方面走向数字化，我们也制造了更多的数据。大数据生态系统就描绘了这样一个场景：来自各种终端的小数据流汇入数据的大河，这些数据可以用来协助医疗，也可以用来操控用户。双重用途的可能性促使人们呼吁加大监管力度。数据保护只是将上述系统可用于守规的一个领域。在金融业最近出现问题之后，制定了新的合规操作及报告的条例。SPECIAL 系统提出，用更多的数据来建立一个合规可证的系统。其还通过提供控制面板并建立反馈通道，为将数据主体和用户更好地集成到大数据生态系统提供了基础。另外，该系统还简化了私营企业的合规管理，减少了数据保护权威机构的合规性审核任务。更关键的是，这为复杂系统带来了信任，从而使所有大数据的相关人员都能从数据及数据驱动的服务中获益。

参 考 文 献

[1]　Raymond ES (1999) The cathedral and the bazaar: musings on Linux and open source by an accidental revolutionary. O'Reilly Media, Cambridge. ISBN 1-56592-724-9.

[2]　A W3C/IAB (2014) Workshop on Strengthening the Internet Against Pervasive Monitoring (STRINT), London, 28 Feb-1 Mar. https://www.w3.org/2014/strint/. Accessed 20 Oct 2017.

[3]　Lipartito K (2010) The economy of surveillance. MPRA paper, vol 21181, Mar. https://mpra.ub.uni-muenchen.de/21181/1/MPRA_paper_21181.pdf. Accessed 20 Oct 2017.

[4]　https://en.wikipedia.org/wiki/Libor_scandal. Accessed 20 Oct 2017.

[5]　Regulation (EU) (2016) 2016/679 of the European Parliament and of the Council of 27 April on the protection of natural persons with regard to the processing of personal data and on the free movement of such data, and repealing Directive 95/46/EC (General Data Protection Regulation), Official Journal of the European Union 59(L 119), May 2016, 1-88 ELI: http://data.europa.eu/eli/reg/2016/679/oj. Accessed 20 Oct 2017.

[6]　Clubbing Seals (2014) Exploring the ecosystem of third-party security seals. In: Van Goethem T, Piessens F, Joosen W, Nikiforakis N (eds) Proceedings of the ACM SIGSAC conference on computer and communications security, Scottsdale. https://lirias.kuleuven.be/bitstream/123456789/471360/1/p918-vangoethem.pdf. Accessed 20 Oct 2017.

[7]　Seneviratne O, Kagal L, Berners-Lee T (2009) Policy-aware content reuse on the web. In: ISWC 2009. http://dig.csail.mit.edu/2009/Papers/ISWC/policy-aware-reuse/paper.pdf. Accessed 20 Oct 2017.

[8]　The PPL language, Primelife Deliverable D5.3.4-Report on design and implementation. http://primelife.ercim.eu/images/stories/deliverables/d5.3.4-report_on_design_and_implementationpublic.pdf. Accessed 20 Oct 2017.

[9]   Tools for semantic lifting of multiformat budgetary data. Deliverable D2.1 from Fighting corruption with fiscal transparency. H2020 project number: 645833. http://openbudgets.eu/assets/deliverables/D2.1.pdf. Accessed 20 Oct 2017.

[10]   RFC3987 Internationalized Resource Identifiers. https://tools.ietf.org/html/rfc3987.

[11]   The W3C Web Annotation Working Group. https://www.w3.org/annotation/. Accessed 20 Oct 2017.

[12]   Web Annotation Data Model, W3C Recommendation 23 February (2017) https://www.w3.org/TR/2017/REC-annotation-model-20170223/. Accessed 20 Oct 2017.

[13]   SPARQL(2013) Query language for RDF, W3C Recommendation 21 March. http://www.w3.org/TR/2013/REC-sparql11-query-20130321/. Accessed 20 Oct 2017.

[14]   See eXtensible Access Control Markup Language (XACML), currently version 3, with various specifications. https://www.oasis-open.org/committees/tc_home.php?wg_abbrev=xacml. Accessed 20 Oct 2017.

[15]   Security Assertion Markup Language (SAML) v2.0 (with further info). https://wiki.oasis-open.org/security/FrontPage. Accessed 20 Oct 2017.

[16]   ODRL Vocabulary & Expression, W3C working draft 23 February (2017) https://www.w3.org/TR/vocab-odrl/. Accessed 20 Oct 2017. See also the linked data profile https://www.w3.org/community/odrl/wiki/ODRL_Linked_Data_Profile. Accessed 20 Oct 2017 and the various notes linked from the WG page https://www.w3.org/2016/poe/wiki/Main_Page. Accessed 20 Oct 2017.

[17]   An Overview of the PROV Family of Documents, W3C Working Group Note 30 April (2013) http://www.w3.org/TR/2013/NOTE-prov-overview-20130430/. Accessed 20 Oct 2017.

[18]   XBRL 2.1. https://specifications.xbrl.org/work-product-index-group-base-spec-base-spec.html. Accessed 20 Oct 2017.

[19]   McDonald A M, Cranor L F (2008) The cost of reading privacy policies, ISJLP 4, HeinOnline, 543. https://kb.osu.edu/dspace/bitstream/handle/1811/72839/ISJLP_V4N3_543.pdf. Accessed 20 Oct 2017.

[20]   McDonald A M, Reeder R W, Kelley P G, Cranor LF (2009) A comparative study of online privacy policies and formats. In: Privacy enhancing technologies, vol 5672. Springer. http://dblp.unitrier.de/db/conf/pet/pets2009. html#McDonaldRKC09. Accessed 20 Oct 2017.

[21]   Villata S, Gandon F (2012) Licenses compatibility and composition in the web of data. In: Proceedings of the third international conference on consuming linked data, vol 905, pp 124-135. https://hal.inria.fr/hal-01171125/document. Accessed 20 Oct 2017.

[22]   Big Data Europe. https://www.big-data-europe.eu. Accessed 20 Oct 2017.

[23]   Components supported by the Big Data Europe platform. https://www.big-data-europe.eu/bdicomponents/. Accessed 20 Oct 2017.

[24]   Auer S et al (2017) The BigDataEurope platform-supporting the variety dimension of big data. In: Web engineering: 17th international conference, ICWE 2017, Rome, 5-8 June 2017, Proceedings, pp 41-59.

[25]   SANSA-Scalable Semantic Analytics Stack, open source algorithms for distributed data processing for large-scale RDF knowledge graphs. http://sansa-stack.net/. Accessed 20 Oct 2017.

第 4 章

大数据的多样性管理

📝 **本章要点**

1）本体有助于异构数据湖的发现、导航、探索和解释。

2）语义元数据（semantic metadata）有助于对结构、来源、可见性（访问控制）和（允许）使用中的多样性进行描述和管理。

3）本体和全面的元数据目录可以简化解释，提升数据质量，简化多数据集的集成。

4）我们需要制定本体演变的管理机制来维持数据质量。

4.1 引　　言

随着大数据应用程序进入企业和个人活动的各个领域，传统应用领域遇到的旧挑战以新的方式出现了。在与大数据相关的最初的核心挑战（即数据量、变化速度和多样性）[1]中，多样性仍然是标准分析架构最不容易解决的问题。

根据 2016 年大数据执行调查（big data execution survey），69%的组织认为多样性数据的处理是大数据成功的主要驱动因素（25%的组织认为数据量是主要驱动因素，6%的组织认为速度是主要驱动因素）[2]。受访者一致认为，相比于收集同种数据源，通过整合多种数据源能够发现更多机会。体量和速度带来的挑战可以通过足够强的处理能力、增强的网络功能、存储容量和流式架构来解决。Hadoop已经通过分布式计算开创性地解决了速度问题。然而，多样性仍然是一个重大挑战，仅用更好的技术无法解决这一问题。

大数据平台的一个显著特征是大多数平台没有模式（schema），即平台没有对实际包含内容的规范描述。没有描述数据存储内容的语义信息，就无法对数据进行有效利用。特别是如果数据集在较长的时间跨度内由不同的用户组贡献和使用，并以不同的方式进行处理，就更增加了有效利用数据的难度。因此，元数据（metadata）和语义注释的价值正迅速成为设计和维护数据湖的主要考虑因素。大数据内容的多样性给元数据管理领域带来了新的挑战。实现元数据管理框架，以支持数据和预处理的多样性，这是提供更高的可见性、更高的数据一致性和更好的数据理解的关键因素。

4.2　大数据的多样性

本节定义了多样性，并分析了大数据中多样性的类型和来源。我们引入语义元数据的概念，作为在大数据情境中描述和管理多样性的基础。语义元数据可以记录异构大数据中的多样性来源，一旦建立好之后，语义元数据就能够记录将多个数据源整合到一个连接的可用流水线中所需的映射和转换。这些元数据的管理必须与数据的管理紧密结合，因此它们的生命周期将延长到使用实际数据源和结果的时间（或更长时间）。

如今，数据多样性问题至关重要。存储数据集的多样性令综合分析变得复杂，底层信息系统及其接口的多样性阻碍了互操作性。我们从以下角度讨论多样性：

1）结构变化（存储结构、数据格式或语义变化引起的结构变化）。

2）粒度变化（聚合或沿时间轴引起的粒度变化）。

3）异构数据源。

4）质量和完整性的程度。

5）数据（预）处理的差异。

我们关注数据中固有的异构性，而不考虑策略和管理问题，如访问控制和敏感且机密的数据元素的可见性。有关策略相关问题的讨论，请参阅第 3 章。本章的后续章节将介绍数据湖多样性的解决策略。

4.2.1　结构的多样性

数据结构的多样性表现在不同的数据类型、数据格式和语义变化。

在数据保存在多个数据源的情况下，数据类型的变化是很常见的。不同的数据类型可以用来表示相同的数据，如具有不同位宽度的数字表示、长度不同的字符串或数据的文本编码与二进制编码。当数据从一个系统迁移到另一个系统时，这些差异通常可以使用从一种表示转换为另一种表示的方法来解决。但是，必须精心设计和监控转换机制，以确保数据的正确转换，以及在该过程中不会丢失任何信息。

结构化数据（structured data）具有固定的预定义格式，因此易于管理。半结构化数据（semi-structured data）没有固定的结构，但有一些固定的属性，与非结构化数据（unstructured data）相比，半结构化数据的分析相对容易。非结构化数据没有结构，它是目前最常见的数据类型。如今，非结构化数据和半结构化数据是增长最快的数据类型，据估计，它们占总数据的 80%[3]。原始形式的非结构化数据很难进行分析，其需要经过不同的预处理阶段，这些预处理可能涉及数据清理、信息提取、分类、标记及与其他信息的链接。

最近，图谱已成为常见的数据表示形式。RDF 和链接数据是表示数据实体及其关系的灵活方法，知识图谱从非常大的非结构化数据语料库中派生而来，有助于分析和知识发现。从上述所有类型的数据中提取信息，对于实现深度分析非常重要。

语义变化可能是极难解决的问题之一，因为数据含义上的细微差异检测是一个挑战。通常，数据集只是从各种来源提取的数据的快照，它对数据各个部分的内容和含义几乎没有或根本没有解释。在该过程中，数据的上下文和来源常常会丢失，这使得我们很难有效地利用数据集进行分析。如果数据收集的过程、目的和爬虫是未知的，则我们可能无法检测到数据中的潜在偏差和意义上的细微差异。此时，全面的元数据和来源将是最有用的。

半结构化数据、非结构化数据和图谱结构化数据不需要模式定义。因此，我们将重点放在数据湖的数据提供上，忽略相关的元数据，而不是依赖非正式的注释和用户的隐性知识来有效地使用数据。然而，当提供数据的用户与分析数据的用户不同时，这种方法很快就会失效。即使每个数据集都由一个本体进行描述，但在不同的本体中确定匹配的部分仍然是一个难以解决的问题。基于结构和词汇表示的匹配通常是不精确的，并且在一个上下文中明确认定的等价概念可能不能转移到另一个上下文。此外，同一领域的本体之间、概念的不同概念化方式及粒度的多样性，对本体及其相关数据集的匹配和一致提出了进一步的挑战。修改本体和管理其演变也需要进一步的研究。

4.2.2　粒度的多样性

我们可以在多个聚合级别上查看数据。数据仓库的组织方式是：将原始数据按照不同的维度和粒度级别进行聚合，从而能够有效地在多个抽象级别构建查询。

数据可以在值维度上进行聚合，在值维度上，精确的值被更一般的表示所取代；在时间尺度上，不同时间点的元素被组合成表示时间跨度的单个元素；在空间上，将空间区域中的元素聚合成表示该区域的单个元素；以及可以在各种特定领域的关系上聚合。然而，了解数据是如何收集和聚合的非常重要，因为不同的聚合方式可能导致不同的结论。

4.2.3 来源的多样性

数据来源不同是导致大数据多样性的主要原因之一。数据由用户、机器、流程和设备持续地生成，并被存储以供进一步分析。要得到有效的结论，往往需要将多个来源的数据进行组合，对数据进行集成和链接，并对组合数据进行分析。大型数据分析平台通常由存储系统、处理系统和数据分析系统的生态系统组成。

在大数据生态系统中，异构数据源构成了额外的一层复杂性。关键挑战是如何整合这些异构数据源，从中提取相关的有意义的信息。随着非关系型数据存储技术（如 NoSQL 和 NewSQL 数据存储）的出现，半结构化和非结构化数据的存储能力有所提高。然而，如前所述，克服结构多样性的需求前所未有的紧迫。与机器学习技术和自动化技术的进步相比，软件工程和数据管理的实践主要依靠人工。特别是，不同接口之间的中介、数据交换协议及系统提供的数据含义的差异很大程度上取决于人工创建的中介器（mediator）、包装器（wrapper）和转换管道（transformation pipeline）。

数据源可能具有不同的数据质量。即使数据在结构上和语义上是相同的，数据的正确性、及时性和完整性的差异也可能影响其效用。此外，实际或感知的可靠性、质量或可信度可能影响实际或感知的效用。

4.2.4 质量的多样性

数据集可能具有不同的数据质量，即不同等级的正确性、完整性和及时性。此外，如果将主观评价（如来源的声誉和可信度）考虑在内，数据集的实际质量可能与感知质量不同。由于质量的概念强烈依赖于数据在给定上下文中的应用和预期用途，因此没有公认的方法来量化原始信息和派生信息的质量。在可以用某种方式直接评估数据质量的情况下，如通过人工检查、与标准的比较，或来源（如传感器）的已知质量，可以用质量指标对数据集进行标注；否则，可以使用描述数据集的沿袭的元数据来使应用程序获得质量评估。

4.2.5　处理的多样性

数据处理技术包括批处理以及实时处理。批处理是处理大量数据的有效方式，适用于在一段时间内累积了一系列事务的情况。通常，批处理首先使用单独的程序进行数据收集，然后进行数据录入，最后进行数据处理，从而批量地生成结果。批处理系统的示例有工资单系统和计费系统。相比之下，实时处理以（几乎）实时的方式处理数据，并且适用于要求响应时间较短的应用程序，如银行自动取款机系统和销售终端系统。为了满足批处理和实时处理大量流式数据的需要，复杂处理架构（如 Lambda 架构）[4]被开发了出来。

处理上的差异可能进一步导致数据质量的差异。数据预处理、数据扩充和派生数据提取中用到的多个软件和算法都会导致数据质量发生变化，这可能会妨碍进一步的分析。如果数据集存在各种由算法偏差引起的（系统）数据质量问题，我们很难对数据集进行组合和使用。全面的元数据和来源信息可能有助于识别潜在的问题，并指出得到的数据集的局限性。

4.3　数据湖的多样性管理

数据的多样性带来了架构上的挑战，在创建数据湖时需要仔细考虑该问题[5]。如果数据集是以特定的过程和任意格式添加的，则我们很难识别有用的数据集并解释它们的内容，也很难有效地利用多个数据集联合分析得出结论。无论数据湖是大体量还是小体量，它的长期维护和演变都需要经过深思熟虑的设计和管理，以避免数据湖退化为"数据沼泽"，即随着越来越多的数据集的添加，效用越来越低。尽管数据湖有时被视为无模式的数据存储库，可以轻松添加任何数据，但为了以后数据的有效处理和分析，尤其是进行分析的用户与贡献数据集的用户不同时，数据湖至少应包含一个最小的结构和语义信息。可使用多面元数据对拥有丰富数据的数据湖进行设计，这有助于发现和组织数据集；利用联合和分区考虑数据的不同来源和特征；还可使用自动化的扩充和集成过程，在保留沿袭的同时，为进一步分析准备原始数据。

4.3.1　元数据存储库

对于数据集的发现、数据集内容的解释、数据的集成及数据湖的管理而言，有关数据集的元数据至关重要。元数据存储库记录了整个数据集的信息，以及更详细的与每个数据集内容的结构和解释相关的信息。

在最高层级，元数据存储库通过维护特定领域本体的信息目录（information catalog）来促进数据湖内容的导航和探索。感兴趣的读者可以参考第 2 章中的实用建模指南，了解如何创建这样一个本体。信息目录根据语义概念对数据集进行分类，这些语义概念将含义传达给业务用户，并帮助他们在数据湖中探索和发现相关的数据集。有关数据来源和及时性的元数据有助于评估针对预期用途的数据质量。

4.3.2 元数据类型

元数据并不只是数据集的分类。通常，与业务领域、技术领域和操作领域相关的元数据也必须维护起来。

1）业务元数据使用非技术用户可以理解的术语来描述数据。在数据湖由非技术用户驱动和支持的情况下，这一点尤为重要。因此，应该与业务用户紧密协作设计词汇表和分类机制。业务元数据的一个例子是信息目录中描述的数据集所属大类。

2）技术元数据描述了数据的类型、结构和格式，也包括与访问和操作数据所需的软件系统和接口相关的信息。我们应维护业务词汇表和数据技术编码之间的映射，从而支持数据的处理和解释。在可能的情况下，我们应该采用统一的表示形式，从而简化后续的数据集成。

3）操作元数据可以记录有关数据沿袭、暂时性、统计特征（如体量）及与数据的接入、处理、修改和存储相关的事件信息。数据沿袭和时间信息对于数据集成和数据质量评估尤其重要，而有关数据存储和复制的信息有助于支持检索的高效性。此外，数据访问和使用的限制也可以被作为元数据（第 3 章概述了将策略附加到关联数据的方法）。

与描述数据库中信息的数据模式类似，我们应该设计一个元数据模式来定义元数据的含义和表示形式。虽然数据池中的数据可能会有很大的差异，但元数据的表示形式通常更为统一和稳定。

元数据的质量（尤其是正确性和完整性）对于数据湖的操作至关重要。因此，应该提供工具来控制数据的生成方式，尽可能保证一致性。通常可以自动获取技术元数据和操作元数据。例如，可以自动记录数据的沿袭和暂时性及数据格式、接入时间和可能改变数据的处理，作为接入和处理管道的一部分。业务元数据及其到技术表示的映射通常更难获取，应该提供一个软件工具，当数据输入数据湖时，用户能够获取数据湖中的元数据。此外，能够预测元数据标注和映射的智能助手可以简化获取的流程并提高数据的质量。

4.3.3 元数据的粒度

元数据可以与整个数据集相关联，也可以与数据集中的单个元素关联，具体取决于数据修改的粒度。对于支持日志文件分析等应用的数据湖而言，整个日志文件的元数据可能就足够了，而类似于传统的基于记录的数据存储的"数据仓库"可能还需要记录级元数据。

4.3.4 联合

数据湖的数据可以存储在外部系统中，如在不同组织内维护的关系数据库。联合架构根据需要从源系统检索数据，可以利用现有系统为所有数据提供单一访问点。包装器〔wrapper，也称为适配器（adapter）〕将数据湖的数据访问转换为外部系统可以执行的查询，并将结果数据转换为数据湖中使用的格式。数据的沿袭信息和其他元数据也由包装器添加。映射和查询转换技术可以根据源数据模式和目标数据模式进行配置。即使数据以其他格式存储，关联数据标准（如 RDF）也可以在数据湖中使用，以利用链接和基于图谱的表示形式。4.4 节中描述的应用程序体系架构及第 3 和 13 章中基于中介器的架构都是关于联合数据湖架构的例子。

4.3.5 分区

数据湖可以根据数据的生命周期划分为不同的区域，从而适配数据集的不同特征。如果原始数据保存在数据湖中，最佳做法是将这些数据保存在与湖中处理数据分开的着陆区中。为特定分析目的设计的数据湖通常由接入管道提供支持，在摄取管道中对原始数据进行处理、清理/标准化和扩充，并与其他数据集进行链接或集成。该过程可以分为不同的阶段，每个阶段的中间结果保存在不同区域，元数据可以跨区域链接相关数据。这种架构清晰地将异构的原始数据与结构化的派生数据区分开来，并支持数据湖使用不同的技术和策略来管理每个区域中的数据。这种架构是可取的，因为原始数据和处理过的数据通常在体量、数据类型和访问模式上都有所不同。不同区域的数据之间的链接有助于解决接入流水线中可能出现的问题，并支持在数据湖的原始设计中无法预见的额外分析。基于异构技术栈为大数据处理系统设计技术架构（所谓的"多语言架构"）的最佳做法，可以在决策数据合作研究中心（Data to Decisions Cooperative Research Centre）开发的大数据参考架构（big data reference architecture）中找到相关信息[6]。

4.3.6　数据集成与数据扩充

由于原始数据在表示形式、质量和完整性方面的差异，其分析通常具有挑战性。此外，原始数据可能还需要进行处理，从而获取进一步分析所需的信息，并且数据集可能需要与数据湖中的其他信息进行集成。

分析前的常见操作包括丢弃无效或不完整的数据、更改数据的表示形式（编码和/或结构、标准化）、提取关键信息及从数据集创建派生数据。此外，算法还可通过从数据中提取关键信息、将数据链接到数据湖中的其他数据集来获取新的信息，从而扩充数据集。例如，对非结构化文本文档的分析，要在文本中标识出感兴趣的实体，并将其与数据池中的其他信息整合。文本文档最初存储在 Hadoop 集群中，随后进行文本抽取并在文本搜索引擎（如 ElasticSearch①）中进行索引。命名实体抽取算法可用于识别感兴趣的实体，如人物或地点，实体的列表可以存储在结构化数据存储库中。该数据集可以作为进一步分析的基础，这些分析包括实体链接、聚类分析和网络分析。

预处理和数据扩充流程的自动化编排有几个好处，如数据处理的一致性、元数据沿袭的自动维护及数据湖中数据标准的执行。此外，在数据湖中使用预处理数据能够使技术素养相对较低的用户可以访问数据。

此外，定义的数据标准有助于多个数据集的集成，每个数据源通过通用标准进行集成，而不是使用点对点的集成解决方案将每个数据集与许多其他数据集进行集成。

一些基于中介器的架构已采用这种方法，其中（部分）标准化发生在中介器内。例如，第 13 章中的架构在中介器处应用了语义提升。

4.3.7　访问控制

异构数据湖的访问控制机制难以实现，因为流行的大数据平台强调可伸缩性而不是安全性。另外，传统的基于用户和角色的访问控制机制可能不适用于数据或结构中存在敏感信息的应用。例如，在表示人与人之间的关系的图中查看实体

---

① https://www.elastic.co

之间的链接所需的访问权限不仅取决于链接类型，而且取决于链接端点处的实体的属性。因此，可能需要在单个事实级别而不是数据集甚至数据源级别描述访问策略和访问控制。尽管可以提供适当粒度的元数据注释来表示所需的权限，但是用于强制执行此类细粒度访问模型的工具支持才刚刚出现。此外，必须在保证安全性的情况下严谨设计扩充过程和数据沿袭机制，以确保派生信息与适当的访问元数据相关联。基于中介器的联合架构面临着另外的挑战，即数据源可能无法实施细粒度的访问限制。跨异构软件生态系统实现访问控制尚待积极的研究。

4.4　在执法中的应用

代理商越来越依赖于其他代理商或其合作伙伴生成的信息。例如，D2D CRC 与情报机构和警察部队合作建立了综合执法（integrated law enforcement，ILE）平台。政府信息源包括犯罪历史、移民记录、指纹数据、枪支或车辆登记及视频监控录像，以及房屋所有权和税收信息。但是，由于分析人员可能不知道与自己的利益相关的数据可在其他地方获得，并且通常难以跨机构和系统边界获取数据，因此及时获取适用于分析的信息仍然具有挑战性。此外，由于敏感内容可能会受到法律约束和保证，并且无法复制或导入分析工具中，因此必须加强对数据的访问管理。

平台的目标是开发、集成和评估技术，使警察和分析人员可以统一访问从不同机构持有的各种数据源中获得的集成信息，以汇总数据，解析和链接实体和身份，识别异常情况并做出反应，并建立和维护与事件和实体相关的威胁模型。

4.4.1　综合执法架构概述

ILE 平台的总体架构如图 4.1 所示，其基于联合架构模型，其中部署 ILE 平台的一个或多个实例并访问多个外部数据源。每个实例可以提供单独的查询和分析服务，并且根据需要从其他实例和外部源获取数据。该架构由五层组成，下面将对其进行详细描述。

1）数据源（data source）：执法机构严重依赖外部源，这些外部数据源需要与内部信息系统集成。外部数据源通常由外部组织控制，并可能随着时间的推移而变化，其中的变化涉及内容、结构和可访问性。在这种情况下，组织策略很少支持传统的跨组织边界的 ETL 提取过程，这是一个挑战。外部数据源可以是社交媒体渠道，如 Twitter（推特，现已更名为 X）、Facebook（脸书，现已更名为 Meta）

帖子或在调查过程中可能收集到的任何文档，通常是半结构化或非结构化的；可能还需要访问外部服务，如电信公司的电话记录。内部信息系统有助于管理调查的系统。由于组织的结构不同，联邦和州级办公室可能使用不同的系统或同一系统的不同版本，这增加了集成的复杂性。

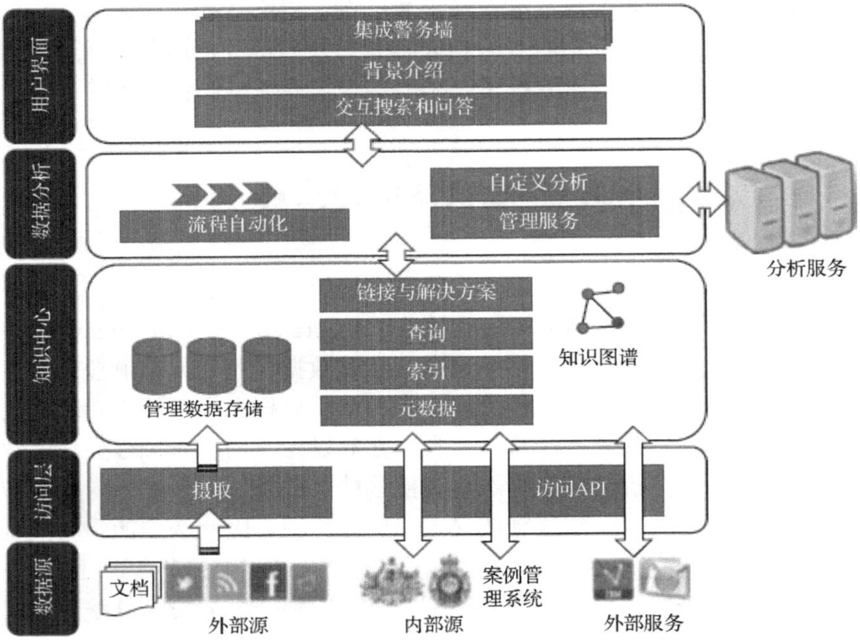

图 4.1　D2D CRC 开发的 ILE 平台的总体架构

2）访问层（access layer）：ILE 平台向前端应用程序提供并使用 API，以访问数据并调用分析服务。在允许的情况下可以使用这种双向通信，如由外部服务（如电话记录查询系统）提供 API，而内部系统（如调查管理系统）调用 ILE API，执行联合查询。平台公开的 API 使用统一的数据格式和通信协议。在平台的未来版本中可能还会开发供研究人员使用的手机应用程序，也可以调用这些 API。

数据接入子系统可以访问不提供 API 的外部源，如文档和一些社交媒体渠道。对于这些数据源，ILE 平台提供包装器。与传统包装器和 ETL 流程不同的是，ILE 平台支持关联数据和摄取元数据，而不像使用传统数据仓库方法那样需要将数据源的完整内容加载到平台中。

3）知识中心（knowledge hub）：这一层是 ILE 平台的核心。数据存储在专业关联数据存储库（curated linked data stores）中，这是一组数据库，它们共同实现包含实体及其链接和元数据的知识图谱型结构[7-8]。该数据存储保存了有关实体及其链接的事实和元数据，其真实性已得到确认。该数据可用于推断查询的结果，如果需要进一步的信息，其可以综合外部源和其他实例的请求。因此，关联数据存储提供了实体和链接的目录，这些实体和链接增加了适当的元数据，包括到本体和源信息的链接，这样就可以从系统外部的权威来源获取详细信息。由于执法领域的数据分散在由不同组织拥有和运营的多个系统中，因此我们需要这种方法。因此，在可预见的将来，不可能建立一个中央控制的数据库。

关联数据存储中包含的信息由本体控制，本体定义了整体平台中可用的实体类型、链接类型和关联元数据。该本体可以作为知识管理/组织的参考，有助于整合来自外部源的信息。利用本体作为参考，可以对信息进行链接并转换为适合知识中心的形式。该本体专门为执法领域设计，包含详细的来源信息和信息访问限制的元数据。它是显式表示的，且可以查询。ILE 平台中的所有信息都在本体中表示，以便进行实体链接与分析。

本体在三个级别对领域进行概念化：①元级别（meta-level），记录概念类型；②类型级别（type level），将领域概念以类型表示；③实例级别（instance level），表示和链接实例级别的数据。例如，元级别定义了实体类型（entity type）、关系类型（relationship type）和元属性类型（meta attribute type）。下一层的类型包括分级的对象类型（包括人员、组织、车辆和其他对象类型），对象类型之间可能建立的具体领域关系（例如，人员为组织工作），以及访问控制、来源和时间有效性的元数据属性类型。最底层的实例表示单个对象和关系，如个人登记的车辆。这些领域概念与 NIEM 标准 3 和案例管理的概念紧密结合。起源模型是 PROV-O[9]的扩展。领域概念的实例在本体的最底层形成了组成知识图谱（knowledge graph）的对象。表示数据源的类和对象对上述概念进行了补充，该数据源与存储在其中的领域信息是关联的，同时外部源和联邦架构中，本体模型之间转换所需的模式映射信息也对概念进行了补充。这种多级建模方法被用来提供模块化、可扩展的知识表示架构。

从外部源获取的信息是基于系统可用的数据源目录得到的，每个数据源都有一个相应的适配器，该适配器与外部系统通信，并将信息和元数据重写到 ILE 平台内使用的本体中[10]。我们的平台跨越多个源，包括实体数据库（人员、对象、地点、事件和关系）、案例管理系统和非结构化文档存储库。

从外部系统接收到的信息通过一个接入和扩充流水线传递，在该流水线中提取实体[11]、扩充元数据（来源和访问限制），并链接到关联数据存储的知识图谱。数据质量在这些管道中得以监控和保证。

4）数据分析（data analytics）：分析服务包括从非结构化文本[11]中提取实体、实体链接、相似度计算和排序[12]。商业工具提供的服务，如网络分析和实体链接/实体解析方案，可以集成在模块化结构中。

如果有与案例相关的新信息可用，流程自动化（process automation）服务将提供工作流（workflow）编排和提醒通知。工作流服务有助于制定工作流程，如获取授权和许可。

5）用户界面（user INterface）：ILE 平台通过 API 提供对数据和分析服务的访问（注意，API 仅明确显示在图 4.1 的访问层中），允许各种用户界面连接到平台。我们正在实现三个独立的用户界面：①案例墙（case wall）[13]是一个类似脸书的用户界面，允许终端用户以简单直观的方式管理研究内容，而不需要太多培训；②基于 React①的简单联合查询表单可以轻松集成到网站中；③新的最先进的虚拟环境，允许终端用户对调查和法庭案件的数据进行互动和探索。这是系统为专门处理查询和回答构建的虚拟环境，是一种新颖的和创新的方法[14-15]。

该架构视图省略了交叉领域技术问题，包括访问控制、用户管理、日志记录、监视和其他部署工具。我们的实现基于开源大数据技术，包括 Hadoop、Spark、PostgreSQL、RabbitMQ 和 RESTful 接口。

4.4.2 解决多样性管理

前面描述的 ILE 架构旨在解决和管理大数据环境中的多样性问题。

1）结构的多样性（structural variety）和来源的多样性（source variety）：对不同数据类型和数据格式的访问由包装器提供，包装器是访问层中数据接入的一部分，或是转换 API 调用的有效负载。模型驱动技术可以促进包装器的开发，如模型转换语言（如 ATL[16]或 ETL[17]）。这些模型转换语言可以将数据规范提升到模型级别，使数据更易于理解和管理，然后对数据进行转换，以克服规范中的差异。本体匹配[18]等语义匹配技术和 Karma[19]等匹配工具有助于克服语义多样性，支持转换规则的开发。

2）粒度的多样性（granularity variety）：有关多级聚合的数据管理问题可以在访问层和数据分析层解决。在访问层，如果外部来源提供的数据过于详细，无法接入关联数据存储，包装器可以通过转换来处理聚合数据。在数据分析层，各种服务可以通过类似于数据仓库或联机分析处理（online analytical processing，OLAP）操作对知识中心的数据进行聚合。

---

① https://reactjs.org/

3）处理的多样性（processing variety）：ILE 平台通过数据分析服务执行各种数据处理技术，数据分析服务可以通过 API 访问知识中心。API 提供对实际数据的访问，也可以查询元数据和来源信息，这些信息有助于确定结果数据集的局限性。

4）质量的多样性（quality variety）：数据质量问题可以在访问层和数据分析层解决。在接入过程中，或者在查询外部服务和数据源的 API 时，可以根据包装器中执行的规则监控数据质量。在数据分析层，可以应用特殊的数据质量服务，结合元数据和来源数据解析服务的结果、衡量数据的质量并提供反馈。

4.5 建　　议

根据我们在操作数据湖和自动化数据处理系统方面的经验，我们认为以下是数据湖取得长期成功的关键因素：

1）确定数据湖的用户及其预期用例。用户的需求能够为数据和元数据的总体架构和本体的开发提供信息。

2）将综合元数据与每个数据集相关联（如果可以，也与数据集中的元素相关联），尽可能使元数据获取的过程自动化。

3）确定数据湖内的标准化水平，并提供适当的接入和访问通道。可以利用联合访问和虚拟模式，在异构系统之上构造一个"虚拟数据湖"。

4）考虑到本体和用户需求的变化，避免在实现中校准关于本体、数据集和来源的关键假设。

5）为终端用户提供工具，使其可以对数据湖进行填充、浏览和探索。

更多建议和清单请参见参考文献[5]、[20]。

4.6 总　　结

本章总结了异构数据湖的特点，并研究了在数据湖中收集多种数据时可能需要解决的多种形式。数据湖通常会收集大量异构数据，这些数据由不同系统保存和不同的用户组提供。在这种情况下，为了对数据湖进行长期维护并避免数据湖随着时间的推移而退化，全面的元数据管理至关重要。

我们总结了数据异质性的类型，并讨论了元数据和本体对组织数据湖的重要性。在这里，本体有助于发现、浏览、探索和解释异构数据湖。本体可以提供特定领域的词汇表，以便于领域专家和数据分析师注释、检索和探索数据集。此外，本体还有助于在数据湖顶层添加轻量级的模式（schema）。虚拟化技术（如包装器和中介器架构）有助于克服数据结构的多样性，并通过自动化提取和数据访问过程，将数据与关键元数据关联起来。语义元数据是此类体系架构的基础，因为其描述了结构、来源、可见性（访问控制）和（允许的）使用。这样，本体和全面的元数据目录可以简化解释，提高数据质量，并简化多个数据集的集成。然而，数据质量的维持需要适当的本体演变管理机制，特别是在支持数据湖的本体不是固定的，而是随着时间的推移而发展的时候。因此，成功实施数据湖不仅是一个技术挑战，还必须仔细考虑相关流程、预期用例和社会因素。

我们开发了一个执法领域的应用，在该应用中，警方调查人员将在严格的证据收集过程中收集和维护来自多个来源的不同数据。该应用的特点是其数据驱动的过程，而其中未来的行动方案在很大程度上取决于对调查过程中收集的片段信息的有效探索和链接。底层数据湖依赖本体来连接许多信息源的不同信息表示，依赖本体有效地探索整理的信息。元数据能够记录数据沿袭，支持实体链接算法，并管理信息可见性和访问控制。

参 考 文 献

[1] Laney D (2001) 3D data management: controlling data volume, velocity and variety. META Group Inc, Stamford, Connecticut.

[2] NewVantage Partners LLC (2016) Big Data executive survey 2016. NewVantage Partners, Boston, MA.

[3] Dayley A, Logan D (2015) Organizations will need to tackle three challenges to curb unstructured data glut and neglect. Gartner report G00275931. Updated Jan 2017.

[4] Marz N, Warren J (2013) Big Data: principles and best practices of scalable realtime data systems. Manning Publications, Manning, New York.

[5] Russom P (2017) Data lakes: purposes, practices, patterns, and platforms. Technical report, TDWI.

[6] D2D CRC (2016) Big Data reference architecture, vol 1-4. Data to Decisions Cooperative Research Centre, Adelaide.

[7] Stumptner M, Mayer W, Grossmann G, Liu J, Li W, Casanovas P, De Koker L, Mendelson D, Watts D, Bainbridge B (2016) An architecture for establishing legal semantic workflows in the context of Integrated Law Enforcement. In: Proceedings of the third workshop on legal knowledge and the semantic web (LK&SW-2016). Co-located with EKAW-2016, ArXiv.

[8] Mayer W, Stumptner M, Casanovas P, de Koker L (2017) Towards a linked information architecture for integrated law enforcement. In: Proceedings of the workshop on linked democracy: artificial intelligence for democratic innovation (LINKDEM 2017), vol 1897. Co-located with the 26th international joint conference on artificial intelligence (IJCAI 2017), CEUR.

[9] Lebo T, Sahoo S, McGuinness D, Belhajjame K, Cheney J, Corsar D, Garijo D, Soiland-Reyes S, Zednik S, Zhao J

(2013) PROV-O: the PROV ontology. W3C on-line, https://www.w3.org/TR/prov-o/. Last accessed 15 Mar 2018.

[10] Bellahsene Z, Bonifati A, Rahm E (2011) Schema matching and mapping. Springer, Berlin, Heidelberg.

[11] Del Corro L, Gemulla R (2013) ClausIE: clause-based open information extraction. In: Proceedings of WWW. ACM New York, NY, USA.

[12] Beheshti S-M-R, Tabebordbar A, Benatallah B, Nouri R (2017) On automating basic data curation tasks. In: Proceedings of WWW. ACM, Geneva, Switzerland. pp 165-169.

[13] Sun Y-JJ, Barukh MC, Benatallah B, Beheshti S-M-R (2015) Scalable SaaS-based process.

[14] Drogemuller A, Cunningham A, Walsh J, Ross W, Thomas B (2017) VRige: exploring social network interactions in immersive virtual environments. In: Proceedings of the international symposium on big data visual analytics (BDVA). IEEE NJ, USA.

[15] Bastiras J, Thomas BH, Walsh JA, Baumeister J (2017) Combining virtual reality and narrative visualisation to persuade. In: Proceedings of the international symposium on big data visual analytics (BDVA). IEEE NJ, USA.

[16] Kurtev I, Jouault F, Allilaire F, Bezivin J (2008) ATL: a model transformation tool. Sci Comput Program 72(1):31-39.

[17] Polack F, Kolovos DS, Paige RF (2008) The Epsilon transformation language. In: Proceedings of ICMT. LNCS, vol 5063. Springer, Berlin, Heidelberg.

[18] Shvaiko P, Euzenat J (2013) Ontology matching. Springer, Berlin, Heidelberg.

[19] Szekely P, Knoblock CA, Yang F, Zhu X, Fink EE, Allen R, Goodlander G (2013) Connecting the Smithsonian American Art Museum to the linked data cloud. In: Proceedings of ESWC.

[20] Russom P (2016) Best practices for data lake management. Technical report, TDWI.

第5章

经济学中的文本挖掘

本章要点

1）可采用自然语言处理的方法从经济预测报告中提取信息，并将其转为结构化形式，以便后续分析。

2）"企业社会责任"这一本体支持自动索引，并支持从管理报告中提取信息。

5.1 简　　介

德国的大中型企业必须公开企业管理报告及年度统一财务报表。这些材料不仅要求提供可打印 PDF 版本，同时还需提供 HTML 文档。这些文档是金融分析师及经济学家解答下列问题的重要信息来源：

1）过去一个财年的经济形势如何？

2）期待未来有什么样的发展？

3）企业活动对环境及社会带来的影响有哪些？

4）企业在环境及社会方面采取了哪些措施？

然而，这些状况报告没有进行标准化，是非结构化的[①]。大部分信息是文本信息。文本中的措辞方式各有不同：同一个意思可用不同语句表达。如果年度报告中含有表格，那么它们的行和列可能都会有不同的命名方式。不同公司的章节标题也差别巨大，即便是术语也可能会不一致。因此，为了对大量文本进行评估，只能寻求自动方法来支持经济分析。这些自动方法旨在从文本中获取统计数据来

---

① 语言技术专家形容文本是非结构化数据，区别于数据库，见参考文献[1]。

支持智能分析。由于信息是文本格式，使用数据库技术无法获取信息内容，因此需要一个可处理文本的语义技术。

在经济学家 C. Almeling（阿尔默林）和语音技术专家 M. Siegel（西格尔）的研究中，讨论了研究哪些语义技术可以应用于业务和管理报告以协助经济分析。

目前已经开展了两个项目寻找有效支持经济分析的自然语言处理（natural language processing，NLP）技术：业务和管理报告中的经济预测分析，以及报告中企业活动对环境及社会带来的影响［企业社会责任（corporate social responsibility，CSR）］分析。其程序原型是通过 Python 语言的工具包 NLTK 及 TextBlob 程序包实现的。经济预测分析使用命名实体识别和基于模板的信息提取。在分析 CSR 信息时，采用了 NLP 技术建立本体。在本体的基础上实现自动索引。首先，要确保清除文本的标记，以及扩充语言学信息。

5.2　使用 NLP 方法对文本进行预处理和分析

分析建立在几家不同规模公司（Adidas、Allianz、Axel Springer、Daimler、Delticom、Franz Haniel、Hochtief、Merck、United Internet 和 Vulcanic Triatherm）的管理报告组成的语料库的基础上。这些报告以 HTML 格式出版。为了分析文本，需要去除 HTML 标记。可通过 Python 的 HTML 解析程序库进行去除，处理后的原始文本使用正则表达式进行清理。

下一步就是对文本进行切分，如将文本切分成句子和词。为此，使用了基于 NLTK[1]的库 TextBlob①及 TextBlobDE②进行处理。

对词进行形态分析，找到其基本形式（词形还原），是在对文本进行索引时找到词法变体（如复数和所有格形式）的有效方式（另见参考文献[2]）。许多系统针对英语的简单词干提取方法不适用于复杂的德语词法结构。对于年度报告领域而言，为专业术语调整词根词典是十分必要的。因此，我们决定使用并扩充基于形态的德语形态数据来进行这一调整（参考文献[3]③），此过程如图 5.1 所示。

---

① TextBlob 仅做截取处理，如对 "beautifully" 进行截取，得到 "beautiful"。

② http://textblob-de.readthedocs.org/en/latest

③ http://www.danielnaber.de/morphologie

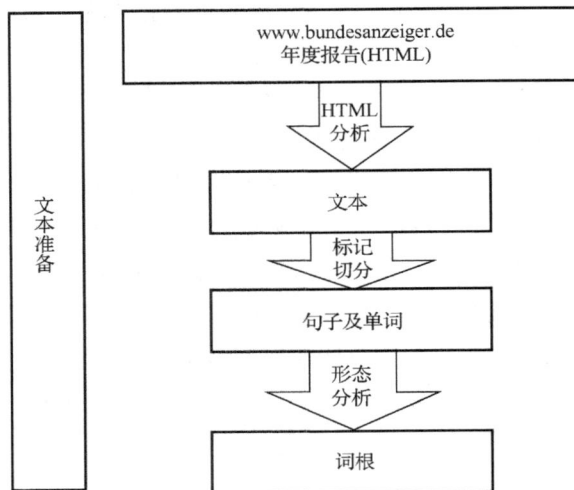

图 5.1　文本准备过程

5.3　利用模板规则对年度报告中的经济预测进行分析

第一个项目是识别并标注年度报告中有关经济发展的文本，以获取结构化的表示形式。

有关经济发展及预测的文本通常会这样表达：

1）"Infolgedessen rechnen wir mit einer Steigerung des Ergebnisses je Aktie auf einen Wert zwischen 4,25 € und 4,40 €."

（因此，我们期望每股收入增长至 4.25～4.40 欧元。）

2）"Steigende Arbeitslosigkeit, strikte Sparmaßnahmen, geringe Lohnsteigerungen und niedrigere Konsumausgaben werden die Entwicklung des Sporteinzelhandels voraussi- chtlich negativ beeinflussen."

（逐渐上升的失业率、严格的紧缩措施、越来越低的工资涨幅及较低的消费支出将对运动零售业的发展造成负面影响。）

XML 格式（图 5.2）用于表示信息，允许相关信息以结构化形式存储和实现检索。

```
<ANALYSIS>
    <TEXT> sentence with the information</TEXT>
    <FORECAST>
        <ABOUT>type of forecast</ABOUT>
        <ORGANISATION>company or organisation</ORGANIZATION>
        <MARKET>market, e.g. the Asian market</MARKET>
        <DIVISON>department of company or organisation</DIVISON>
        <PRODUCT>product</PRODUCT>
        <VALUE>value</VALUE>
    </ FORECAST>
</ANALYSIS>
```

图 5.2　预测报告的 XML 格式的结构化表示

为了填充 ORGANIZATION、DIVISION、PRODUCT 及 MARKET 字段，用 Python 语言实现了命名实体识别工具。该程序基于 POS 标签，这些标签是使用 TextBlob 和词典列表生成的，如列表可以是组织名的缩写（如 AG、GmbH）[4]。使用模板规则在文本中搜索名称，并且为结构化表示提供这些名称。

货币表达式也使用类似模板规则搜索，模板由数字与特殊符号（如美元符号）构成。

对于预测报告类型（在 ABOUT 字段中），使用正则表达式。以下是找到增长声明的某个模板的示例：

```
increase_pattern =
re.compile(r'(voraussichtlich|erwartet|rechnen|erwarten|prognos
tizieren|gehen).* .* (Umsatz|Bruttomarge) .* (steigen|ansteigen)')
```

有了命名实体、货币表达式及模板这些信息，就可以对年度报告中的语句进行分析，同时也可以填充 XML 结构的字段。图 5.3 中给出了通过处理预测报告生成的 XML 输出示例部分。

这种表示方式使经济学家在报告中快速找到与经济预测相关的部分及对应文本内容，轻松编写 XSLT[①]工作表，以得到更符合人体工程学的 HTML 表示。

---

① XSLT 是一门语言，用于将 XML 数据转换为其他格式，如 HTML 格式。详情请见 https://www.w3schools.com/xml/xsl_intro.asp。

```
<ANALYSIS>
 <TEXT>Infolgedessen rechnen wir mit einer Steigerung des Ergebnisses
    je Aktie auf einen Wert zwischen 4,25 € und 4,40 €.
        </TEXT>
        <FORECAST>
                <ABOUT>Aktiensteigerung_auf</ABOUT>
                <ORGANISATION></ORGANISATION>
                <MARKET></MARKET>
                <DIVISON></DIVISON>
                <PRODUCT></PRODUCT>
                <VALUE>einen Wert zwischen 4,25 € und 4,40 €</VALUE>
        </FORECAST>
</ANALYSIS>

<ANALYSIS>
 <TEXT>Steigende Arbeitslosigkeit, strikte Sparmaßnahmen, geringe
    Lohnsteigerungen und niedrigere Konsumausgaben werden die
    Entwicklung des Sporteinzelhandels voraussichtlich negativ
    beeinflussen.
        </TEXT>
        <FORECAST>
                <ABOUT>Umsatzbeeinträchtigung</ABOUT>
                <ORGANISATION></ORGANISATION>
                <MARKET></MARKET>
                <DIVISON>Sporteinzelhandels</DIVISON>
                <PRODUCT></PRODUCT>
                <VALUE></VALUE>
        </FORECAST>
</ANALYSIS>

<ANALYSIS>
 <TEXT>Für XYZ erwarten wir einen Anstieg des währungsbereinigten
    Umsatzes im mittleren einstelligen Bereich.
    </TEXT>
    <FORECAST>
                <ABOUT>Umsatzsteigerung_um</ABOUT>
                <ORGANISATION>XYZ</ORGANISATION>
                <MARKET></MARKET>
                <DIVISON></DIVISON>
                <PRODUCT></PRODUCT>
                <VALUE>mittleren einstelligen Bereich</VALUE>
    </FORECAST>
</ANALYSIS>
```

图 5.3　预测分析结果示例（保密起见，替换了第三个示例处的公司名称）

5.4 基于本体信息的商业报告中 CSR 信息的分析

第二个文本挖掘项目是分析商业报告中的 CSR 信息。

5.4.1 知识库的数据分析及开发

本节的首要目标是搜索关键词，发现语义技术的潜在可能性。

使用 Acrolinx①软件系统的组件对语料库中的文本进行自动术语提取。提取时，不仅找到了术语，还找到了形态变体，如 Finanzkennzahl/Finanz-Kennzahl、Fälligkeitenstruktur/Fälligkeitsstruktur 及 XETRA-Handel/Xetra®-Handel。文本分析（信息检索和信息提取）应将文本中出现过的这类变体都考虑进去。

基于术语提取，经济学家得到了一个学术性的关键词列表，并将其归因于全球报告倡议（Global Reporting Initiative，GRI）[6]中可持续性报告 G4 指导方针中的指标。在这些关键词的基础上，使用语言技术工具对文本进行了分析。文本挖掘过程自动分析共现词，以便找到经常与关键词一起出现的其他单词，由此扩充整个列表。

在图 5.4 中可以看到关键词 Compliance（合规）的共现词（附带了共现频率）。

```
[('Risiken', 32), ('Aufsichtsrat', 16), ('Vorstand', 16), ('Groß', 15), ('Konzerns', 14), ('Dr.', 13),
('Allianz', 12), ('Daimler', 12), ('Moderat', 11), ('AG', 11), ('Konzern', 11), ('Mitarbeiter', 10), ('Group', 9),
('Prüfungsausschuss', 8), ('Unternehmens', 8), ('Ausschuss', 8), ('Überwachung', 8), ('Fragen', 7),
('Wirksamkeit', 8), ('Compliance-Risiken', 7), ('Richtlinien', 7), ('Mitglieder', 7), ('Einhaltung', 7),
('Fragen',7), ('Geschäftsentwicklung', 7), ('Anteilseignervertreter', 7), ('Risikomanagementsystem', 7),
('berichtet', 7), ('Officer', 7), ('Risikomanagement', 7), ('Chief', 7), ('Insurance', 7), ('Aufsichtsrats', 6),
('Kontrollen', 6), ('Rahmen', 6), ('Integrität', 6), ('Perlet', 6), ('Kontrollsystems', 6),
('Risikomanagements', 6), ('Compliance-Organisation', 6), ('Risikomanagementsystems', 6),
('Legal', 6), ('Risk', 6), ('Jahr', 6), ('Helmut', 6), ('Dauer', 5), ('Revisionssystems', 5),
('Entwicklungen', 5)]
```

图 5.4 关键词 Compliance 的共现词

---

① https://www.acrolinx.com[5]

并非所有识别出的共现词都是好的关键词（如"Helmut""Groß"），但其中一些值得加入列表。

扩充关键词列表的另一个重要信息来源是分析复合术语。我们使用了语言学技术在文本中找到关键词的复合术语，并将这些复合术语加入关键词列表。例如，以 Umwelt（环境）为关键词，在文本中找出了许多复合术语，这是专家不一定想到的（图 5.5）。

['Auto-Umwelt-Ranking',   'US-Umweltschutzbehörde',   'Umweltangelegenheiten',
'Umweltanstrengungen', 'Umweltaspekte', 'Umweltauswirkungen', 'Umweltbelastung',
'Umweltbereich',   'Umweltbestimmungen',   'Umweltbilanz',   'Umweltdaten',
'Umweltfreundlichkeit', 'Umweltleistung', 'Umweltleistungen', 'Umweltmanagement',
'Umweltmanagementsysteme', 'Umweltnormen', 'Umweltpraktiken', 'Umweltpreis',
'Umweltrichtlinien',   'Umweltrisiken',   'Umweltschonung',   'Umweltschutz',
'Umweltschutzmaßnahmen', 'Umweltschutzrisiken', 'Umweltstandards', 'Umweltstrategie',
'Umweltverantwortung',   'Umweltverfahren',   'Umweltverträglichkeit',
'Umweltwissenschaftler', 'Umweltzeichen', 'Umweltzertifikat', 'Umweltzonen']

图 5.5　关键词 Umwelt 的复合术语

对于知识库的建立，词形还原是很有必要的，如 Umweltmanagementsysteme 可以还原为 Umweltmanagementsystem，这样是为了找到文本中出现的所有形态变体（如 Umwelt-Managementsystem 及 Umweltmanagement-System）。

经济学家可以通过这种方法得出感兴趣的关键词列表，以进行分析。这些关键词被组织成簇，这些簇是在共现分析及复合术语分析后创建的。

5.4.2　建立本体

数据分析的结果就是关键词列表，关键词被组织成簇，同时被指定为全球报告倡议的指标。这些指标按照层级形成一个三级分类（图 5.6）。

这个分类是多重继承的，更精确来讲是多重关系的：术语 Compliance 在目录 Produktverantwortung（产品责任）、Gesellschaft（社会）及 Ökologie（生态学）中都有。术语与这些目录的关系不是下义词关系，而是部分义词关系。因此，组建一个知识库需要一个本体。需要本体的另一个原因是，知识库的进一步组建引入了大量多重关系。

图 5.6　GRI 分类值创建

　　数据分析中找到的并按簇组织的关键词通过 Python 程序与 GRI 目录相关联（图 5.7）。

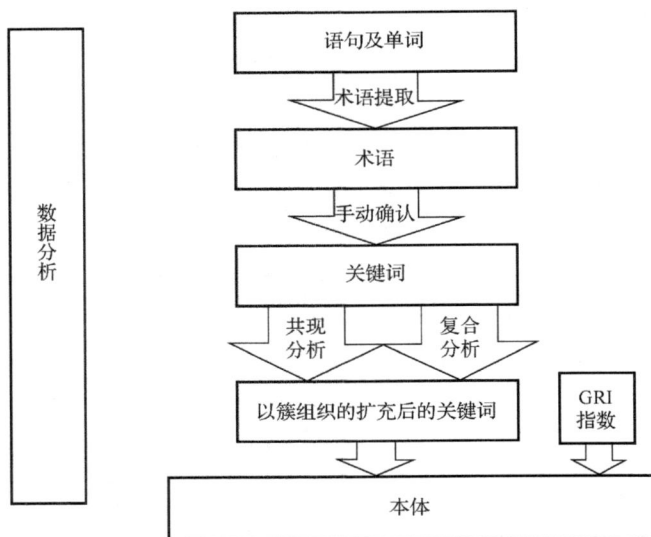

图 5.7　数据分析及本体建立

5.4.3　年度报告中 CSR 信息的基本统计

根据得出的知识库及关键词，可对商业报告进行多种问题的评估。在德国管理报告[7]中报告的可持续性度量的背景下，我们对报告处理方法进行评估。

1. 年度报告中涵盖哪些主题？细节是否完整？

要回答这个问题，需要在文本中逐句查找关键词。之后可在知识库中查找这些关键词，以确定它们是否属于要检测的主题之一。当多个关键词出现在一句时，会尝试将该关键词集合与主题领域相关联。

程序标注了语句的主题领域，从而为经济学家指明相关主题在文本中的位置，以及要求的主题是否出现在报告中（表 5.1 为部分示例）。

表 5.1　主题标注示例

主题领域	文本示例
生态合规	到 2012 年年底，公司的十个地址已取得该认证
生态排放	总的来说，到 2015 年，我们想要我们公司所在的位置减少 30% 的 CO_2 相对排放量
	此外，还采取了许多其他措施减少供应和分销链的碳足迹

2. 商业报告中，关于环境、社会及经济的部分在整体文本所占范围是多大？

　　要回答这个问题，就需要检测相关主题的语句及统计关键词的数量，并且得出在整个文本中的对应占比。

　　图 5.8 展示了一个示例输出。

项目	绝对值	百分比/%
文本中的语句	4086	
含CSR词汇的语句	1262	30.89
社会语句	943	23.08
经济语句	363	8.89
生态语句	609	14.90
含其他CSR词汇的语句	475	11.63
文本中的词汇	83092	
文本中的CSR词汇	1853	2.23
社会词汇	1304	1.57
经济词汇	440	0.53
生态词汇	758	0.91
其他的CSR词汇	570	0.69

图 5.8　文本统计分析示例

　　3. 主题领域在商业管理报告中是如何随着时间发展的？如何比较不同产业的主题处理？

　　文本统计分析信息可用于比较不同公司的年度报告中涉及 CSR 的文本范围。此外，可以对过去几年的年度报告进行分析，以了解 CSR 文本在报告中的比例是如何变化的。这样一来，就可以检验公司在所调查的主题上投入多少。

5.5　建　　议

　　1）精心建立的领域本体将概念及词汇结合起来，有助于复杂的信息提取任务。
　　2）对领域的文本分析不仅有助于组织本体，还有利于查找相关词汇及概念，因此自然语言处理方法具有极高的价值。

5.6　总　　结

　　NLP 方法能否可在分析时为经济学家提供有效帮助？为回答这个问题，我们已经进行了 NLP 系统的原型实现，以分析不同公司的状态报告。正如 NLP 方法的典型做法，第一步是清理并切分文本，然后将得到的词通过语言学信息进行扩充。

在第一个项目中，我们分析了文本中的经济预测，从中提取了信息，并且将信息转为结构化形式。这样，经济学家可以在文本中快速找到相关信息的文本部分。实际上，仅这一步信息提取就很有价值。

第二个项目重点在文本中的 CSR 信息，为有效支撑三个经济学问题的答案，我们首先建立一个本体。为开发本体，应用了多种 NLP 技术，如术语提取、共现分析及复合分析。使用该本体，我们可以获得年度报告中关于增值信息的基本描述统计，这可以解答关于特定主题的问题，如关于 CSR 的问题。

这些实现目前都只是原型，并不完整。然而，我们已经能够找出可有效支持经济分析员的文本分析技术。现在，有必要进一步开发并调整这些技术。

目前，由于此任务尚无标注数据，因此无法对结果进行系统的评估，这将成为下一步的重点。如果有标注数据可用，还可以测试自动索引的机器学习方法。

下一步的另一个重点是实现图形用户界面（graphics user interface，GUI），以方便经济学家利用 NLP 技术分析文本。

参 考 文 献

[1] Bird S, Garrette D, Korobov M, Ljunglöf P, Neergaard MM, Nothman J (2012) Natural language toolkit: NLTK, version 2.

[2] Heyer G, Quasthoff U, Wittig T (2006) Text Mining: Wissensrohstoff Text-Konzepte. Algorithmen, Ergebnisse. W3L-Verlag, Bochum.

[3] Lezius W, Rapp R, Wettler M (1998) A morphological analyzer, disambiguator and context-sensitive lemmatizer for German. In: Proceedings of the COLING-ACL 1998, Montreal.

[4] Morik K, Jung A, Weckwerth J, Rötner S, Hess S, Buschjäger S, Pfahler L (2015) Untersuchungen zur Analyse von deutschsprachigen Textdaten. Technische Universität Dortmund, Tech. Rep. 2, 2015.

[5] Siegel M, Drewer P (2012) Terminologieextraktion-multilingual, semantisch und mehrfach verwendbar. In: Tagungsband der TEKOM-Frühjahrstagung 2012, Karlsruhe.

[6] Global Reporting Initiative (2015) G4 Leitlinien zur Nachhaltigkeitsberichterstattung-Berichterstattungsgrundsätze und Standardangaben.

[7] Almeling C (2016) Messung öffentlicher Wertschöpfung. Folien zum Brown Bag Seminar am 13.01.2016, Hochschule Darmstadt.

第6章

生成自然语言文本

本章要点

1）自然语言生成（natural language generation, NLG）是指生成自然语言文本来呈现结构化形式的数据。

2）NLG 是出版业新领域的奠基技术。

3）目前自动生成的自然语言文本衔接和连贯的质量处于中等水平。然而，运用语言产生的认知方法可以提高其质量，如短语排序机制，这些机制通常会利用短语的信息结构，特别是短语的语义角色。

4）在不久的将来，自动生成的新闻文章数量将超过人工编辑的文章数量，这是因为 NLG 可以高度个性化，而高度个性化是未来读者满意度的关键因素。

6.1 引　　言

出版业对独特的、最新的新闻文章的需求在迅速增长。大量数据在天气、金融、体育、活动、交通和产品等领域不断产生。然而，目前没有足够的人工编辑来编写这些数据中隐藏的所有信息。因此，需要实现文本写作的自动化。Bense 和 Schade[1]提出了一种 NLG 方法，用于自动生成文本。结构化的数据（如表格和图表）被表示成文本。典型的例子是上述领域事实的报告，如天气报告。

目前来看，自动生成的文本是正确的，但质量中等，且有时不免单调。为了提高质量，有必要认知语义尤其是信息结构是如何在好的文本中实现的。为了说明这一点，我们需要将 NLG 方法与语言生成的认知过程进行比较。因此，6.2 节将概述认知过程。6.3 节将讨论哪些类型的文本能够自动地生成。6.4 节将介绍技术方面的内容，特别是文本生成的背景知识。6.5 节将讨论目前正在开发的方法，此方法旨在进一步提高生成文本的衔接和连贯质量。这些方法利用了语言生成的认知过程及"拓扑字段"（topological fields）的语言学理论。6.6 节给出了使用自动生成文本技术的建议。6.7 节和 6.8 节总结了我们的研究成果，并对新闻的高度个性化进行展望，这是 NLG 的趋势。

6.2　语言生成的认知过程

1989 年，奈梅亨（Nijmegen）马普心理语言学研究所（Max Planck Institute for Psycholinguistics）创始所长 Levelt 教授撰写的《说话的认知心理过程》（*Speaking: From Intention to Articulation*）一书出版[2]，这本影响深远的专著将人们对语言产生认知过程的多种见解融合为一个模型。Levelt 的模型基于 Bühler[3]、Fromkin[4]、Garrett[5] 和 Bock[6] 的模型，包括 Levelt 详细阐述的有关监视和错误修复的见解[7]。该模型结合了 Kempen 和 Huijbers 关于心理词典结构[8]和语法编码过程[9]的重要进展，以及同样重要的 Dell[10]关于语音编码过程的进展。Levelt 的模型为语言处理的研究奠定了基础。Levelt 及其同事（其中包括他的继任者 Nijmegen MPI 主任 Antje S. Meyer、Ardi Roelofs 和 Herbert Schriefers）通过研究词汇获取的子过程，为研究做出了贡献，参见 Schriefers、Meyer 和 Levelt[11]以及 Levelt、Roelofs 和 Meyer[12]发表的论文。

为了将 NLG 方法与语言生成的认知过程进行比较，理解 Levelt 将语言生成分解为子过程的思想很重要，这一分解仍然在该领域被广泛接受。Levelt 将语言概念化与语言（依赖于语言）的表述过程区分开来，语言概念化分为宏观规划和微观规划；语言的表述过程分为语法编码和语音编码，以及发音、说话（和写作）的动态子过程。说话（当然也包括写作）是由一个意图触发的。发言者通过说话来告知听众某事、操纵听众做某事，或说服听众做某事。一般来说，概念化，特别是宏观规划，都是从这个意图开始的。考虑到意图，宏观规划的过程决定了话语的下一部分的内容，即下一句的内容。要做到这一点，宏观规划要充分利用发言者所掌握的各种知识，这些知识包括百科知识和篇章知识。例如，罗伯特·莱万多夫斯基（Robert Lewandowski）是波兰的明星前锋，这是关于足球的百科知识；又如，已经提到的内容、听众是谁、对话的背景是什么等，这些是篇章知识。微观规划将确定的内容压缩成命题结构，这是 Levelt 提出的"语前信息"（preverbal message）。Levelt 认为，语前信息仍然独立于语言。

语前信息转化为目标语言是语言生成的第二个主要子过程，也是表达的任务。首先，对每一个作为语前信息的一部分的概念，都要确定一个词汇条目。例如，份额（share）的概念可能会触发 share 或 stock（股份）这样的词汇条目；然后，通过一个竞争过程来决定结果表达式中是使用 share 还是 stock。同时，所选条目会并行扩展为相应的短语，如 the share。为了进行扩展，需要有一个步骤来检查语前信息，以确定这些短语的具体形式。例如，在名词短语中，必须决定是否需要限定词，如果需要，那么限定词是确定的还是不确定的、名词是单数还是复数，以及是否必须包含附加信息，如以形容词的形式来补充信息。在某些情况下，名词短语甚至可以用单个人称代词来表达。从完成第一个概念的对应短语开始，语法编码的表达的子过程就开始构建一个包含所有短语的句子。当然，信息中表示动作的概念不会转换为短语，而是转换为句子的动词组。为了执行语法编码过程，发言者使用他所有关于目标语言、词汇和语法技能的知识。

语法编码的结果可以看作以单词为叶子的短语结构树。这些词的表示形式（引词）成为表达的第二个子过程的主题，在说话的情况下，该子过程就是语音编码。该过程将单词转换成它们的音素序列（在写作中是字母）。语音编码用到了发言者关于如何发音（或拼写）单词的知识。最后，通过发音过程生成语音（或书面文本）。

6.3　自动文本生成的使用

自动文本生成的主要应用领域包括媒体行业的新闻制作、在线商店的产品描述、商业智能报告，以及用于搜索引擎优化（search engine optimization，SEO）的独特文本制作。在新闻制作领域，可获取大量有关天气、金融、活动、交通和体育的数据。结合大数据分析和人工智能的方法，不仅可以将纯事实转化为可读文本，还能够突出相关性。

德国最大的在线新闻门户网站 focus.de 就是一个很好的例子。该网站每天发布大约 3 万份自动生成的天气预报，涵括了德国每个城市 3 天的天气预报。另一个高速大体量新闻的例子是 handels-blatt.com。根据德国证券交易所的数据，它每 15 分钟生成一次 DAX、MDax、SDax 和 TecDax 指数的股票报告。这些报告包含有关股价走势的信息，并将其与过去的数据（如历史高点/低点）及同一商业领域的其他股票数据相关联。

大量高度相关和最新新闻的发布带来了一个重要的连带结果，即在谷歌、必应等搜索引擎中的出现频率大大提高。因此，媒体可以从更高的页面浏览量和联合营销策划中获利。

从已发表报道的数量来看，显然，人工编辑无法在相同时间内编写出这些报道。相比之下，自动文本生成工具只需几分之一秒即可生成此类报道。此外，由于大多数报道可以并行生成，因此在基于云的环境中运行文本生成工具可增加任意伸缩性。因此，在可预见的将来，自动文本生成工具生成的新闻量将超过人类所写的新闻量。

6.4　文本生成的高级方法

本节将简要概述一种增强文本生成的语义方法。Bense 和 Schade[1]描述了用于文本生成的工具——文本合成语言（text computing language，TCL）的基本功能。简而言之，TCL 是一种用于生成自然语言文本的编程语言。我们称 TCL 程序为模板。模板可以在一对括号中间包含输出块和 TCL 语句。eval 语句允许调用其他模板作为子程序。

这里我们讨论的语义扩展旨在添加由本体提供的背景知识，这相当于认知"宏观规划"对百科知识的利用。TCL 的本体知识存储在 RDF 三元组中，该存储在 MySQL 中实现。数据可以通过三个不同抽象层上的查询接口进行访问。最顶层提供了一种描述逻辑查询。中间层本体查询语言（ontology query language，OQL）支持一个针对 RDF 三元组存储进行了优化的查询接口。OQL 查询可以直接转换为 MySQL 查询。三元组的形式是 (s, p, o)，其中 s 代表主体，p 代表属性，o 代表对象。用于检索知识的基本 OQL 语句是 getObjects(s, p) 和 getSubjects(p, o)。例如，getObjects('>Pablo_Picasso', '*')将检索画家 Pablo Picasso（巴勃罗·毕加索）的所有数据和对象属性，getSubjects('. PlaceOfBirth', 'Malaga')将返回出生在 Malaga（马拉加）的所有主体的列表。根据 Bense[13]中的命名约定，实例的所有标识符都以">"字符开头，类的标识符以"^"开头，数据属性用点"."开头，对象属性的名称以"<>"开头。TCL 支持通过 get(s,p,o)函数访问知识库。根据传递的参数，在内部执行 getObjects 或 getSubjects，如 getSubjects('. PlaceOfBirth', 'Malaga')相当于get('*', '. PlaceOfBirth', 'Malaga')。举一个简单的 TCL 程序例子：

```
[[ LN = get ('>Pablo_Picasso', '.LastName', '')]]
[[ PoB = get ('>Pablo_Picasso', '.PlaceOfBirth, '')]]
$LN$出生于$PoB$。
```

该 TCL 程序输出如下："毕加索出生于马拉加"（Picasso was born in Malaga）。

图 6.1 显示了一场足球比赛的知识库的摘录。实例用圆角矩形表示，实例的 ID（identity，编号）使用灰色的背景色[13]。数据属性显示为属性名称和值。利用实例节点彼此连接的命名边来表示实例之间的对象属性（关系类型），如 <> is_EventAction_of 和 <> is_MatchPlayerHome_of。示例数据背后的模式包含

^Teams('T_')、 ^MatchFacts ('MF_')、 ^MatchEvents('ME_')、 ^Player('P_')、
^Match_PlayerInfo('MP_P_')、^Stadium ('STD')和^City('CIT')这些类。该比赛通过
(>MF_160465, <HomeTeam, >T_10)和(>MF_160465, <AwayTeam, >T_18)与其球队
相连。比赛所有的事件都由对象属性<>is_EventAction_of 聚合到该比赛。
<>is_EventAction_of 的反义词是<>EventAction 。 一个事件动作就有一个与
^Match_PlayerInfo 实例相关联的球员，如球员得分通过<> MatchPlayerScore 连接，
或者使用对象属性 <>AssistPlayer 将辅助球员连接到该事件。 每个
^Match_PlayerInfo 实例通过<>Player 关系类型与球员相关联。每个球队都有一个
体育场（<> Stadion ，逆对象属性：<> ist_Stadion_von），每个体育场都有一个相
关的城市（<> ORT）。

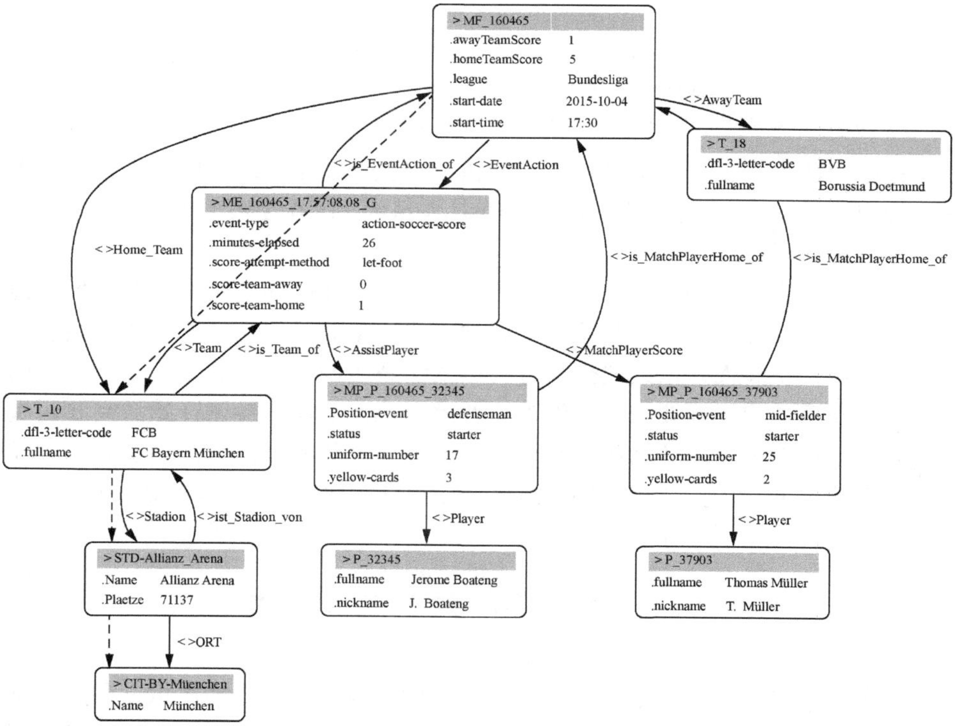

图 6.1　用于生成足球报告的本体知识

生成英超足球比赛报告的应用程序背后的数据模型要比这复杂得多，但这一
小段摘录很好地说明了处理的复杂性。即使对于经验丰富的数据库程序员来说，
访问生成报告文本输出所需的信息也是一项很棘手的任务。下面解释了可以快速

地从这些图中检索信息的方法的实现。原则上，即使是非程序员也可以很容易地导出其所寻找的术语，方法是沿着知识图谱中的一个实例到存储信息的目标实例的路径。从比赛的实例节点> MF_160465 <> Hometeam <> Stadion <> Ort.Name 开始的路径（图 6.1 中的虚线箭头），跟随属性链<> Hometeam <> Stadion <> Ort.Name，可以访问事件发生城市的名称。属性链（property chain）是任意数量的对象属性名称的串联，可以选择后面跟一个数据属性名称，在本例中为.Name。

在 TCL 中，可以根据 OQL 查询的结果集合进行模板评估。查询 getObjects ('> MF_160465', '<> HomeTeam')，将数据库游标定位在知识库相应的三元组上。在模板中，三元组的值可以由术语S引用。除此之外，TCL 系统还能动态地解释属性链。因此，可以将以下声明作为模板头的一部分：

```
STRT = $S.start-time$
DTE = $S.start-date;date（m/d/Y）$ /* 格式为英语日期格式
STDN = $S<>HomeTeam<>Stadion.Name$
CTYN = $S<>HomeTeam<>Stadion<>Ort.Name$
```

模板中的"比赛于DTE的$STRT$在$CTYN$ 的$STDN$开始."为示例数据生成输出，输出为："比赛于 2015 年 10 月 4 日的 17:30 在慕尼黑（München）的安联球场开始。"

在内部，自动查询优化可以应用于属性链。属性链的处理是一个迭代过程，在该过程中，首先检索主体与第一个属性。将结果对象作为新的主体，然后检索新主体与第二个属性，依此类推。每次检索都是通过一条 SELECT 语句实现的。属性链的长度决定了需要执行查询的次数。因此，从比赛实例开始，需要四次查询检索发生比赛的城市的名称。查询优化器获取完整的属性链，并在内部生成和执行嵌套的 SQL 查询。性能测试表明，使用属性链时，执行时间显著减少。

6.5 利用信息结构提高质量

本节将讨论如何利用信息结构的语义规则提高文本生成的质量。通过为刚才提到的概念选择另一个词汇项作为第二个表示（例如，为了表示 share，在英语中可以用 stock，在德语中 Wertpapier 可以代替 Aktie），可读性和文本性得以提高。在词汇获取的认知过程中，这一原则被自然地纳入，使用过的词汇在激活后被设置为禁用，需要恢复才能再次出现。有时，语法模板也是如此：连续的主语-谓语-宾语（subject-predicate-object，SPO）语句让人觉得单调。下面讨论一种自动改变句型的方法。通过这种方法，我们提供了可用于生成下一个表达的一组语法模板。我们可以从语义上对这组模板进行删减，从而模拟信息结构。为了从认知过程的角度阐明"信息结构"（information structure）的含义，我们将简要讨论其对应的词汇。在 Levelt 模型中，根据可获得性（不管之前是否已经提到）对"语前信息"的概念进行注释。如前所述，这可能导致选择不同的词汇项。或者，名词短语中的复合名词可以简化为头部单词（如 wertpapier 简化为 papier）。如果相应的概念处于"情境焦点"（situational focus）中，则名词短语甚至可以简化为相应的人称代词。例如，"Robert Lewandowski 在第 62 分钟上场。Robert Lewandowski 在第 65 分钟以 2∶1 的比分进球"，这两句话可以且应该替换为"Robert Lewandowski 在第 62 分钟上场：他在第 65 分钟以 2∶1 的比分进球"，从而形成一个连贯的文本。Bense 和 Schade 的研究[1]中，已经讨论了一种可以处理这种情况的算法。除此之外，由一个名字组成的，并且原则上可以被简化为一个代词的名词短语，也可以被另一个表达百科知识的名词短语所代替。再次以 Robert Lewandowski 为例，原文本中第二次出现他的名字时可以用"这位波兰国家球员"代替，这样既充实了信息，又能够使整个表达更加连贯[14]。

我们还开发了一个程序，为给定的句子生成可能的变体。在此过程中，我们利用了这样一个事实：尤其在德语和英语中，词序是由某些规则和结构决定的。短语已经介绍过了。目前，有一些测试可以帮助我们弄清楚某组单词是否可以构成一个短语。其中，一种测试（排列测试）可以检查所讨论的单词是否只能作为一个整体移动。在示例 2）中，单词序列"在第 65 分钟（in the 65th minute）"被移动，其结果是一个正确的句子，所以序列是一个短语。在示例 3）中，只移动了"第 65 分钟（65th minute）"，其结果在语法上不正确，以*表示。因此，"第 65 分钟（65th minute）"本身并不是一个短语。

1）Lewandowski scored in the 65th minute.

Lewandowski 在第 65 分钟进球。

2）In the 65th minute, Lewandowski scored.

在第 65 分钟，Lewandowski 进球。

3）*65th minute Lewandowski scored in the.

*第 65 分钟 Lewandowski 进球。

短语的移动属性是用来确定句子的变体的，但要做到这一点，必须考虑另一个语言概念。

实际上，处理德语对我们来说是最重要的，它的词序可以很方便地用拓扑字段来描述（可以在 Wöllstein[15]中找到很好的描述）。类似的方法适用于大多数其他日耳曼语言，如丹麦语，但不适用于英语。拓扑字段方法将句子分割成与属性对应的不同字段，以有限动词的位置为特征，区分了三种基本类型。表 6.1 中的三个句子说明了这些类型。在 V1 句子中，有限动词是句子的第一个单词，并构建了左括号，连同一个可选的右括号（由一个复杂谓词的无限部分构建），围绕着中间字段（包含句子的所有其他部分）。这类句子大多与疑问句的结构相对应。在 V2 句子中，有限动词的前面正好有一个短语（首部字段），因此该动词在句中占据第二位置。句子的其余部分与 V1 句子相同，除了增加的尾部字段外，该字段可以在右括号后面找到，主要包含从句。这种类型主要与陈述句相对应。最后，还有动词处于末尾（verb last，VL）句子，由于动词处于末尾，因此其结构有所不同。首部字段和尾部字段没有被占用，并且左括号处是一个连词，而整个谓词都在右括号中，中间字段再次填满了句子的其余部分。

表 6.1　举例说明德语句子的类型

类型	首部字段	左括号	中间字段	右括号	尾部字段
V1		Ist	Lewandowski 100 Meter	gelaufen?	
V2	Lewandowski	ist	100 Meter	gelaufen,	weil…
VL		weil	Lewandowski 100 Meter	gelaufen ist.	

注：示例句分别翻译为"Lewandowski 跑了 100 米吗？""Lewandowski 跑了 100 米，因为……"和"……因为 Lewandowski 跑了 100 米"。

字段的不同属性非常多。在这里，有两个例子足以说明我们以哪种方式利用哪些原则。我们把重点放在 V2 句子上，因为它们相对丰富，对我们来说是最重要的句子。语句4）～6）都有相同的命题——昨天 Lewandowski 跑了 100 米——但是我们不会翻译所有正在讨论的变化，因为词序规则可能是依赖于语言的。例如，在两种语言中，使用一个句子顺序，其错误原因可能不同。因此，试图模仿德语中不同的词序可能会导致读者理解有误。首部字段的一个显著特点是它只是一个短语，这也是与英语中的首部字段相比，一个重要的不同之处。下面增加了 gestern（昨天）的句子是不正确的，因为两个短语占据了首部字段。

4）*Lewandowski 昨天跑了 100 米。（*Lewandowski gestern ist 100 Meter gelaufen.）

中间字段的属性主要与短语的顺序有关。在本例中，如果主题 Lewandowski 没有出现在首部字段中，那么其是中间字段中的第一个元素。因此，示例 6）在语法上有疑问，以"？"表示；而示例 5）是正确的。

5）昨天 Lewandowski 跑了 100 米。（Gestern ist Lewandowski 100 Meter gelaufen.）

6）?昨天跑了 100 米。Lewandowski。（Gestern ist 100 Meter Lewandowski gelaufen.）

令我们感兴趣的是，首部字段的限制实际上涉及短语的概念，而不限制单词。下面这句话在德语中是绝对正确的：

7）足球运动员 Robert Lewandowski 出生于华沙，与拜仁慕尼黑签约，他昨天跑了 100 米。（Der in Warschau geborene und bei Bayern München unter Vertrag stehende Fußballspieler Robert Lewandowski ist gestern nur 100 Meter gelaufen.）

这表明，短语和拓扑字段不仅是语言学家为了更准确地描述语言的某些特征而发明的概念，而且反映了以某种形式获得并在言语生成过程中使用的实际规则。因此，我们也希望将这些规则用于文本的生成。

这意味着，根据首部字段和中间字段所描述的规则，语句 8）和语句 2）的德语翻译有两种有效的变体，即语句 9）和语句 10）。

8）Lewandowski 在第 65 分钟射门。（Lewandowski schoss das Tor in der 65. Minute.）

9）第 65 分钟 Lewandowski 进球。（In der 65. Minute schoss Lewandowski das Tor.）

10）进球，第 65 分钟 Lewandowski。（Das Tor schoss Lewandowski in der 65. Minute.）

到目前为止，论证都是在语法层面上进行的。这可能会得出这样的结论：语句 8）、语句 9）和语句 10）都是等价的。然而，当考虑语义，或者更准确地说，当考虑信息结构时，事情就会变得更复杂。在语言生成的认知过程中，概念是由可访问标记标注的，我们在讨论名词短语的变体时提到过。在生成过程中，可访问性标记还表示额外的激活，这意味着具有显著易访问性标记的概念最有可能更快地激活其词汇项。因此，对应的短语更有可能出现在要生成的句子的开头。从形式语言学的角度来看，这就是"信息结构"的含义，由形式概念"主位-述位"（theme-rheme）和"焦点"（focus）[16]来表达。主位和述位术语通过分离已知信息（主位）和新信息（述位）来定义句子，主位通常位于述位之前。按照这一概念，如果已经知道进球的信息，则选择变体 8）。焦点是强调语句中重要信息的一种方式，其大多与述位一致，但并不一定。这一概念只有与无标记句的概念相结合才能发挥作用，在无标记句中，通过改变结构来强调某些元素。有人可能会说变体 8）是一个无标记句子，因为它遵循主语-谓语-宾语的顺序。变体 10）与该顺序不同，通过改变顺序，将 das tor（目标）作为焦点。这种变化可以用来与 Lewandowski 的另一个动作形成对比，如犯规。目前，我们正致力于从可用的一组语句中自动确定最佳选择。

6.6 建　　议

如果文本的目的是给定的且简单的，那么可以考虑使用自动生成文本技术。最好使用结构化的形式来表示可用的数据，如表格。如果需要使用结构化数据表示，并需要定期重复，那么使用自动生成文本是有益的。

使用模板生成文本就足够了。智能的变化是很好且必要的，但高水平写作则不必要，这超出了自动生成的范围。

为了提高文本的质量，我们可以利用也应该利用人类语言的生成策略。这包括依赖于目标语言的语言方法及使用（简单）本体表示知识，参见第 2 章。

6.7 总　　结

近年来，自然语言生成已经成为信息技术的一个重要分支。这项技术已经成熟，在全球许多领域中都有应用。自然语言生成是数字化和自动化过程的一部分，它在传统制造业中被称为工业（industry）。到目前为止，本章的重点是展示生成更复杂的文本的可预期结果。我们提倡利用语义来实现这一点。结合本体作为知识库，推理的集成将使自动推理的信息导出到文本生成过程中。若想令这种检索的速度足够快，引入属性链（property chains）的概念至关重要。我们还展示了如何使用信息结构来改变短语的词汇内容，并找出最能表达信息流的语句变体，从而有助于提高生成文本的衔接性和连贯性。

6.8 未来趋势：新闻的高度个性化

媒体行业即将迎来的趋势是高度个性化。到目前为止，大多数新闻文章是为广大读者写的，个人读者需要搜索并选择与自己相关的新闻。尽管许多应用程序已经为天气、体育或赛事等特定领域提供了新闻流，但它们都没有创建个性化的新闻流。在谷歌资助的项目 3dna.news 中，有一种新颖的方法已经被用来提供多种语言的服务。例如，如果用户感兴趣的程度超过了给定的阈值，或者当他/她最喜欢的球队的下一场足球比赛开始时，用户会立即收到电子邮件或 WhatsApp 的通知。在后一个例子中，他/她还被告知了相关的信息，如比赛期间的天气状况，以及从家到体育场的路上的交通堵塞情况。

　　通过高度个性化，出版公司和新闻门户网站能够为读者提供新的服务，从而提高客户留存率。新闻消费者也可以根据自己的需求定制订阅，并及时获取相关信息。高度个性化也将为车载娱乐创造一个新的机会。目前，广播电台为所有听众制作同一个节目；在未来，个性化的新闻可能会单独传送到每辆汽车上。生成的新闻将进行文本到语音的转换，作为单独的广播节目呈现给驾驶员。这也适用于家庭娱乐。亚马逊的 Alexa（亚马逊旗下的智能音箱、智能语音助手）允许用户与文本生成系统进行交互，从而响应以下要求："Alexa，给我一份关于我的股票走势的总结报告！"；或者是："Alexa，我想知道我最喜欢的足球队的重要赛事！"

　　然而，高度个性化可能会增加"回声室效应"（echo chambers），具有扰乱社会的危险。此外，提供这种服务需要大量的资源。与面向广大受众的一般新闻相比，需要生成的新闻文章的数量要大得多。此外，由于触发新文本生成的事件可能随时发生，因此新闻的生成必须连续进行。

参 考 文 献

[1]　Bense H, Schade U (2015) Ontologien als Schlüsseltechnologie für die automatische Erzeugung natürlichsprachlicher Texte. In: Humm B, Reibold A, Ege B (eds) Corporate Semantic Web. Springer, Berlin.

[2]　Levelt WJ (1989) Speaking: from intention to articulation. MIT Press, Cambridge, MA.

[3]　Bühler K (1934) Sprachtheorie: Die Darstellungsfunktion der Sprache. G. Fischer Verlag, Jena.

[4]　Fromkin V (1971) The non-anomalous nature of anomalous utterances. Language 47: 27-52.

[5]　Garrett M (1975) The analysis of sentence production. In: Bower G (ed) Psychology of learning and motivation, vol 9. Academic, New York, pp 133-177.

[6]　Bock JK (1982) Toward a cognitive psychology of syntax: information processing contributions to sentence formulation. Psychol Rev 89:1-47.

[7]　Levelt WJ (1983) Monitoring and self-repair in speech. Cognition 14:41-104.

[8]　Kempen G, Huijbers P (1983) The lexicalization process in sentence production and naming: indirect election of words. Cognition 14:185-209.

[9]　Kempen G, Hoenkamp E (1987) An incremental procedural grammar for sentence formulation. Cogn Sci 11:201-258.

[10]　Dell GS (1986) A spreading-activation theory of retrieval in sentence production. Psychol Rev 93:283-321.

[11]　Schriefers H, Meyer AS, Levelt WJ (1990) Exploring the time course of lexical access in language production: picture-word interference studies. J Mem Lang 29:86-102.

[12]　Levelt WJ, Roelofs A, Meyer AS (1999) A theory of lexical access in speech production. Behav Brain Sci 22:1-75.

[13] Bense H (2014) The unique predication of knowledge elements and their visualization and factorization in ontology engineering. In: Garbacz P, Kutz O (eds) Formal ontology in information systems, proceedings of the eighth international conference (FOIS 2014), Rio de Janeiro, Brazil, Sept. 22-25, 2014. IOS Press, Amsterdam, pp 241-250.

[14] Nübling D, Fahlbusch F, Heuser R (2015) Namen: Eine Einführung in die Onomastik (2 Ausg.). Narr, Tübingen.

[15] Wöllstein A (2014) Topologisches Satzmodell (2. Ausg.). Universitätsverlag Winter, Heidelberg.

[16] Musan R (2010) Informationsstruktur. Universitätsverlag Winter, Heidelberg.

第 7 章

本体在情感分析中的作用

本章要点

1）情感分析主要取决于词：情感词、否定词、夸张词及用于描述产品或产品某些方面的词汇。

2）词十分重要，它独立于所选择的分析方法——机器学习方法或基于知识的方法。

3）情感分析中的词通常表示在本体中。

4）如果情感分析不仅要判断语句为正面还是负面，同时还需要识别人们喜欢或厌恶的产品属性及否定范围，那么就需要语言学及本体论的知识。

5）本体可用于获取情感词列表。

6）德语有一些特性（如自由词序），因此不能照搬英语的方法。

7.1 简 介

谁不会先读读别人的评价，再去预定旅途行程，或购买一本书，抑或尝试一个菜谱呢？近几年，这已经成为消费者的标准行为，许多消费者会在销售门户网站或推特上分享评论。因此，消费者对产品的开发产生了直接影响，对于企业而言（如酒店、作者、生产者等），这是一个很好的机会，可以更好地了解消费者看重什么，以及消费者讨厌什么。企业可以比以往更快地做出反应，如产品中出现一些问题，人们不喜欢新的设计，或错误地设计了市场营销方案，或者产品并没有产生预期效果。但是，这只有在企业可以快速从消费者的反馈中提取信息的情况下才有可能，在大数据量的情况下需要自动进行数据处理。

所有用于情感分析的自动方法都需要在词的基础上进行：表达情感的词（"好

的"）、否定词（"不"）、夸张词（"很"）及描述待评价产品或服务及其组成和特征的词（"电池""清洁"）。

本章探讨词和短语（词法单位）及本体在情感分析中的作用。本章中的本体可理解成一个广义本体，囊括了术语、叙词表、字典及词汇表等。首先，在介绍情感分析的词法单位之前，需要解释自动情感分析的基本要素。要进行情感分析，首先要查看情感词，其次查看指定表达观点是针对哪些方面和实体的词。在这两步中，我们调研了情感分析工具中的词法单元组织、新词法单元的获取及不同领域的适应性。

7.2　自动情感分析的基本要素

情感分析是自然语言处理领域的一部分，利用数据挖掘及文本挖掘实现信息提取。数据挖掘在数据中搜索相关信息，并将信息以表格或其他可视化方式呈现。文本挖掘在文本数据中搜索相关信息。文本数据被称为非结构化数据，因为其不是以表格或数字的形式进行记录的。在信息提取的发展过程中衍生出许多方法，从文本数据中提取信息转化为知识。情感分析就是信息提取的一种具体方式，其目的是将新闻群组、推特、脸书及论坛（语言数据）中的观点表达进行自动识别及分类，从而将与观点相关的知识提取出来。

信息提取的出发点是搜索文档来回答下列类型的问题：

"穆勒女士上周发送给我的电子邮件在哪里？"

"哪里可以找到这个主题的信息材料？"

这些问题可以通过搜索引擎解决，但是用户并不满意，需要深入调研更多可用信息。举个例子，我对于自己的研究结果是否被公开讨论及讨论方式十分感兴趣。这不仅与研究结果被引用的频次有关，还关乎科研成果是否为进一步研究奠定了基础，或是成为反面典型。在这方面，文档中的信息就很有趣了，仅把文档找到是不够的。

对于语言研究，问题是哪些方法适用于该任务。这是一个高度跨学科的问题。

在信息提取研究中，有以下两种基本方法。

1）基于知识（knowledge-based，KB）的方法：利用语言学方法，提取信息时会使用手动制定的规则。这种方式有一个缺点，即复杂度高，这是手动制定规则造成的。然而，在这样一个高度模块化的设计中，由于只需要重新实现模块而不是重新实现完整处理过程，因此简化了新领域及新语言的移植。

2）基于统计方法的机器学习（machine learning，ML）方法：从标注的语料进行自动学习，因此只需要语言学的专业知识。虽然这种方法的缺陷很难获得标注的训练数据，但是一旦得到了这些数据，那么这样的机器学习系统就可以实现，并且可以快速调整。

　　情感分析的首要任务是区分观点表达语句与其他类型语句（如描述性语句），从而识别出观点表达的部分。在 KB 方法中，通过搜索表达观点的词或短语进行观点部分的识别，如"我相信""我认为"这种词汇。在 ML 方法中，有大量训练用的句子集，这些语句已通过手动分类判断其是否包含情感，由此来学习情感词和短语。应该注意的是，主观及情绪化的表达并不一定是观点表达，如"我认为她今天不会来。"或者"错过了这部电影我太伤心了！"。

　　参考文献[1]将观点表达中的信息进行了如下分类。

　　1）实体是观点表达中的主语，如"收音机"。

　　2）表达中探讨的是该实体的某一方面，如接收质量。

　　3）表达的观点，如正面的情感。

　　4）观点持有人，这是十分有意义的。例如，想要找出是许多不同的人表达观点，还是一部分人经常表达观点。

　　5）观点表达的时间也十分重要。例如，想要观察消费者对某产品或公民对某政治问题的观点是否发生了改变。

　　基于此分类，情感分析的任务如下。

　　1）识别实体。

　　2）识别方面。

　　3）识别观点及观点极性，如正面的、中立的或负面的。

　　4）识别观点持有人。

　　5）识别观点表达时间。

　　首先，情感分析必须找到相关表达。换言之，必须找到与待检测的实体相关的文档或语句，该实体在文本中可能表示为不同的同义词。假如要讨论一个名为 ABC coffee machine 的咖啡机，那么其在文本中可被表示为 ABC coffee machine、ABC Coffee Machine 或者 abc coffee machine（以上三个短语大小写不同）。表达时间及观点持有人通常可从元数据中推测出来。其次，就是识别观点及其极性。情感分析使用手动或自动创建的词法信息。例如，情感分析搜索"好"或"不错"这样的词汇或短语，这些词首先被赋予极性，然后将其在文档或语句中进行汇总。最复杂的任务就是提取观点表达涉及的实体方面。一个语句可能包含许多方面的表达，如"这部手机电池的寿命很长，但就是太重了"。这句话所表达的方面很隐晦，如"太重了"就是自然指代先前陈述物品的"重量"方面。为了进行基于方面的情感分析，被搜索的领域必须使用领域实体和方面进行建模。此外，仅进行文档级别的工作（如亚马逊的个人评论）是不够的，为了精确分析，通常需要进行句子级别，甚至短语级别的分析。

7.3　情感分析中的词汇

7.3.1　情感词

情感及极性分析的基础就是情感词。通常，像"坏的""好的""快的""强健的"这样的形容词会用来表示观点，但是如"很快坏掉"或"让我发疯"这样的短语也可以表示观点。然而，一些词汇仅在具体语境中是情感表达，如"噪音"这个词在大多数语境中是中性词，但是在机动车或酒店房间的语境中就具有负极性。

在情感分析系统中，情感词和短语可被组织为单词列表或本体，并标注其极性。多数情况下是被组织为单词列表。列表可分为通用和上下文特定的两种。单词列表可以手动创建，情感词可来源于其他词汇表、WordNet 或文本语料。

1. WordNet 中情感词的获取

《观点词大全》（*The Opinion Lexicon*）[2]囊括了 6800 个正面和负面英文词汇，它是通过手动地对普林斯顿 WordNet[3]中的大量形容词进行分类建立的，将同义词分为相同极性，将反义词分为相反极性。

参考文献[4]中介绍了英语的 SentiWordNet，其中对词汇的情感和极性都进行了标注。普林斯顿 WordNet 的同义词集合（synset）以数值标注了正面、负面和中性。因此，正如《观点词大全》，一些同义词集被手动标注为正面、负面和中性，并利用反义词这样的关系自动生成其附加极性，如一个正面形容词的反义词是负面的。普林斯顿 WordNet 包括了每个同义词集的定义，反过来，这些定义也是词集词汇的定义，Baccianella[4]将集合的极性转移给了这些单词。

WordNet 是包含本体关系的通用资源，可用于获取更多情感词。这些情感词分类之后会返回 WordNet 中，因此该资源是不断扩充的。

这种方法的好处在于可自动并快速建立大型情感词词典，而手动"清理"词典的工作也是可控的。这种方法的缺点之一，是分类的词汇都是通用领域的。"安静"这个词如果出现在有关汽车的上下文中，那就是正面词汇；若出现在有关音箱的上下文中，就是负面词汇。

2. 从语料库派生情感词

从文本语料库中获取情感词的目标是考虑词汇的上下文依赖。一旦实现了训练流程，就可以很容易地迁移到其他数据上，这样一来，就可以获取更多的情感词。

如果现在有充足的手工标注文本语料库，就可以通过计算某个词在负面或正面语境中出现的概率来学习情感词，具体方法见参考文献[5]。

这种方法是可行的。例如，亚马逊的购物评论是通过顾客标注的 1～5 星显示的，该程序[6]德语也适用。半监督学习的方法需要较少的带标注的文本数据，这种方法基于一些标注样本、大量未标注文本数据及一些"模板"。例如，通过这种方法，形容词与正面形容词用"和"连接时，就分为正面词汇，如"有用的和好的"。当形容词用"但"连接时，就被分入相反极性的词汇类别，如"不实用但漂亮"。该过程详情见参考文献[7]。

参考文献[8]中的方法不使用文本语料库，转而使用通用搜索引擎。搜索与"极好的"或"低劣的"同时出现在短语中的词，并将它们加入情感词词典中。

参考文献[9]中的方法使用带有"优点和缺点"的页面布局来获得情感词。参考文献[10]以一个领域的一组标注文档、一个情感词词典，以及另一领域的一组文档作为基础，计算得出哪些情感词是不依赖于领域的，哪些是领域特定的。这种方法的优点是考虑了情感词对领域的依赖程度，但其也有缺陷，就是需要基于标注文本数据。标注数据在使用时有一个问题，就是这种数据会产生"标注者间协议"[11]。

7.3.2　实体及方面

在许多案例中，仅自动判断一个文档（一个论坛或一条博客）是否是正面的、负面的、中立的或无关的是不够的，重要的是找出这些观点是具体关于什么的。通常，一句话包括许多表达，涉及一个实体的不同方面，就像一本教材的评论中写的：

　　　但是，书中的图形和表格非常好，确实让这门课变得更好理解了。

情感表达总有一个涉及的方面，该方面可以明确地出现在文本中，就像上面的示例一样；也可以隐晦地在文本中出现，如"这辆车太贵了"，这个句子是关于实体车价格方面的陈述。

为了捕捉领域的实体和方面，必须对该领域的同义词、部分义词、下义词进行分析。诸如"话音质量"（voice quality）和"声音质量"（speech quality）这样的同义词，必须归入同一方面。同义词是基于特定领域的。同义词也会包含一些拼写错误，这一点在社交媒体数据中尤其明显。

部分义词是潜在方面，就是实体的属性及部分；下义词就是实体或方面的子类型。

这些关系可以在本体中捕获。因此，方面和实体的词汇更常以本体进行组织，而不像情感词以单词列表进行组织。对于同义词组，可以判断出方面的首选名称，如此一来，所有同义词组表达都可映射到同一个方面。

通过整合更多的同义词、部分义词和下义词，可用一个已有本体（如 WordNet）对方面本体进行扩展。另一种可能就是利用领域文本，可从这些文本中通过提取高频出现的名词（在通用语言中比较少见）得到方面（aspect）。如果只考虑情感句子中的名词，则结果可以更精确，即要首先识别包含情感的语句。在德语中，复合名词词组是技术术语的重要来源；在英语中，多词表达更常见。还可以利用模板进行工作。例如，一个大写形容词和一个名词组合为一个模板，那么该结构在德语中更有可能是技术术语。

为了挖掘实体的方面（部分义词），可以使用如"car has"（车有）、"the car's"（车是）及"car is delivered with"（车是由……交付的）的模板。使用搜索引擎搜索这些模板可以得到不错的结果。

在捕获实体和方面并对其进行分类后，就可以对语句进行理解，与情感词距离最近的方面词可以被理解为情感的目标方面。然而，这种方法通常会导致错误结果，尤其是应用于德语文本时。另一种方法就是使用依存解析器，它可以分析表达内容，如形容词[12]。代词共指的识别是一个难题。另一个难题就是隐含方面的检测，隐含方面常与形容词相关联，如"贵"与价格有关，"漂亮"与外表有关。

7.4 建　　议

1）所有情感分析的方法都需要词作为其基本信息来源。情感词和方面词可以组织成本体，这样的好处是本体关系可以用于情感检索和解释。

2）已有本体可用于扩展情感词词典。

3）对于情感分析中的方面识别，建立或派生该领域的本体十分有必要。

7.5 结 论

情感分析的核心要素是词和短语。一方面包括情感词，即观点表达；另一方面包括该领域的方面及实体词汇。情感词通常组织在单词列表中。另外，其通常做法是从现有本体（如 WordNet）中获取情感词。对于依赖于领域的情感词，可利用一些方法将它们从标注文本语料库中提取出来。相反，方面词通常被组织为本体，因为用到了本体中的关系。在获取方面词时，因为其强领域依赖性，所以会同时使用通用语义网络和基于文本的方法进行获取。

参 考 文 献

[1] Liu B (2012) Sentiment analysis and opinion mining. Morgan & Claypool Publishers, San Rafael, California, USA.

[2] Hu M, Liu B (2004) Mining and summarizing customer reviews. In: Proceedings of the ACM SIGKDD international conference on knowledge discovery and data mining (KDD-2004), Seattle.

[3] Fellbaum C (1998) WordNet: an electronic lexical. MIT Press, Cambridge.

[4] Baccianella S, Esuli A, Sebastiani F (2010) SentiWordNet 3.0: an enhanced lexical resource for sentiment analysis and opinion mining. In: Proceedings of LREC, Valetta, Malta, pp 2200-2204.

[5] Potts C (2010) On the negativity of negation. In: Semantics and linguistic theory. Linguistic Society of America, Cornell University, pp 636-659.

[6] Rill S et al (2012) A phrase-based opinion list for the German language. In: Proceedings of KONVENS 2012, Vienna, Austria, pp 305-313.

[7] Kanayama H, Nasukawa T (2006) Fully automatic lexicon expansion for domain-oriented sentiment analysis. In: Proceedings of the 2006 conference on empirical methods in natural language processing. Association for Computational Linguistics, Sydney, Australia, pp 355-363.

[8] Turney PD (2002) Thumbs up or thumbs down?: semantic orientation applied to unsupervised classification of reviews. In: Proceedings of the 40th annual meeting on association for computational linguistics. Association for Computational Linguistics, Philadelphia, Pennsylvania, pp 417-424.

[9] Kaji N, Kitsuregawa M (2007) Building lexicon for sentiment analysis from massive collection of HTML documents. In: Proceedings of the 2007 joint conference on empirical methods in natural language processing and computational natural language learning, Prague, Czech Republic.

[10] Du W, Tan S, Cheng X, Yun X (2010) Adapting information bottleneck method for automatic construction of domain-oriented sentiment lexicon. In: Proceedings of the third ACM international conference on web search and data mining. ACM, New York, pp 111-120.

[11] Nowak S, Rüger S (2010) How reliable are annotations via crowdsourcing: a study about inter-annotator agreement for multi-label image annotation. In: Proceedings of the international conference on multimedia information retrieval, Philadelphia, Pennsylvania, USA pp 557-566.

[12] Chen D, Manning C (2014) A fast and accurate dependency parser using neural networks. In: Proceedings of the 2014 conference on empirical methods in natural language processing (EMNLP), Doha, Qatar, pp 740-750.

第8章

用网络内容构建简洁的文本语料库

本章要点

1) 用信息和计算机科学的本体论来定义主题。

2) 使用这种本体控制由哪些信息构成表示知识的文本语料库。

3) 要让文本语料库既全面又精简（即简要）。

4) 即使是廉价设备，也可以利用简要语料库，这样，即便是非常小的企业也同样可以使用简要语料库。

5) 通过将维护和学习的大部分工作留给半监督的学习系统，如本文描述的 CorpusBuilder，可以将工作量降到最低。

8.1 动　机

考虑到我们是为中小型企业（small and medium enterprises，SME）寻找产品监督解决方案，所以我们并没有尝试涉及任何需要大数据中心的技术，因为许多小型企业无法负担这种服务所带来的费用。此外，对于医疗设备领域的中小型企业而言，隐私与数据安全是一个重要问题。中小型企业主要是研究驱动型的，并使用质量保证系统中保存的大量敏感数据。因此，他们更倾向于将数据保存在本地。所以，这里介绍的多项技术将分别针对以上因素。它们可以运行在廉价的硬件上，也可以根据需要进行扩展。

一般情况下，人们不仅对网络上的数据感兴趣，对于完整的监督解决方案，还应该将自有数据与公有可用数据集成在一起。尽管数据整合是本项目的主要方面，并且项目中对此有深入的研究，但本章将数据整合排除在外。

这里我们关注的是可以从互联网上检索到的内容。因此，我们必须关注语料库中应包含哪些公开内容，以及在构造简要语料库时拒绝哪些公开内容。使用简要语料库时允许使用低成本设备。

但与此同时，并没有缺失要用到的内容。医疗设备领域（以及其他领域）的工程师总是对观察到的或怀疑存在的产品缺陷感兴趣。对于医疗设备，工程师们对报道的并发症和不良事件非常感兴趣。如果一个售后监督系统无法确实地、及时地找到此类信息，那将不仅仅是一个小故障。因此，语料库必须是全面的和最新的。从技术上讲，这意味着我们需要一个能够"检查"网络的组件，从而可靠而快速地找到正确的来源。

为了满足这些要求，通常需要安装一个网络爬虫程序，给它一个正确的统一资源定位器（URL），然后让它自己完成工作。如果你想要指定内容，并且已经提前知道页面，那么可以聘用程序员，并将相应的 URL 发送给他们，让他们使用 Scraper 编写程序。该程序可以提取要访问网页的有用部分，并将数据传递给搜索组件。

图 8.1 给出了搜索解决方案中的操作。

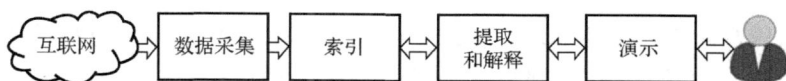

图 8.1　搜索解决方案

从图 8.1 可以看到有一个数据采集工具，使用它最终可以形成某种语料库。我们根据某些机制可以基于语料库生成倒排索引，称为"索引"（indexing）。生成的索引将用于根据终端用户的查询来提取和解释数据，最后通过用户界面（user interface，UI）向终端用户显示结果。

图 8.1 在几个方面都进行了简化。

首先，在垂直搜索解决方案中，从互联网上读取只是获取相关数据的一种方法。因此，我们必须让这种方法更通用，从而可以包括任何相关的数据源。数据源可以通过互联网技术获得，也可以是存储在专有客户数据库或文件系统中的数据。

其次，在获取数据之后紧接着进行建立索引的操作是错误的。事实上，大多数爬虫程序还会剥离所有标签，如 HTML 或 PDF 标签，并存储纯文本，虽然很可能包含重要的语义内容。

最后，索引不仅仅是简单的倒排索引的计算；相反，还需要做出很多决定，例如，如何构建索引、应该应用哪些排序算法、对于哪些语言应该忽略哪些单词、应该支持哪些自然语言等。

这里不更深入地描述提取和解释。

本章专注于满足客户需求的数据采集和形成语料库。必须告知爬虫程序需要访问哪些站点和页面，这主要是由具有计算机语言学或技术写作背景的主题专家完成的。主题专家提供一个初始种子列表，通常是要爬取 URL 的简单列表。

爬虫程序接收该种子列表后，读取可访问的页面并按原样存储，或者去除所有标记，并存储剩余的文本。爬虫程序可以识别对其他页面的引用，并对这些引用进行读取和追踪。这时，它们还会读取引用的页面，从而深入网络。这种算法有以下两个需要解答的基本问题。

1）如何确保所找到的网页对客户有价值？

2）如何确保种子列表包含与客户相关的所有内容？

对于第一个问题，需要提供某种方法来排除"垃圾"或"不需要的"数据。这通常是通过专门的过滤算法来完成的，这些算法是针对特定情景特别编写的。或者，手动删除没有价值或有问题的页面。这是一项枯燥且令人沮丧的工作，因此很容易出错。

第二个问题更难回答。人们普遍认为，谷歌、必应或雅虎等通用搜索引擎能够满足提供最大全面性的要求。但是，这些搜索引擎不能访问所有相关的数据源，如企业的内部数据。即使在浏览互联网时，我们也会看到许多开放的专用搜索引擎，每个引擎都有自己的查询语言，部分需要身份验证。很明显，通用搜索引擎不会花力气访问这些数据。

撇开所有技术因素不谈，为这种方法提供所需信息仍然存在以下问题。

1）URL 从哪里获得？

2）谁来提供 URL？

3）谁来持续更新 URL？

4）如何确保我们拥有所有相关的 URL？

5）谁来决定哪些页面是相关的，哪些页面是垃圾？

6）考虑到巨大的工作量，这一切都值得吗？

8.2　目　　标

当我们试图从网页内容中构建精简的、全面的文本语料库时，显然还有更多的技术问题需要解决。然而，与此同时，我们必须将技术的解决方案与一组涉及主题专家的标准化流程相结合（标准化流程在医学语境中称为"标准操作程序"）。8.1 节中第 1）～5）个问题引出了这些流程。鉴于我们已成功地建立了这样的流程，并开发了技术解决方案来完成大量的工作，因此监督整个工作的人将面临问题 6）。

这些流程的每个主要步骤都需要质量保证，遵守高级质量管理政策。在这里，我们将以当前非标准的方式强调数据采集的步骤：目标是自动查找并接受我们认为会对用户产生高价值的数据，将相关性作为选择标准，将最小化作为高级经济标准。通过分解这一总目标，可以得出结论：我们需要一些方法来完成以下任务。

1）查找感兴趣的数据。

2）对发现的数据进行评估。

3）提供一些方法，从而能够以高度自动化的方式实现这一点。

问题的关键是本体，它不仅用于在感兴趣的领域精确定义相关术语，即解决任务 1）和 2），而且还能控制算法来完成，即解决任务 3）。

虽然图 8.2 是一个简化图，但它说明了语料库或搜索引擎管理者的复杂迭代工作流。

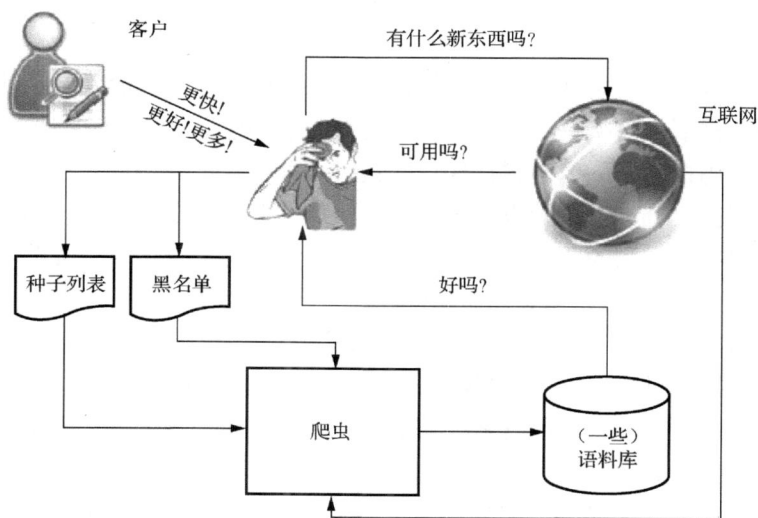

图 8.2　语料库或搜索引擎管理者的复杂迭代工作流

如图 8.3 所示，这里仍有一些问题需要解决。

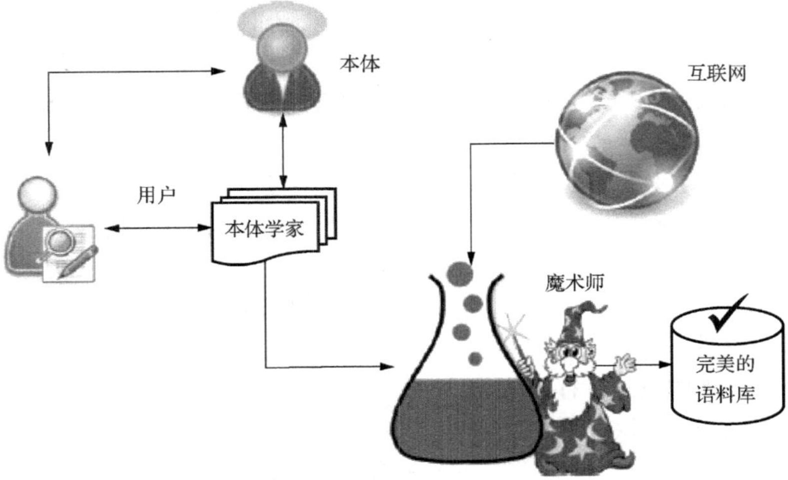

图 8.3　本体学家 + 魔术师 = 解决方案?

8.3　本体的使用

在构建垂直搜索引擎时，我们假设有一些（或多或少）明确定义的可用数据集，这些数据要么直接提供给索引器，要么用于构建语料库。这些数据可以通过以下方法利用：对相关术语进行标记并索引，最终使用一种已知的查询语言检索它们及其周围文档。在这种方法中存在一些默认假设，在这些假设的基础上，为了保持语料库是全面的和最新的，需要做大量的相关工作。这些假设包括：

1）构成语料库的数据集是已知的。

2）语料库中使用的词汇和术语是已知的。

3）可以简单地通过列出要包含的数据源来描述构成语料库的数据集。

然而，基于这些假设的搜索引擎的实践经验表明，这些假设既不是正确的，也不是无害的。为了使基础数据集的相关词汇和术语保持最新的状态，这些假设会产生相当大的工作量，所以它们并不是无害的。在许多情况下，垂直搜索引擎的消亡仅仅是因为它们的价值因过时的语料库而下降，直到在经济上没有合理的依据使用它。

因此，我们建议从指定要形成语料库的数据集开始（而不是枚举数据集），并找到一种方法来指定如何以自动化的方式维护基础词汇和术语。当然，这种语料库范围需要知识工程师理解立项和项目的最终目标。

在这里，我们使用信息和计算机科学意义上的本体来构造这种语料库范围[1]。

目标将是形成一个自我调节的连续改进的螺旋式流程（以某一时间点的质量为其 z 轴），可以在理论上保证所需语料库的最佳规范。

理想情况下，应有一个初始步骤来获得所需语料库范围的初始版本。这可以通过向语义分析组件提供一组特征文档来实现，从而为初始范围提供一些有用的建议。知识工程师将对此进行改进，从而形成所设想的数据语料库的初始范围。

在此类范围发生任何更改之后，会生成数据源的具体枚举。爬虫（或用于数据获取的任何其他方法）读取此枚举，从而获取所需的数据并将其包含在当前语料库中。

8.4　CorpusBuilder

CorpusBuilder 将上述多个步骤自动化，负责任何类型的数据采集。CorpusBuilder 可以连接到互联网，同时如果有助于增加收集数据，也可以连接到其他各种数据源，如内部数据库、内部网聊天室和私有数据。CorpusBuilder 从各种接口中读取数据，这些接口可能需要根据数据源进行专门定制。CorpusBuilder 了解这些接口，并能够读取本体来得到要查找的内容。

如上所述，CorpusBuilder 的任务是生成全面而又精简的文档语料库，供索引器（如 Apache Lucene Core①）使用。索引器为 Apache Solr②或 Elasticsearch 等组件提供搜索功能。索引器不在本章讨论的范围。

为了减少这些机制的设置和维护工作，CorpusBuilder 由本体控制，本体最终定义什么应该包含在语料中（全面性），什么不应该包含在语料中（精简性）。因此，本体控制了 CorpusBuilder 的行为。

CorpusBuilder 中最重要的组成部分是勘探器（prospector），它是唯一一个既了解 HTML 也了解互联网搜索的各种方式，并连接到互联网的组件。图 8.4 中矩形中包含的组件构成了勘探器。这里不考虑其他重要部分，如怎样包含私有数据或专有数据，因为它们不提供网页内容，并且需要特殊的定制。

---

① Apache Lucene Core：https://lucene.apache.org/core

② Apache Solr: http://lucene.apache.org/solr/features.html

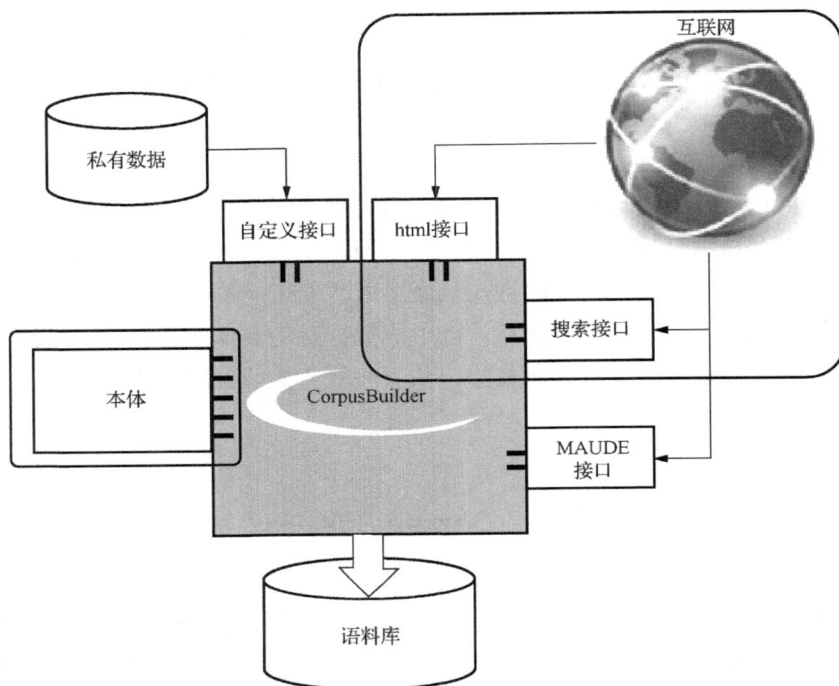

图 8.4　CorpusBuilder

8.5　勘探器组件

勘探器是 CorpusBuilder 的核心组件，其使用互联网作为唯一的数据源。开发它是为了满足"可靠而迅速地找到正确源"的要求。勘探器受本体控制，本体定义了要寻找的内容。在开发的早期阶段，本体由主题专家（例如，医疗设备工程师）和本体专家开发，他们具有特定的数学背景和所需的形式化和工具的知识。目前，通过使用一组已知的大约 400 个 URL，我们预先构建了一个参考语料库，用于标识与主题相关的文档。根据这些文档，我们使用 Word2vec 包中的 gensim[①]来计算模型和词汇表（按频率排序）。

独立于此自动分析，我们构建了第二个词汇表，它仅仅是基于主题专家的个人知识。然后，将这两个词汇表进行自动组合，并通过特征抽象和其他关系来连接术语，从而构建所需的本体。

---

① gensim，主题建模：https://radimrehurek.com/gensim

从这个修改后的本体，我们生成了大量的查询，供勘探器在互联网中进行搜索。勘探器可以利用通用搜索引擎搜索，也可以利用应用领域的公共可用的专用搜索引擎搜索。目前，这主要针对普通医学或医学内的特殊学科，如外科、肠病学等。

勘探器分析每个检索到的页面，从而确定各页面是否提供搜索功能。如果提供搜索功能，它会将 URL 放在潜在的搜索引擎的建议列表中，这些搜索引擎可用于查找更相关的公开内容。主题专家必须定期评估该潜在的搜索引擎列表，并将确认结果传达给软件开发团队。

然后，软件开发团队检查其查询语法，并将新发现的搜索引擎分配给具有相同语法的已知搜索引擎池（pool of known search engines），或者构建一个新的搜索引擎池，前提是构建工作是值得的。所有这些工作都是在一个无限循环中发生的，涉及勘探器组件，偶尔涉及主题专家，很少有软件开发人员参与。

勘探器的结构类似于带有反馈回路的控制线路（图 8.5）。

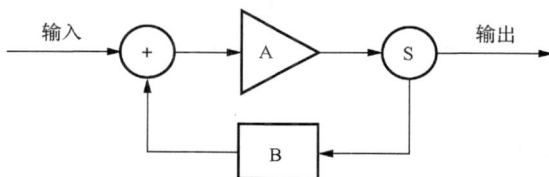

图 8.5　带有反馈回路的控制线路

"输入"由 URL 列表组成，种子列表即 URL 列表。组件 A 包括控制器和设备，负责获取内容并提取更多链接（URL）。通过使用语料库本体，传感器 S 负责检查来自组件 A 的内容是否应该包含在语料库中。如果传感器 S 有疑问，则将文档传递给组件 B。这种后向的组件 B 检查有疑问的输出，提供反馈。组件"+"将命中黑名单中的 URL 过滤，并添加白名单中的 URL。

该过程在图 8.6 中给出了更详细的说明。

图 8.6 中的箭头表示数据流，箭头旁边的存储符号（圆柱体）表示沿箭头方向流动的数据，符号"+"、A、S 和 B 表示图 8.5 中的组件。

勘探器输入提供程序（prospector input provider）是一个相当复杂的组件，因为它从勘探器本体（prospector ontology）中派生查询，并对查询进行格式化，以便相应的搜索引擎能够并"愿意"处理该查询。这取决于特定的语法、允许的查询频率和查询长度，因为此类查询的长度可能是数千个字符。

查询在任何时间、任何频率都可能被拒绝，有效的查询也可能被拒绝（因为搜索引擎不"愿意"处理它们）。因此，勘探器输入提供程序有一个时间管理组件，以此来满足计时需求。

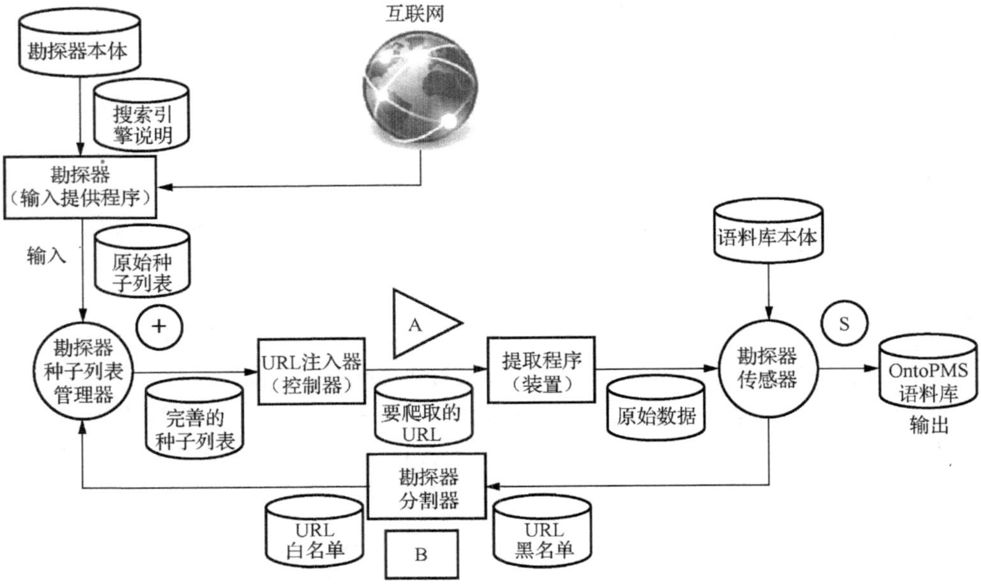

图 8.6　详细的勘探器反馈回路

　　一些搜索引擎限制了可接受查询的长度，因此勘探器输入提供程序还有一个组件，该组件能够根据长度要求对长查询进行分割，并将缩短后的查询传输到时间管理组件。

　　如果自动化系统不频繁使用通用搜索引擎，那么这些引擎是免费的。频率方面的考虑也在时间管理组件中。

　　专有领域特别是在医疗领域有很多专用搜索引擎，内容质量非常好。但是，绝大多数的引擎有自己的查询语法，当然，还有特定的查询长度限制。因此，必须结合多种算法才能为当前的搜索引擎生成有效的查询。

　　勘探器本体的粒度比较粗，这样可以捕获主题的新内容，或捕获操作 CorpusBuilder 的主题专家尚不了解的内容。

　　勘探器种子列表管理器（prospector seedlist manager）获取来自勘探器输入提供程序的 URL，并将它们与来自反馈的 URL 白名单合并，其还会删除所有由反馈组件 B 列入黑名单的 URL。

　　组件 A 及其 URL 注入器（控制器）和提取程序（装置）是由标准爬虫程序来实现的。爬虫程序由种子列表控制，该种子列表已由勘探器种子列表管理器运用已有知识进行清洗。

　　勘探器传感器（prospector sensor）是一个严格遵循语料库本体规则的过滤器。通过使用语料库本体，可以挑选出我们想要包含在语料库中的所有文档。文档对应的所有 URL 都会被标记为命中（需要进入语料库）或标记为失败（需要被排除在外）。

反馈组件 B，即勘探器分割器（prospector splitter）需要使用上述标记信息。该组件将 URL 简化为域名。如果 URL 被标记为失败，则将进一步研究其域名。如果域名中没有任何相关文档，则该 URL 的域名将被列入黑名单。相反地，如果标记为命中的 URL 域名返回了更多命中的 URL，则将此域名列入白名单。上述结果再反馈给勘探器种子列表管理器，如此循环往复。

到目前为止，我们只研究了系统的自动化部分。然而，有两部分必须由人工提供，即前面提到的两种本体。这些本体必须由主题专家（维护者）进行维护，这意味着 CorpusBuilder 是一个半监督的学习系统。

8.6 通 知 功 能

勘探器传感器中还有一个相当小但非常重要的组件：通知（alerter）。每当传感器识别出命中的 URL，要向项目管理系统（project management system，PMS）的维护人员报告时，通知组件就会发出通知，并通过电子邮件进行发送。下面列举一个真实的例子：通过 https://insights.ovid.com/digestive-endoscopy/digend/9000/00/000/scope-clip-closure-treatment-post/ 99670/00013150 搜索模板（search pattern）是语料库本体生成的众多查询之一，该查询是在索引的语料库上执行的。通知组件会提取标题、应用查询的代码片段、语言、日期和 URL。维护人员利用这些信息检查 CorpusBuilder 是否正"步入正轨"。如果 CorpusBuilder 偏离了预定的目标，就必须对本体或黑名单进行调整。因此，对于保持系统整体朝预定目标运行和保持信息更新，通知功能起着至关重要的作用。

8.7 技 术

在项目过程中，未进行编程的所有 CorpusBuilder 的组件都是开源组件。目前使用了以下几种编程语言。

1）针对搜索引擎和 URL 管理，使用了 PHP 编写勘探器组件。

2）Python 3 用于在 CorpusBuilder 中编写语言分析程序。

3）IMISE（The Institute of Medical Information Statistics and Epidemiology, University of Leipzig，莱比锡大学医学信息统计与流行病学研究所）使用 Java 编

写了从本体[2]生成查询的程序，IntraFind 也使用 Java 编写了 ElasticSearch 插件。

4）使用 TypeScript 及其软件包中的 JavaScript 编写用户界面。

之所以使用很多其他的开源软件包，部分原因是主要的软件包都依赖于它们。下列是主要的软件包：

1）Apache Nutch[①]作为爬虫程序。

2）使用以 Lucene 为核心的 ElasticSearch 对相关文档进行索引。

3）NLTK[②]和 spaCy[③]用于语言分析。

4）MySQL 作为 URL 和搜索引擎数据的数据管理系统。

5）Angular 2[④]用于编写网络用户界面（这不是 CorpusBuilder 的一部分）。

CorpusBuilder 的所有组件都是作为服务器组件来实现和运行的，带有一个 RESTful 接口，供网络接口框架（如 Angular 2）使用。Angular 2 是整个项目中首选的 UI 框架。

对于本体编辑，我们使用了 Protégé（https://protege.stanford.edu）。

8.8　现状及未来的工作

目前，本体是由主题专家和专业的本体学家利用他们的知识体系来开发的。为了了解市场的新发展，勘探器向主题专家发布通知。这些通知事先通过了所有相关性检查，然后由主题专家进行调研。

如果主题专家在真正相关的文档中发现新的相关术语，他们将对本体进行改进。如果主题专家检测到通知标识的文档实际上应该被列入黑名单，他们还将改进本体并/或直接更新黑名单。虽然这一流程在过去相当成功，但我们并不完全满意。

我们希望通过对语料库和单个文档进行语言学分析来使这一流程有显著改进。应该将词汇表和术语的排序用于向主题专家提供正确的线索，告诉他们应该在哪里查找，以及如何改进本体。

---

① Apache Nutch：http://nutch.apache.org

② NLTK：http://www.nltk.org

③ spaCy：https://spacy.io

④ Angular 2：https://angular.io

8.9 建　议

1）写出具体应用领域的大致描述。

2）收集大量最能体现你的领域的文档。

3）使用这些文档的 URL 作为初始白名单（参见图 8.6）。

4）派生细粒度本体（fine grained ontology），对所选文档和领域建模，以控制勘探器传感器（参见图 8.6）。

5）从细粒度本体派生出粗粒度本体（coarsely grained ontology），从而控制勘探器输入提供程序（参见图 8.6）。

6）运行 CorpusBuilder，并观察生成的输出、黑名单和白名单。

7）如果需要，调整本体、黑名单和白名单。

第 4）步和第 5）步也可以按相反的顺序执行，实际上可以循环执行几次。类似地，循环执行步骤 6）和步骤 7），开始时，这一过程几小时重复一次，之后每周重复一次，稳定运行后，每三个月重复一次。

8.10 总　结

新的《欧洲医疗器械法规》（*European Medical Device Regulation*）（MDR[3]）已于 2017 年 5 月生效，其中第 4 条规定：

> 应大力加强现有监管办法的关键要素（如对公告机构、合格评定程序、临床调查和临床评估的监管）、警惕性和市场监察，同时应采取措施确保医疗器械的透明度和可追溯性，以改善人们的健康和安全。

该要求在 MDR 的各个位置和附件中进行了详细说明。根据这些要求，我们为医疗器械行业的中小型企业开发了一个售后监督系统。该系统的核心是多语言系统，可以适应任何国家医疗设备制造商的需求。尽管它是以 MDR 为指导开发的，但是它也可以应用于欧盟之外的地区及完全不同的应用领域。

目前，欧洲市场大约有 50 万种不同的医疗设备，每一种设备都通过个性化的材料选择和设计特点满足目标患者的个性化需求。为了扩大适用性的范围，很明显地，这样的系统应该有一个公共内核和一套基于规则的组件，其规则捕获了当前医疗设备及其目标市场的所有上述个性化属性。因此，为了支持医疗设备制造商，必须预先制定并评估这套规则，并最终将其投入使用。

关于公开可用的信息，PMS 将在互联网上查找有关数据，如有关医疗设备使用案例的科学出版物，包括并发症和不良事件等风险相关信息。

与手动维护大量 URL 列表的传统方法不同，我们构造了一个本体，由本体指定要考虑的主题，然后使用该本体为各种搜索引擎生成适当的查询。这些查询可以为我们提供 URL。因此，我们不需要手动维护 URL 列表，而通过设置和维护本体来替换这项枯燥且容易出错的工作。

如果主题发生变化（例如，由于新的发展和不可预见的发展），则应该相应地调整本体。因此，我们使用本体来控制用于爬取或抓取互联网的工具。

虽然我们成功地大幅减少了手动搜索和维护 URL 列表的工作，但仍然需要检查结果是否令人满意，并调整本体和黑名单，从而获得最佳结果。

初始阶段大约持续三个月，在这一期间，我们建立本体并密切观察结果，三个月后，维护的工作量将大大减少。维护主要由 CorpusBuilder 的通知器触发，这些通知告诉维护人员发现的新发布的内容和位置。因此，对这些通知进行检查和评估，可以得出维护措施。

由于我们的目标是中小型企业，因此要强调的是我们提供的技术是小企业也可以负担得起的。目前，整个 PMS 系统可以在一台现代的笔记本电脑上运行。对于大量数据，这是无法实现的。因此，我们努力将数据量减少到绝对最小。目前，我们收集了大约 2700000 份公开文档，这些文件中仍然可能隐藏着一些不相关项。尽管这一数字对笔记本电脑来说没有挑战，但最近的语言学分析表明，这一数字有可能进一步大幅降低。

目前，本体是保证全面性的主要手段，勘探器通过其传感器和反馈回路实现精简性。

CorpusBuilder 还包括一组数据接口，支持包含制造商的专有数据，如自有数据库和平面文件。所有这些数据都被输入专门的搜索引擎中，最终产生预期收益。

参 考 文 献

[1] Herre H (2010) General formal ontology (GFO): a foundational ontology for conceptual modelling. In: Poli R, Healy M, Kameas A (eds) Theory and applications of ontology: computer applications. Springer, Dordrecht, pp 297-345.

[2] Uciteli A, Goller C, Burek P, Siemoleit S, Faria B, Galanzina H, Weiland T, Drechsler-Hake D, Bartussek W, Herre H (2014) Search ontology, a new approach towards semantic search. In: Plödereder E, Grunske L, Schneider E, Ull D (eds) FoRESEE: Future Search Engines 2014-44. Annual meeting of the GI, Stuttgart-GI edition proceedings LNI. Köllen, Bonn, pp 667-672.

[3] Medical Device Regulation (EU) 2017/745 of the European Parliament and of the Council of 5 April 2017 on medical devices, OJ. L (2017) pp 1-175.

第 9 章

基于本体的网页内容建模：Leipzig Health Atlas 示例

本章要点

1）实现一个复杂的门户网站（包括内容建模）是一个极具挑战性的过程。内容描述的是形成复杂结构的不同互联实体。

2）实体和它们之间的关系必须经过系统分析，需要指定内容并且将其整合到内容管理系统（content management system，CMS）中。

3）本体为建模和指定复杂实体及其关系提供合适的解决方案。然而，本体自动导入的功能在当前内容管理系统中还不可用。

4）为了描述门户网站的内容，我们开发了一个本体。基于该本体，我们设置了一个流水线，可对门户内容进行指定，并将其输入 CMS Drupal 中。

5）我们的方法是通用的，可以在关注结构化知识（实体、实体属性及关系）表示的同时进行门户网站开发。此外，这种方法还可利用已有本体，使用户在不了解本体及其语义知识的情况下也能理解内容。

9.1 简　介

为了寻找新的诊断及治疗方法，系统医学领域[①]加深了对生理及病理过程的理解。除了临床数据外，也对大量基因组数据进行处理，还收集了来自各种研究的数据，并进行分析及整合。分析和建模的方法与数据紧密相关，出版物不能单独传播知识方面的科学成果，因为科学研究的方法及数据也同样重要。本地研究小组为广大用户群体提供数据的准备工作，不仅要求综合的研究和数据管理，还需要经过精心设计的数据共享概念。

---

① 系统医学领域：https://www.casym.eu/what-is-systems-medicine

Leipzig Health Atlas（莱比锡健康图集，LHA）[①]于 2016 年建立，可为广大的研究人群提供多功能的、有质量保证的基于网页的健康相关的数据及方法（模型及应用）库。Leipzig 的团队提供了大量数据、方法及经验，这些均来源于临床及病理学研究、系统医学的合作研究、生物信息学及本体研究项目。LHA 将本体、建模者、临床和病理学研究小组、生物信息学家及医学信息学家聚集在一起。

LHA 对涉及研究项目的出版物、数据及方法的大量内容和表示元数据进行管理。LHA 的门户网站像一个购物橱窗，为数据和创新方法（模型及应用）提供市场。根据法律规定，用户可直接或在适当的访问控制下，下载临床及基因组的微数据。在适当的情况下，用户可在门户网站中交互运行应用程序及模型，并且进行临时评估。

创建复杂门户网站（包括内容建模）是一个极具挑战性的过程。待建模内容描述的是形成复杂结构的不同互联实体。这些实体和它们之间的关系必须经过系统化分析，需要指定内容并将其整合到内容管理系统中。本体为建模和指定复杂数据及其依赖关系提供了合适的解决方案。然而，由于门户网站的本体不能自动导入，因此我们重点关注的是这个问题。

为了在 LHA 门户中描述要展示的项目、出版物、方法及数据集上的元数据，我们开发了一个本体。基于该本体，我们实现了一个 ETL（抽取、转换、加载）流水线（图 9.1），该管道允许指定门户网站的内容，并将其导入 CMS Drupal（版本 8）。

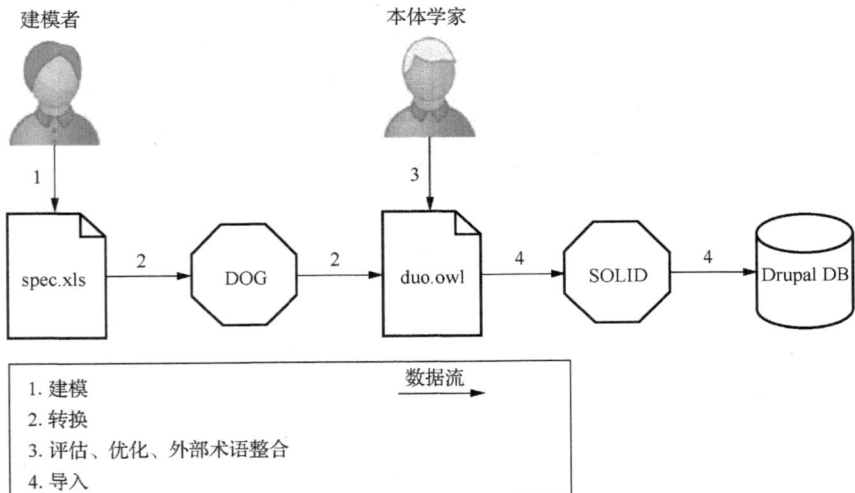

图 9.1　Drupal 中导入内容的流水线

① 由德国教育研究部资助（引用编号：031L0026；项目：i:DSem-Integrative Datensemantik in der Systemmedizin）。

整个流水线包括以下 4 个步骤。

1）利用电子表格模板进行内容建模（图 9.2）。

2）利用 Drupal 本体生成器（drupal ontology generator，DOG）将领域实体从电子表格模板转换为本体。

3）使用本体编辑器对本体进行选择性优化，包括外部本体及术语的导入。

4）使用 Drupal 中的简单本体加载器（simple ontology loader，SOLID）将本体导入 Drupal 的数据库中。

这种方法及其各个组件将会在后文中进行细节上的探讨。

Merkmal	Format	Frage	Antwort
title	text	Bitte geben Sie den Titel des Projektes/der Studie	Leipzig Research Center for Civilization Diseases. Head and Neck Group
field-study_shortcut	id	Gibt es ein Projekt-/Studienkürzel? Falls ja, wie heiß t das Kürzel?	LIFE_HNG
field_study_grouplink	text	Link zur Webseite der Studiengruppe:	http://life.uni-leipzig.de/
field_founding_year	integer	In welchem Jahr wurde das Projekt/die Studie begonnen?	2012
field_publication_date	date	Publikationsdatum:	24.06.2015
field_sponsor	text list	Durch welche(n) Fördrerer wird das Projekt/die Studie finanziell unterstützt?	Leipzig Research Center for Civilization Diseases (LIFE) University Leipzig European Union, the European Fund for Regional Development (EFRE) Free State of Saxony
field_disease	taxonomy_reference list	Bitte nennen Sie einige Stichwörter zu diesem Projekt/der Studie (bitte nennen Sie dabei auch die erforschten Krankheiten):	head and neck squamous cell carcinoma | human papillomavirus
field_author	node list	Autoren (werden von uns ergänzt):	Wichmann G| Rosolowski M| Krohn k| Kreuz M | Boehm A | Reiche A | Scharrer U | Halamd D | Bertolini J | Bauer U | Holzinger D | Pawlita M | Hess J | Engel C| Hasenclever D| Scholz M | Ahnert P | Kirsten H | Hemprich A| Wittekind C | Herbarth O| Horn F| Dietz A | Loeffler M | Leipzig Head and Neck Group (LHNG).

Project Publication OMICS Dataset Clinical Dataset Method

图 9.2　用于元数据收集的电子表格示例

9.2　LHA 门户的内容指定

为了指定项目、出版物、数据及方法的元数据，LHA 元数据模型应运而生（图 9.3）。该模型包含三个相互关联层（实体类型）。

可以将出版物指定给一些项目。通常可以将数据集（OMICS 数据集[1]、临床试验数据和其他特定数据集）和相关方法指定给出版物，并形成捕捉伴随元数据的最底层。综合数据集可被多个出版物引用。实体间使用 ID 进行引用。

元数据的收集和处理是基于电子表格软件的，这样可以在开发阶段采用灵活的方法。

LHA 元数据模型（图 9.3）是在电子表格（图 9.2）中实现的，它是收集元数据的基础。电子表格在各个工作表中查询有关实体类型（项目、出版物、OMICS数据集、临床数据集及方法）的信息。

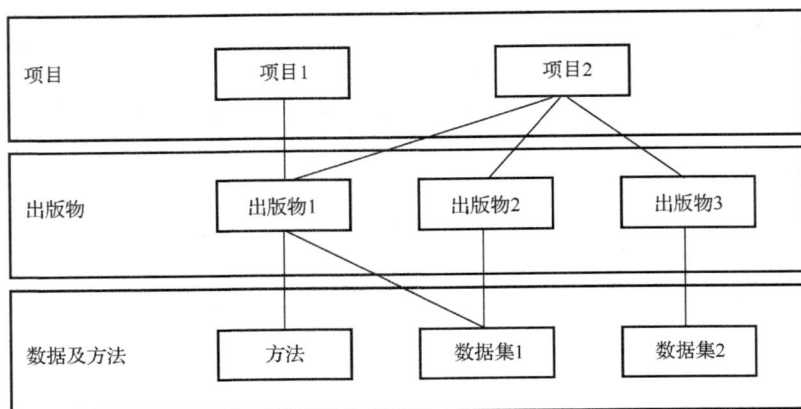

图 9.3　LHA 元数据模型

必须查询哪些元信息是由不同来源和标准定义的。LHA 高级归档功能是基于开放档案信息系统（open archival information system，OAIS）ISO 标准的[2]。供 LHA 使用的 OAIS 元数据模型在后续步骤中进行补充，并与通用出版物标准（例如，MEDLINE/PubMed 数据集的模式[3]）进行比较。如果某出版物列入 MEDLINE，那么输入 MEDLINE ID，对应的书目数据即可自动填写完成。为了定义遗传和临床数据的领域属性，现有数据门户的方案，如 GEO[4]、TCGA[5]、cBioPortal[6]和 CGHUB[7]都被划入考虑范围，还添加了缺少的属性。负责的科学家根据不同的实体类型（如出版物、数据集、方法）和数据类型（如文本、日期、数字、参考书目）在现有项目中的应用，对所得元数据列表进行审阅和修订。这样，消除了不相关的需求，在语言上定义了元数据查询，并包含了许多新的方面。为了检查数据获取和元数据显示，每种实体类型及每种数据类型的数据表都填写了许多示例，并且使用流水线（图 9.1）加载进内容管理系统。

除书目数据外，电子表格模板还收集项目、出版物及数据记录的信息，这样在下载数据或发出数据权限要求之前，就能了解项目或出版物及相关数据集的背景。在项目层面，网站的内容包括项目已有网站的链接、项目目标信息、赞助商及基金、有关数据管理和生物统计学问题的信息及带有外部术语概念的标注等。在出版物层面，记录了摘要、原始出版物的链接、赞助商数据、相关关键词及作者的信息。在数据集层面，简要描述了数据集的内容，包括案例编号和设计。此外，还收集了所有层级的负责科学家的信息，如姓名、地址、邮箱、ORCID（一种科学家的标识）。

根据上下文，元数据本身可以用链接、文本、由连接符（竖线）分隔的枚举文本、数字条目或日期的形式输入。

9.3 本体架构

我们开发了 Drupal 上层本体（drupal upper ontology，DUO），DUO 对 Drupal 的标准组件（字段、节点、文件和词汇）进行建模。根据 3-本体法[8]，DUO 是任务本体，即通过软件解决问题的本体。另外，我们还实现了领域本体——LHA 的门户本体，该本体被嵌入 DUO 中，并用于门户内容建模。对于任务和领域本体的集成及形式化创建，我们使用通用形式本体（general formal ontology，GFO）[9-10] 作为顶层本体（图 9.4）。

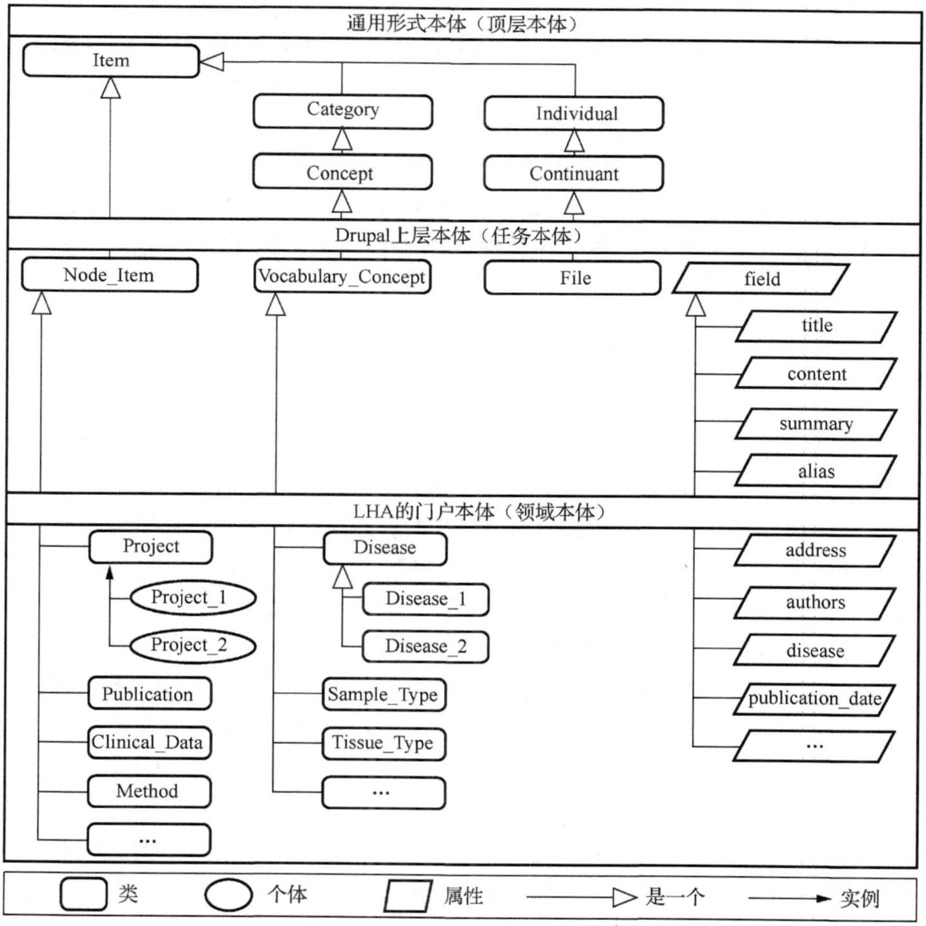

图 9.4 本体架构

根据 GFO，我们对符号结构（如网页内容的文本和图片）及用符号结构表示的实体（类别或个体，如人或项目）进行了区分。为了简单起见，生成实体的网页表示时，我们只对要在门户网站中表示的实体进行建模。为了引用特定本体的实体，本章中使用"<本体名>:<实体名>"记号。例如，DUO 中 Node-Item 这个类被命名为 duo:Node-Item。

由于个体和类别都可以在门户中表示出来，因此可从 gfo:Item 中派生 duo:Node-Item，对要表示的实体进行建模。其中，前者有 gfo:Individual 和 gfo:Category 两个子类。类 duo:Vocabulary_Concept 派生自 gfo:Concept，用于集成外部本体/术语的概念（如疾病或表型本体）。从 GFO 的角度看，我们将文件（duo:File）视为连续体（gfo:Continuant），因为它们是具有一定生命周期的具体个体。

在 LHA 的门户本体（portal ontology of LHA，POL）中，对 DUO 的类别进行了专门化及实例化。不同的实体类型，如 pol:Project、pol:Method、pol:Clinical_Data 定义为 duo:Node_Item 的子类，同时会创建这些类的具体实例，并进行连接。此外，POL 中引用了外部术语（如疾病分类），以便用这些概念注释 POL 实体。Drupal 的字段（如 title 或 content）和用户定义的领域字段（如 address、author 和 disease）都被建模为注释属性，用于描述及连接 POL 中的实例。

9.4　Drupal 本体生成器

我们开发了 Java 应用程序 Drupal 本体生成器，将领域本体从电子表格模板转换成网络本体语言（web ontology language，OWL）。

在阅读完整的电子表格模板（图 9.2）时，DOG 会将每个数据表解释为特定类型/类的一个或几个实例。举个例子，如果数据表称为 Project（项目），那么单个项目就可以表示/描述在这张表中。对于每个数据表名称来说，DOG 都会生成 duo:Node_Item 的一个子类（如果该类尚不存在），并且基于属性创建该类的实例。DOG 会对所有指定属性进行逐行处理，定义形式不同，处理也会有所不同。

如果将某电子表格中一个属性的格式字段选为 ID，那么就用属性的值生成该实例的国际化资源标识符，并允许在同一或其他文件中引用该实例。

在格式列中指定某个默认数据类型（text、integer、double、date）时，会创建一个注释。该注释属性使用的是 Merkmal（德语：特征）列中指定的名称，数据类型在 Format 列中定义，同时值输入 Antwot（德语：答案）列中。如果名称的注释属性尚不存在，就会将其作为 duo:field 下的子属性生成。

如果 taxonomy_reference 或 taxonomy_reference list 在格式列中被选中，那么

就会生成类 duo:Vocabulary_Concept 的一个子类，其名称就是属性（没有 field 前缀，如从 field_disease 生成 Disease），并且代表相应词汇表的根节点。将所有属性值（如各种疾病）创建为根类的子类。下一步，创建注释，该注释将相应实例连接到表示指定疾病的词汇类（如将一个项目实例与该疾病相关的词汇概念连接）。这样，就使用了定义的词汇概念对当前实例进行标记/注释，从而完成建模。

使用 node、node list、node_reference、node_reference list 格式创建个体实例之间的连接。为实现这种连接，我们也会使用注释属性。除了定义的关系外，在一个电子表格中指定的所有实例都是连接在一起的。注释属性的名称是根据要连接的两实体的类名称命名的。举个例子，连接类 Project 和类 Publication 实例的注释属性的名称就是 field_project_pubication，反向属性的名称就是 field_publication_project。

所有列表格式（格式名以 list 结尾，如 node list）都允许有多个值。值的顺序可能比较重要，如出版物的作者。该顺序在本体中通过"注释的注释"表示，即使用属性 ref_num 和指定序列号注释相应的注释（如 field_author）。

DOG 的另一个重要功能就是为要导入 LHA 的存储文件（如数据集、图片、应用等）生成目录结构。DOG 处理流程如下：对于每个项目，都会生成一个目录，该目录的每个子目录对应相关实例（所有出版物、记录、方法等）。这些子目录本身分成公有和私有两部分。所有目录仅在不存在时才生成。DOG 也会将（在 duo:File 下的）目录结构与本体连接起来。当生成目录结构时，如果一个文件存在于其中一个目录中，DOG 就会在本体中创建一个相应目录类的实例，并且用文件路径对其进行注释。

9.5　Drupal 中的简单本体加载器

内容管理系统 Drupal 通过提供简单网页表单创建网络内容（节点）。此外，还允许使用自定义词汇术语进行内容注释。可以定义不同节点类型，并为节点类型提供字段。字段充当具体节点信息的容器。这些字段支持简单数据类型，如字符串或数字；也支持复杂类型，如文件和对其他节点或词汇术语的引用。然而，大量要管理的内容可能导致节点与术语的复杂互联。因此，本体适用于内容建模。

为了将本体导入 Drupal，我们开发了模块——Drupal 中的简单本体加载器（SOLID）[11]。SOLID 支持 Drupal 本体生成器生成的本体，也支持其他任何标准本体（如从 BioPortal 下载的本体）。本体仅需集成到 Drupal 上层本体中。该模块是基于 PHP 的，可直接与 Drupal 的 API 进行交互。因此，所创建的内容并不会导致 Drupal 数据库管理系统发生冲突或不一致。

SOLID 基于 Drupal 的模块架构，必须安装在 Drupal（版本 8）中才会正常运行。该模块可以从 Drupal 的管理部门获得，同时该模块还提供小型表格用于数据上传及配置，以简化导入过程。需要注意的是，只有在导入之前创建好相应的节点类型，才能将节点导入。对于本体中的每个属性，在 Drupal 中都必须存在对应的字段。SOLID 不支持自动创建字段，因为每个节点所需配置的参数过多，无法添加至本体。利用 Drupal 提供的用户界面创建字段更为合适。例如，LHA 实例，我们需要建立的节点类型为 project、publication、clinical dataset 及它们相应的字段（如 9.2 节所述）。另外，Drupal 有管理文件（如数据集或应用）的功能。在导入本体之前，这些文件必须根据各自的 duo:File 实例的属性存放在服务器上。

接下来将简要描述 SOLID 的结构及功能。该模块包含两种类型的组件：解析器及导入器（图 9.5）。解析器负责处理上传的输入文件，支持 OWL 和 JSON 格式，但在本节主要讨论 OWL 格式本体的导入。导入器（节点导入器和对应的词表导入器）与 Drupal API 进行交互，检查已有实体并创建新实体。

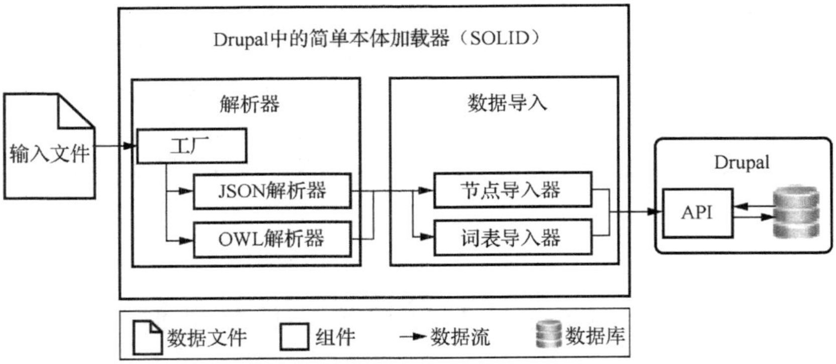

图 9.5　SOLID 架构

在 LHA 流水线中，SOLID 会从 DOG 接收一个 OWL 格式的文件，该文件是 LHA 的门户本体。之后，该文件会由（基于 EasyRDF[12]）OWL 解析器进行处理，OWL 解析器会提取 duo:Vocabulary_Concept 的每个子类，并且将它们传输至词表导入器。词表导入器会在 Drupal 中为每一个 duo:Vocabulary_Concept 的直接子类创建一个词表，并且将所有下面的类名作为术语添加至词表。在这一步中，子类/父类的关系是以等级结构保存的。根据配置，OWL 解析器在本体中搜索 duo:Node_Item 各个子类的实例。除了节点的标准属性（如标题、节点类型及别名外），解析器还会收集数据、对象和注释属性，并且将所有找到的属性传输至节点导入器，该节点导入器可将所有节点插入 CMS（图 9.6）。如果一个属性引用了本体中另一个实体，则相应的字段就无法直接插入数据库，这是因为还未处理和创建那些可能涉及的节点。因此，这样的属性会在所有节点创建完毕后再进行处理。

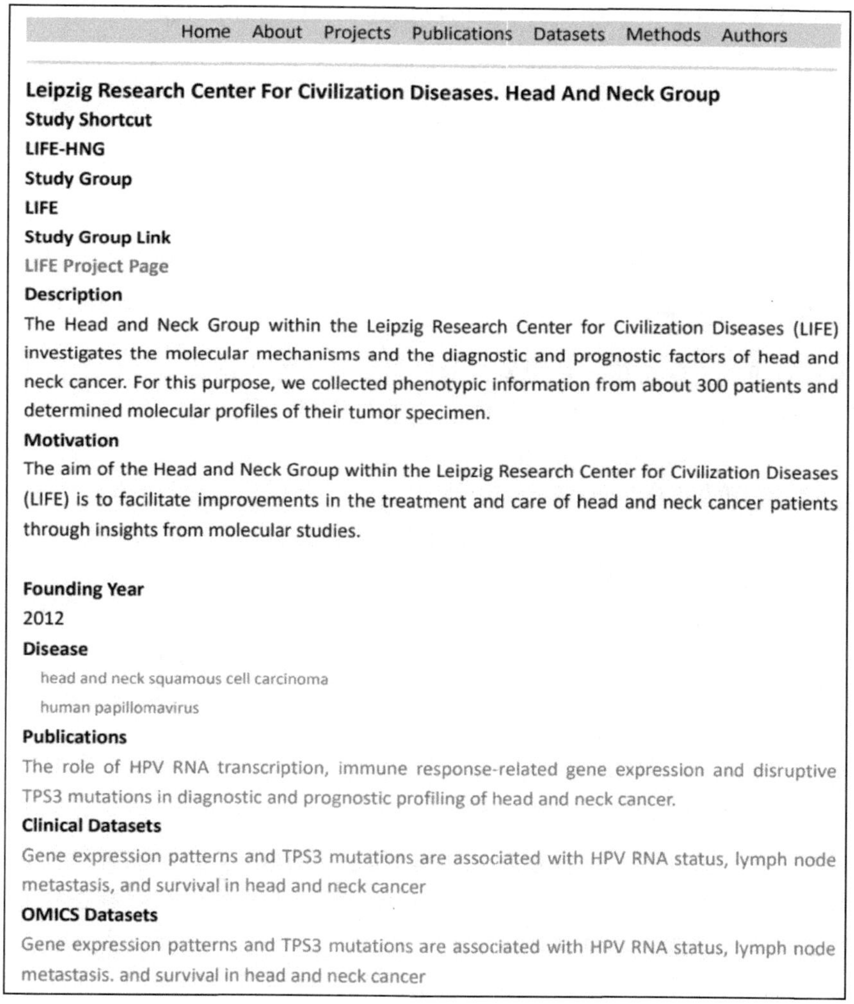

Home　About　Projects　Publications　Datasets　Methods　Authors

Leipzig Research Center For Civilization Diseases. Head And Neck Group

Study Shortcut

LIFE-HNG

Study Group

LIFE

Study Group Link

LIFE Project Page

Description

The Head and Neck Group within the Leipzig Research Center for Civilization Diseases (LIFE) investigates the molecular mechanisms and the diagnostic and prognostic factors of head and neck cancer. For this purpose, we collected phenotypic information from about 300 patients and determined molecular profiles of their tumor specimen.

Motivation

The aim of the Head and Neck Group within the Leipzig Research Center for Civilization Diseases (LIFE) is to facilitate improvements in the treatment and care of head and neck cancer patients through insights from molecular studies.

Founding Year

2012

Disease

head and neck squamous cell carcinoma

human papillomavirus

Publications

The role of HPV RNA transcription, immune response-related gene expression and disruptive TPS3 mutations in diagnostic and prognostic profiling of head and neck cancer.

Clinical Datasets

Gene expression patterns and TPS3 mutations are associated with HPV RNA status, lymph node metastasis, and survival in head and neck cancer

OMICS Datasets

Gene expression patterns and TPS3 mutations are associated with HPV RNA status, lymph node metastasis. and survival in head and neck cancer

图 9.6　LHA 门户中生成的页面示例

Drupal 使用通用唯一识别码（universally unique identifier，UUID）对存储在数据库中的内容进行双射识别。为保证导入后的节点与其在本体中的实体源的连接，我们在 Drupal 中使用实体国际化资源标识符作为 UUID。通过这样的方法，该模块可以判断解析器提取出的类或个体是否已存在于数据库中。如果本体实体已被导入，那么之前的节点就通过修改扩展为新版本，其中包含新的字段。

SOLID 的使用需要使用上传和配置的网页表单，以简化导入过程；也可以直接通过命令行使用该模块，如创建一个定时导入。新的电子表格文件可以放在服务器文件系统的目录下，以便 DOG 可以创建 OWL 文件，之后 SOLID 可以将其导入。

9.6 建 议

我们的通用方法可为下面两类问题提供解决方案。

1. 门户网站的开发

我们的通用方法可用于门户网站的开发，重点在于结构化知识的恰当表示。若使用这种方法开发门户网站，则应满足下列条件。

1）具有某些属性的不同类型的实体应当被表示出来。

2）实体之间的关系是不同的。

3）要表示的实体应该用术语/本体的概念进行注释，以简化搜索。

4）要表示的内容是动态的。

在本例中，实体、实体属性及它们之间的关系均使用电子表格进行建模，并且通过 DOG 转为 OWL 格式，而后通过 SOLID 加载到 Drupal 中。

我们的方法并不适用于表示静态或一维内容（如博客），也不适合创建需要复杂程序逻辑或用户交互的门户（如表单）。

2. 已有本体的表示

可用于各个领域的本体数量正在稳步增长，仅 BioPortal 就拥有超 500 个已发布的本体，约有 800 万个类。但是，这些本体的大量信息内容只有专家能直接理解。为了改进该缺陷，本体被表示为门户网站，这样一来不需要本体及其语义知识，也可以为终端用户提供尽可能多的信息[11]。使用我们的方法，本体实体可以作为离散页面呈现给用户，而此页面具有其所有属性及链接（链接至内部或外部页面和文件）。

9.7 结 论

本章介绍了一种方法，可用于指定门户网站的内容，并将其自动加载至 CMS Drupal 中。我们的方法已成功应用于 LHA 门户的创建[13]（门户的布局仍在开发阶段），该门户可提供来自莱比锡大学各种研究项目的元数据、数据、出版物及方法。实践证明，本体是适用于门户网站复杂内容建模的工具。我们的流水线帮助领域专家指定内容，并且在 Drupal 中用数据自动导入替代数据的人工输入。

我们的方法是通用的，一方面可用于门户网站的开发，重点关注结构化知识的恰当表示；另一方面，这样表示已有本体，能使没有本体实体及结构的背景知识（如概念、个体、关系等之间的区别）的用户理解这些内容。本体实体表示为传统的网页和链接，有利于对语义信息的访问并且有助于领域专家提升本体的可用性。

要利用 SOLID 将一个已有领域本体导入 Drupal，仅需要做一些相对简单的修改。为避免导入过程中的错误，本体设计中需要定义一些限制和要求。本体必须嵌入 DUO，即它们的类和属性必须从 DUO 中的类和属性派生。只有在 DUO 中定义的类和属性，并且在领域本体中经过专业化或实例化，才可以用 SOLID 进行处理。实例被表示为网页（节点）的类，必须被定义为 duo:Node_Item 的子类，而外部术语的根节点则必须置于 duo:Vocabulary_Concept 下。所有注释属性必须是 duo:field 的子属性，同时它们的名称也需要与 Drupal 中创建的字段名称相对应。

我们的方法在复杂门户网站开发方面极具潜力，而且应用这种方法可以使用已有本体。在未来的项目中，应根据此方法建立更多的应用程序，并对其进行评估。

参 考 文 献

[1] Horgan RP, Kenny LC (2011) "Omic" technologies: genomics, transcriptomics, proteomics and metabolomics. Obstet Gynaecol 13(3): 189-195.

[2] ISO 14721:2012. Space data and information transfer systems-Open archival information system (OAIS)-Reference model. https://www.iso.org/standard/57284.html.

[3] MEDLINE/PubMed XML data elements. https://www.nlm.nih.gov/bsd/licensee/data_elements_doc.html.

[4] Gene Expression Omnibus (GEO). https://www.ncbi.nlm.nih.gov/geo/.

[5] Hanauer DA, Rhodes DR, Sinha-Kumar C, Chinnaiyan AM (2007) Bioinformatics approaches in the study of

cancer. Curr Mol Med 7(1):133-141(9).

[6] Cerami E, Gao J, Dogrusoz U, Gross BE, Sumer SO, Aksoy BA, Jacobsen A, Byrne CJ, Heuer ML, Larsson E, Antipin Y, Reva B, Goldberg AP, Sander C, Schultz N (2012) The cBio cancer genomics portal: an open platform for exploring multidimensional cancer genomics data. Am Assoc Cancer Res. https://doi.org/10.1158/2159-8290. CD-12-0095.

[7] Grossman RL, Heath AP, Ferretti V, Varmus HE, Lowy DR, Kibbe WA, Staudt LM (2016) Toward a shared vision for cancer genomic data. N Engl J Med 375:1109-1112. https://doi.org/10.1056/NEJMp1607591.

[8] Hoehndorf R, Ngomo A-CN, Herre H (2009) Developing consistent and modular software models with ontologies. In: Fujita H, Marik V (eds) New trends in software methodologies, tools and techniques: proceedings of the Eighth SoMeT_09. Volume 199. IOS Press, pp 399-412. [Frontiers in Artificial Intelligence and Applications].

[9] Herre H, Heller B, Burek P, Hoehndorf R, Loebe F, Michalek H (2006) General formal ontology (GFO): a foundational ontology integrating objects and processes. Part I: basic principles (Version 1.0). Onto-Med report. Research Group Ontologies in Medicine (Onto-Med), University of Leipzig.

[10] Herre H (2010) General formal ontology (GFO): a foundational ontology for conceptual modelling. In: Poli R, Healy M, Kameas A (eds) Theory and applications of ontology: computer applications. Springer, Dordrecht, pp 297-345.

[11] Beger C, Uciteli A, Herre H (2017) Light-weighted automatic import of standardized ontologies into the content management system Drupal. Stud Health Technol Inform 243:170-174.

[12] Humfrey N. RDF library for PHP. http://www.easyrdf.org/.

[13] Leipzig Health Atlas (LHA). https://www.health-atlas.de/.

第 10 章

癌症治疗的个性化临床决策支持

本章要点

1）医疗顾问在跟进新疗法和药物的快速发展方面面临着越来越多的挑战，特别是在针对罕见病例和复杂病例方面。

2）个性化医疗为患者和临床医生带来了巨大的好处，但这需要对海量数据进行捕获、整合和解释。

3）信息提供者提供循证医学信息服务（evidence-based medical information services），持续对新的出版物和医学发展进行跟踪。然而，在如今的临床日常工作中，此类医疗信息服务的使用仍然很有限。由于工作量大，医学顾问根本没有时间研究这些知识库。此外，知识库本身也可能提供相互矛盾的信息。

4）为了提供有效的临床决策支持，必须在即时护理（point of care）时提供个性化的医疗信息，即针对每个患者量身定制的诊断或治疗的有用信息，而不给医学顾问增加研究负担。

5）个性化的临床决策支持要求电子健康记录（electronic health record，EHR）在语义上与循证医学知识服务相关联。

10.1 介 绍

个性化医疗是一种根据患者的预期反应或疾病风险量身定制护理的医学实践，也被称为精准医疗或分层医疗[1-2]。例如，具有相同广义诊断的患者可能患有不同形式的疾病，如乳腺癌患者可能有"乳房乳头状癌"或"原位导管癌"，那么他们的治疗计划会有显著差异。当考虑到患者各种潜在的合并症、药物、症状、环境因素和人口统计学特征时，对患者的最佳治疗方式会有更大差异。此外，由于人类绝大多数疾病与基因有关，使用基因组测序将使治疗方法更加个性化。

患者和临床医生都会受益于个性化医疗，因为其可以提供更准确的诊断和更具体的治疗计划，可以达到更好的治疗效果，可以提高医疗保健供应商的效率，药物和诊断设计者可以采取更有效的方法来定位目标疾病[1-2]。

举例说明，如果乳腺癌患者有乳腺癌或卵巢癌的家族病史，则他们就需要检测 BRCA1 和 BRCA2 基因中的某些遗传标志物是否发生突变。携带 BRCA1 或 BRCA2 基因致病性变异的患者面临罹患乳腺癌和卵巢癌的高风险，通常会为了长期健康而进行预防性手术[3]。BRCA1 基因表达水平也是定制化疗的重要指南[4]。然而，并不是所有的遗传变异都是致病的，所以此处的挑战是对变异进行适当的临床分类，并保证这种分类是最新的，同时将这类知识整合到精准医疗中。

另一个用于个性化医疗的例子是 HER2 基因，它包含如何制造 HER2 蛋白的遗传指令，而 HER2 蛋白正是乳腺细胞的受体。HER2 蛋白控制着乳腺组织细胞的生长、分裂和自我修复，然而，对于某些患者，HER2 基因的错误会导致其自我复制，致使乳腺组织不受控地生长[5]。这些信息可以与其他临床数据（如肿瘤大小、淋巴结状况、合并症、生活方式）相结合。此外，这些信息还可以与年龄和社会经济状况相结合，以得到更准确的诊断、预后和治疗[6]。

引用希波克拉底（Hippocrates，古希腊医师）的话："知道什么类型的人患有疾病，比知道一个人患有什么类型的疾病更重要。"[7]

然而，在一线患者治疗中，个性化药物的使用存在重大挑战。例如，欧洲肿瘤医学学会（European Society for Medical Oncology，ESMO）的一份意见书中指出："对日益增加的数据量和相关的信息通信技术（information communication technology，ICT）的需求进行整合和解释，以及对个性化癌症医疗的价值和成本效益的多维度和不断变化的观点进行整合和解释，是艰巨的任务。"[8]

事实上，医学顾问在跟进新疗法和药物的快速发展方面，尤其是罕见病例方面，面临着巨大的挑战。过去十年间，医疗保健体系经历了重大变革。如今，临床医生需要面对快速增长的医疗知识库、繁重的监管要求、纸质病历增加的文书工作、碎片化的电子医疗体系，以及质量绩效指标的严格审查等一系列问题。

此外，电子健康记录的引入似乎增加了临床医生的负担，并且可能会减少临床医生与患者之间有意义的互动。最近一项研究对 57 名临床医生进行了为期数周的观察，结果显示，临床医生花了大约一半的时间来完成管理任务，并与 EHR 进行交互[9]。

最近一项研究发现，可用性问题、缺乏互操作性和文档质量差是令使用 EHR 系统的医生感到沮丧的原因，并且有人认为，对 EHR 的不满是导致医生工作倦怠的主要因素。随着越来越多的临床医生对目前的 EHR 系统感到失望,不满情绪也呈上升趋势。

此外,患者数据的复杂性不断增长,医生现在被要求将大量患者数据转为电子病历的形式,这些病历汇总了患者的相关文档。由于数据的异构性及其体量,这些数据被认为是信息处理行业中极为复杂的数据之一。生物医学大数据以 EHR 和数字图像档案的形式快速增长,预计年增长率为 48%,截至 2020 年,健康数据已达到 2000 艾字节,即 2EB[10]。因此,EHR 数据的管理和分析对大数据软件管理工具的需求日益增加。

信息提供者提供循证医学信息服务,持续对新的出版物和医学发展进行跟踪。其中,最突出的例子是 up-to-date(www.uptodate.com)和 DynaMed Plus(循证医学主题评论数据库,www.dynamed.com)。

然而,在如今的临床日常工作中,此类医疗信息服务的使用仍然是有限的。由于工作量大,医学顾问没有时间研究这些知识库。为了提供有效的临床决策支持,必须在即时护理时提供个性化的医疗信息:针对每个患者量身定制诊断或治疗的有用信息,而不是将研究负担压在医学顾问身上。

本章描述了一个用于癌症治疗的临床决策支持系统(clinical decision support system, CDSS)[11]。CDSS 将 EHR 与外部循证医学信息服务从语义上关联起来,从而使医学顾问无须做任何研究工作就能使用这些服务。

10.2 用户交互概念

我们通过黑色素瘤治疗的例子来说明 CDSS 的用户交互概念。图 10.1 显示了一个虚构 EHR 中 melanoma(黑色素瘤)患者的匿名摘要数据。

在本例中,患者患有 IB 期原位黑色素瘤,Breslow 厚度为 0.8mm。无须医学顾问的干预,基于 EHR 数据就可以检索并显示相关信息。

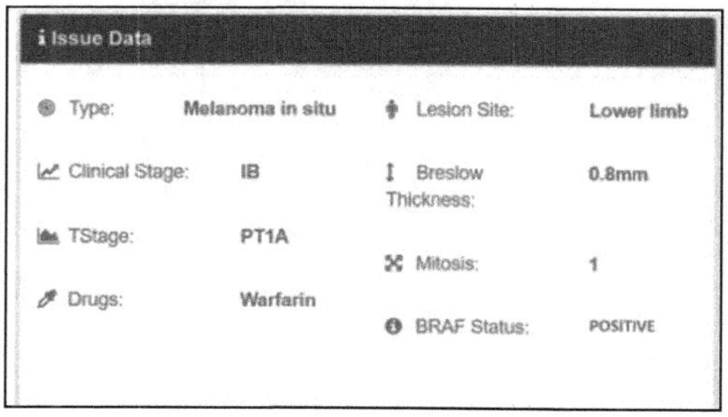

为了给医生和其他健康专业人员提供一个直观的方式来获取这些信息,CDSS 利用了几种信息服务,每种服务可以满足不同的信息需求。这些信息服务在网页面板中呈现,用户可以自定义各个服务面板的显示和隐藏,从而满足其需求。此外,面板的

图 10.1 虚构的患者的相关数据

顺序和大小也可以根据用户的个人需要进行调整，而最终的布局可以在用户的不同会话（session）中保留。

在接下来的几节中，我们将简要描述各项信息服务。

10.2.1 药品信息服务

在患者护理中，开药物处方时，药物及其相互作用的信息尤为重要[9]。药物信息服务能够以更易访问和更加结构化的方式提供药物包装说明书和辅助决策支持服务（图 10.2，左图）。这些信息包括不同年龄组的剂量数据，以及根据相对静态的信息（如患者的年龄和体重）建议剂量的预填充计算器（pre-filled calculator）。对于依赖于更多动态数据（如肾功能）的剂量，如果 EHR 中没有最新数据，则获取最新数据非常重要。药物信息服务提供的其他信息包括警告、不良反应、药理学、给药指南、患者教育材料和药物图像及价格。可以利用自动建议支持字段（autosuggest-supported field）选择要展示的药物，该字段将已经开出的处方药排在前面，同时也允许搜索尚未开处方的药物。

正如医生们表示，针对药物的严重相互作用和不良反应[12]，他们希望看到自动生成的且突出显示的警报。有关如何管理相互作用或替代药物的更多信息，可以在提供的相应链接中获取。药物相互作用和药物–食品相互作用的相关信息在另一个面板中呈现，在该面板中，用户可以检查与其他未开处方药物的相互作用（图 10.2，右图）。

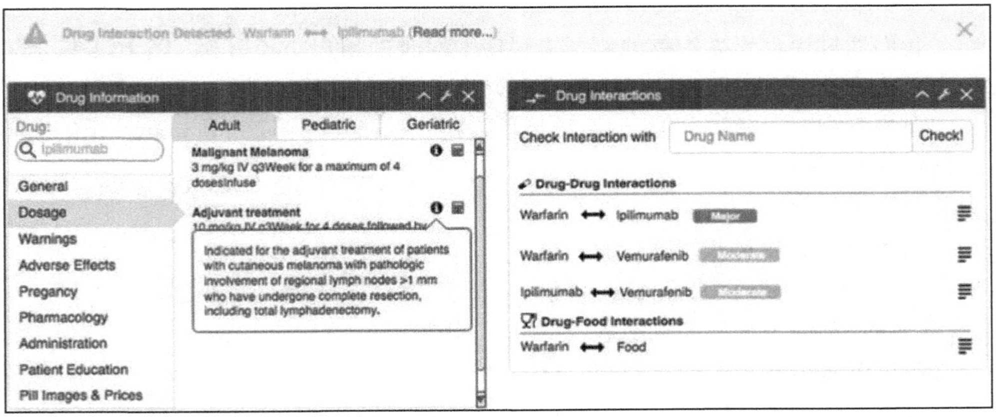

图 10.2　药物信息服务[11]

10.2.2　文献服务

文献服务可以显示与当前患者相关的主要医学文献和综述结果（图 10.3）。

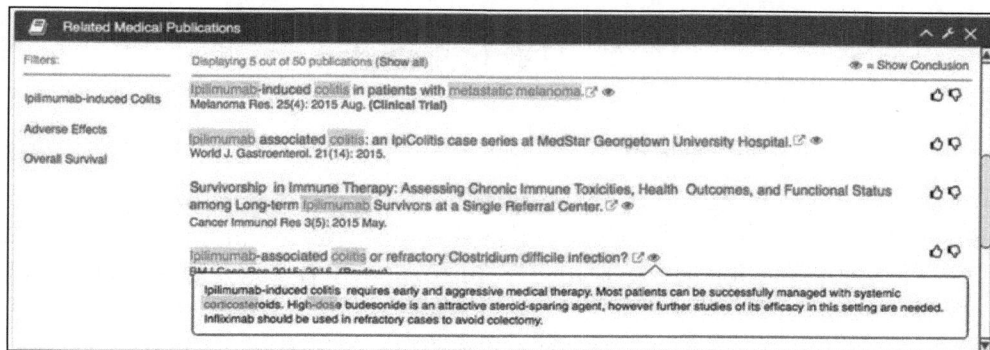

图 10.3　文献服务[11]

自动生成的过滤器允许快速浏览文献的搜索结果，过滤器在左侧显示，医学文献在右侧显示。对于每份医学出版物，其标题、期刊和出版日期都会在文献服务中呈现。在循证医学（evidence-based medicine，EBM）的背景下，具有高度证据的出版物是患者治疗的首选[13]。因此，对于综述性或临床试验性的出版物，会标记出其出版类型。这也与 2013 年的一项研究一致，该研究记录并分析了医院的数据查询，发现几乎三分之一的文章是文献综述[14-15]。为了实现快速定位和相关性评估，文献服务中会突出显示在患者的 EHR 中出现的术语。为了协助进行文献的相关性评估，每个出版物标题后都有一个眼睛图标，当鼠标指针悬停在眼睛图标上时，会显示该文献的摘要。为了方便用户对出版物的相关性进行反馈，并改进文献搜索功能，系统提供了"点赞"和"踩"的图标。

10.2.3　循证医学的建议

此服务会显示与目前正在接受治疗的患者相关的循证医学建议。在图 10.1 的示例中，患者患有 IB 期原位黑色素瘤，Breslow 厚度为 0.8 毫米。无须医学顾问的干预，基于 EHR 数据，用户可以检索 NCCN EBM 黑色素瘤治疗指南[16]的相关页面。本例使用了 NCCN 指南，而这些指南的源代码可以配置为医疗实践中使用的规则。

指南的结构为决策树，显示了相关路径（IB 期，Breslow 厚度为 0.76～1.0 毫米），并给出了适当的诊断和治疗的建议。与 EHR 相匹配的术语，如干扰素（interferon），将会高亮显示。如果有兴趣，医学顾问可以阅读脚注并打开超链接，从而了解更多细节。

10.3　医学信息提供者

医学界有大量的信息提供方，有些是公共机构，如美国国立卫生研究院（US National Institute of Health），他们免费提供医学信息；其他则是商业机构，如 Wolters Kluwer。在医学领域，信息提供的数量和质量也各不相同。有些信息提供方提供 API，可以利用 EHR 应用程序获取数据；还有些信息提供方仅提供网页访问。

表 10.1～表 10.3 对一些主要的信息提供方进行了概述。

表 10.1　药物信息源（改编自参考文献[11]）

名称	描述	API	访问	药物信息	药物相互作用	不良事件	药物公告/召回
DailyMed	美国国家医学图书馆（National Library of Medicine，NLM）的网站，提供了高质量和最新的药物标签。由 FDA 每日更新。使用结构化 XML 格式文档	是	公开免费	√	√	√	
MedlinePlus Connect	NLM 提供的服务。提供非结构化自然语言药物信息/标签和健康主题概述	是	公开免费	√		√	
Medscape	可通过网站或移动应用程序获得临床信息资源。每年更新文章	否	免费，需要注册	√	√	√	
RxNav	提供对不同药物资源的访问，如 RxNorm、NDF-RT 和 DrugBank。使用 RxNorm 和 DrugBank 的药物相互作用在不同准则和系统间进行标准化	是	公开免费		√		
Wolters Klnwer Clinical Drug Information	商业药品信息 API，包括相互作用、不良反应、适应症，并映射到 RxNorm	是	商用	√	√	√	

表 10.2　文献信息源（改编自参考文献[11]）

名称	描述	API	访问	数量
Google Scholar	搜索引擎,用于所有领域的科学出版物。自动检索许多期刊	否	商用	估计有 1.6 亿篇文章
Ovid	包括许多数据库的科学搜索平台,包括 MEDLINE	?	订阅	?
PubMed	主要访问 MEDLINE 数据库的搜索引擎,侧重于健康主题。使用 MeSH 本体进行查询扩展	是	公开免费	>2460 万条记录,每年约有 500000 条新记录
ScienceDirect	可从多个领域访问大型科学出版物数据库的网站	是	免费（摘要）、订阅（全文）	3500 种期刊和 34000 种电子书中的 1200 万条记录
Scopus	包含许多学术期刊及许多科学领域的摘要及引文的数据库,不局限于健康主题	是	付费订阅	约 5500 万条记录
Springer API	访问所有 Springer 发表的期刊,包括 BioMed Central 开放获取出版物	是	部分免费,部分订阅	每年约 2000 种期刊和多于 6500 本书,可访问超过 1000 万篇在线文档

表 10.3　EBM 信息源（改编自参考文献[11]）

名称	描述	API	访问	数量
BMJ Best Practice	循证信息,可为诊断、预后、治疗和预防提供逐步指导	是	订阅	未公开
DynaMedPlus	循证临床概述和建议。内容每天更新。还提供计算器、决策树及单位和剂量转换器	是	订阅	多于 3200 个主题和 500 多种期刊
EBMeDS	带有 EBM 模块的独立于平台的网络服务 CDSS	是	商用	未公开
Medscape/eMedicine	最大的免费临床知识库。文章每年更新。也有移动应用程序	否	免费,需要注册	约 6800 篇文章
NCCN	提供决策树形式的治疗癌症的指南。由经验丰富的医学专家小组编写	否	免费,需要注册	约 60 篇文档
Physician Data Query	美国国家癌症研究所的癌症数据库。以摘要的形式为患者和专业人员提供经过同行评审的有关癌症治疗的信息	否	公开	仅癌症领域
UpToDate	流行的循证 POC 工具,适用于广泛的学科,但主要针对内科医学。大量的同行评审流程,以确保提出准确的建议	是	订阅,部分文章免费	约 8500 个主题

10.4　基于本体的电子健康记录

个性化临床决策支持要求 EHR 与循证医学知识服务在语义上相关联。大量的 EHR 数据以文本的形式存储，这为医学顾问表达案例提供了很大的灵活性。然而，对 EHR 数据使用文本挖掘有一个缺点：不同的医学专业人员及不同的地区使用医学术语的方式是不同的。例如，同义词、缩略词，甚至拼写错误在医学界广泛存在。虽然通常这对人类专家没有任何问题，但软件模块很难可靠地处理这些歧义。

为了解决这些问题，人们提出了一种文本挖掘方法，以此消除 EHR 中的文本歧义[17]。尽管在处理现有的遗留 EHR 数据时，这种消歧处理是不可避免的，但我们对新的 EHR 应用程序采用了建设性的方法：语义自动建议服务（图 10.4）。

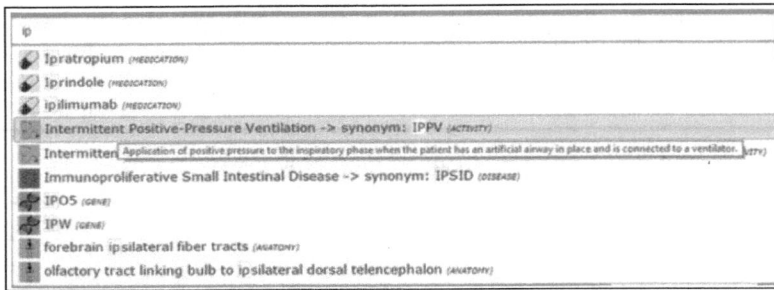

图 10.4　语义自动建议[18]

在文本框中输入时，系统会给出各种类别的医学术语（解剖结构、症状、疾病等）的建议。例如，在用户输入 ip 时建议 ipilimumab（一种单克隆抗体药物）。当鼠标指针移动到条目上时，会显示一个解释文本。这些术语基于多个来源的合并本体，以 CSV 格式存储，并且可以根据临床用例进行适配。

语义自动建议不仅可以通过减少医学顾问的输入工作来提高可用性，同样重要的是，它规范了医学术语的使用：对于具体的医学概念，总是使用相同的首选术语，而不使用同义词、缩略词或拼写错误的术语。

我们为黑色素瘤应用程序确定了六个不同的语义类别：药物（medication）、活动（activity）、症状（symptom）、疾病（disease）、基因（gene）和解剖（anatomy）。一些文本字段只包含来自一个类别的词，如"病人使用的药物"（medication used by the patient）；其他的文本字段可以用多个类别的术语来填充，如"其他相关的健康问题"（other relevant health issues），如图 10.5 所示。

Prominent EHR field	Category and Icon	
medication used by the patient	Medication	
treatments the patient received	Activity	
diagnoses and findings by the physicians	Symptom	
patients's diseases	Disease	
findings of the gene analysis	Gene	
body parts where a melanoma occurs	Anatomy	
other relevant health issues	all above	

图 10.5　语义类别[18]

EHR 本体中使用的基础术语是对 EHR 与 EBM 指南等信息源进行语义匹配的基础，如图 10.6 所示。下面将更详细地讨论使用的本体。

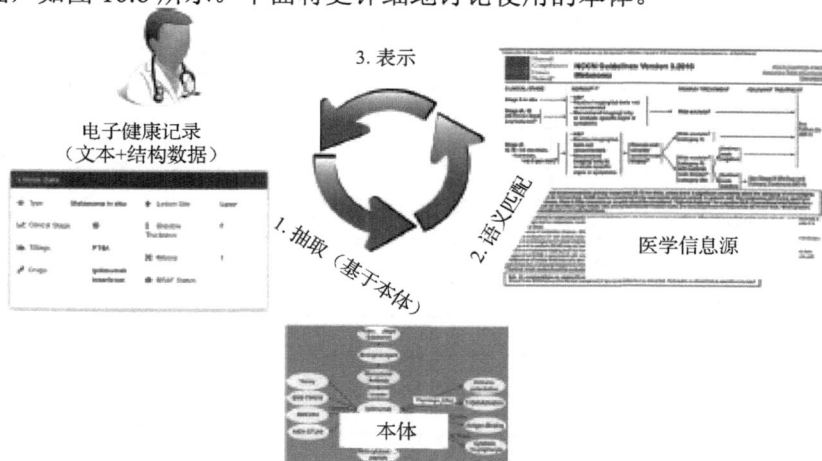

图 10.6　EHR 与医学信息源的语义匹配

输入 EHR 的医学术语与本体进行了关联。这些术语及数值数据都是从特定患者的 EHR 中提取的。提取的信息可作为语义检索的信息来源，如符合该患者情况的 EBM 指南，并将相关信息告知正在为患者治疗做出决策的医学顾问。

10.5　医学本体

医学领域中存在着大量的受控词汇表、叙词表和本体，其中涵括了医学术语及可能的附加信息，如解释、同义词、上位词（更广泛的术语）和特定领域的术语关系。遵循 Liu 和 Özsu 的数据库系统百科[19]，在本文中，我们使用术语"本体"来指代医学领域的各种分类术语。

虽然有些医学本体是商业化的［例如，统一医学语言系统（unified medical language system）® Metathesaurus ®、国际系统医学临床术语集 SNOMED-CT 等］，但是也有许多开放源码的本体可以使用（有关总览请参阅 www.ontobee.org）。

需要解决的问题是：如何选择一个本体或一组本体作为 EHR 应用程序的基本词汇表，并将这些本体映射到 EHR 的知识需求。在分析黑色素瘤用例时，我们观察到，没有一个本体包含所有相关的术语，即语义自动建议功能用到的所有术语。因此，为了得到一个足够全面的本体，我们必须对多个本体进行集成。对于所选本体的总览，请参阅表 10.4，从中可以了解医学本体的选择，以及不同语义类别的本体的使用。

表 10.4　各种语义类别的医学本体

名称	解剖	症状	基因	疾病	活动	药物	许可
药品本体（DRON）						×	开放
国家药品档案参考术语（NDF-RT）						×	开放
人类疾病本体（DOID）				×			开放
解剖学实体本体（AEO）	×						开放
解剖学基础模型（FMA）	×						开放
超级解剖学本体（UBERON）	×						开放
基因本体（GO）			×				开放
基因和基因组本体（OGG）			×				开放
VIVO-ISF					×		开放
症状本体（SYMP）		×					开放
医学主题词（MeSH）	×	×	×	×	×	×	需要注册
国家癌症研究所辞典	×	×	×	×	×	×	开放

10.6　软件架构

10.6.1　概述

图 10.7 给出了 CDSS 软件架构。

图 10.7　CDSS 软件架构

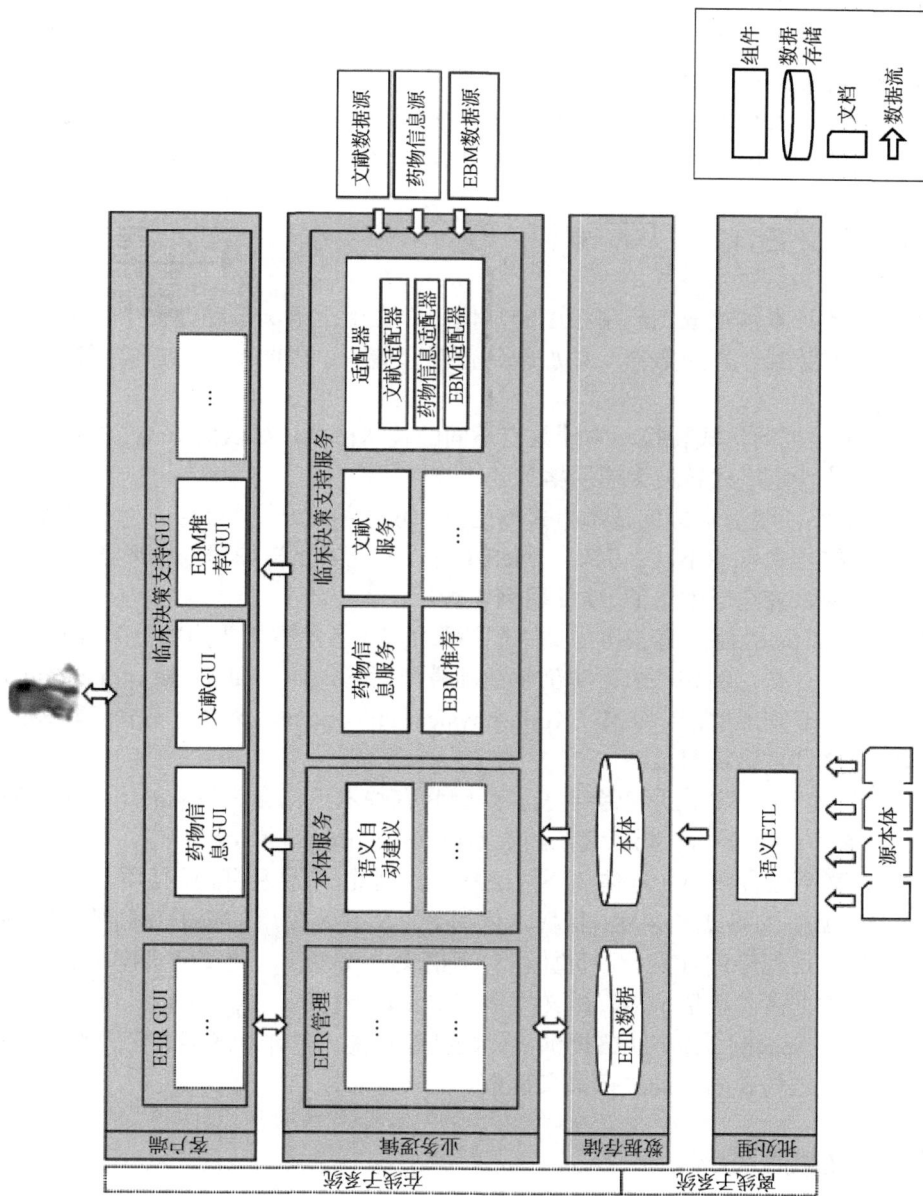

该架构分为在线子系统（online subsystem）和离线子系统（offline subsystem）。离线子系统是一个批处理过程，用于将各种源本体集成到应用程序的本体中。离线子系统通过语义抽取、转换、加载过程来实现。在线子系统为三层架构，包括客户端、业务逻辑和数据存储[20-21]。

语义 ETL、本体服务和决策支持服务都属于具有语义逻辑的组件。在以下各节中，我们将描述语义组件，更多细节详见参考文献[11]、[18]、[22]。

10.6.2　语义 ETL

为了将各种本体集成到应用程序的本体，并应用于语义自动建议中，需要从源本体中提取数据、转换数据，并加载到数据存储中。因此，我们需要解决以下问题。

1）技术数据的格式转换：本体具有不同的技术格式，如 XML、XLS、CSV、RDF，需要从特定格式转换为通用格式。

2）语义字段映射：即使技术格式相同，如技术格式均为 XML，本体的各个字段名称和结构也可能不同。例如，MeSH 将较宽泛的术语编码为树形结构 ID，而其他本体中，较宽泛术语的 ID 使用列表表示。

3）语义清洗/过滤：有些术语是"受污染的"（包含不需要的部分），或者对语义应用没有意义。例如，来自解剖学基础模型（foundational model of anatomy）的通用术语"非物理解剖学实体"（non-physical anatomical entity）不表示具体的身体部位，这种术语需要过滤。

4）重复处理：术语之所以会重复，是因为有些术语包含在不同的本体中。例如，"华法林"（Warfarin）既包含在药物本体（the drug ontology）中，又包含在 MeSH 中，甚至包含在同一本体的不同版本中。因此，需要删除重复项。

5）目标数据的格式及存储：目标本体的数据格式及使用的数据存储技术应该针对预期的应用程序进行设计。例如，对于语义自动建议，简单的数据格式就足够了，这种数据格式包括术语、语义类别、定义、下位词（hyponym）和同义词。搜索索引（如 Apache Solr）能够提供优化的搜索性能，允许对术语、它们的类别、下位词的层次结构和同义词进行语义搜索。

10.6.3　文献服务

为了选择与患者治疗相关的文献，需要从 EHR 中提取相关数据，查询 PubMed 等文献数据源。语义匹配逻辑取决于应用程序；特定于医学专业，特定于 EHR 管理应用，并且特定于文献数据源。

有关从黑色素瘤 EHR 生成查询 PubMed 的示例，请参见图 10.8。

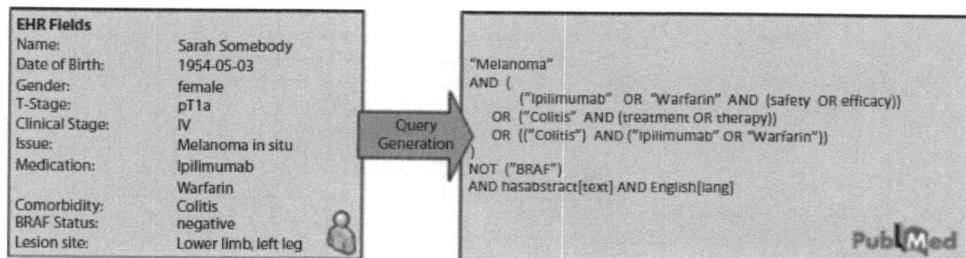

图 10.8　由 EHR 生成查询 PubMed 的示例[11]

在 EHR 应用程序中，从使用的 ca.100 属性中可以看出，并不是所有的属性都有助于个性化的文献建议。不相关的字段（如患者姓名）在查询生成中被去掉，而相关的字段（如问题、药物或合并症）则被包含在内。生成的查询必须符合所选数据源（此处是 PubMed）的查询语言。查询本身是由基于规则的模板引擎生成的。例如，当搜索处方药物安全性（safety）或有效性（efficacy）相关的出版物时，其中一个规则是将所有药物用 OR（或）组合在一起，并在子查询中添加"（safety OR efficacy）"。另一个规则是将"合并症"字段与药物组合，从而搜索与药物相关的不良反应及治疗方法。为了确保数据质量，以及确保只搜索最新的文献，查询中可以添加一些限制，如 hasabstract[text]（有摘要[文本]），从而只显示包含摘要的出版物。

10.6.4　循证医学推荐服务

对于正在接受治疗的患者，找出 EBM 指南中与其相关的部分，需要的不仅仅是全文检索。以图 10.1 中的患者数据为例，选择的 EBM 数据源是 NCCN 指南（此处针对黑色素瘤），它以 PDF 文档的形式呈现，需要在一份 150 页的文件中找出与病人病情完全相符的部分。在上述示例中，患者的 Breslow 厚度为 0.8 毫米。在 NCCN 指南文本中搜索字符串 0.8，不能匹配到相关页面（ME-3），因为在该页面上，厚度条件表示为"0.76～1.0 毫米"。因此，需要一些决策逻辑来将提取的 EHR 数据与 EBM 指南的各个部分进行匹配。示例规则如图 10.9 所示。

此处规则如下："如果临床阶段为 IB，Breslow 厚度在 0.76～1.0 毫米，则第 8 页 ME-3 部分的内容是相关的。"此规则是使用业务规则编辑器编辑的，此处使用的编辑器是微软 BizTalk[23]。

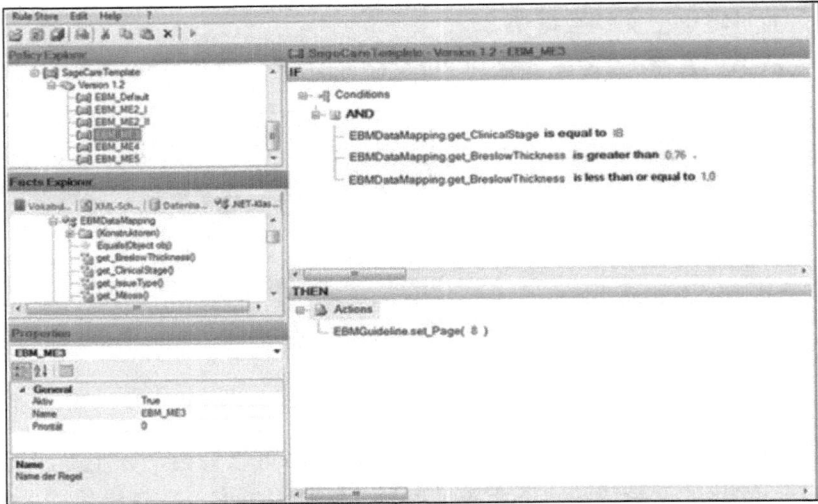

图 10.9　规则示例（微软 BizTalk 服务器）[22]

应用业务规则引擎中的规则，将提取的 EHR 数据作为输入，可以匹配到 EBM 指南的相关部分，并在临床决策支持系统中呈现给医学顾问。相比于用传统编程语言编写决策逻辑，使用业务规则编辑器更有优势。在新的指南或修订后的 EBM 指南发布时，可由受过训练的医疗管理员对业务规则进行添加或修改。在可能的情况下，可以使用诸如作者、声誉、隶属关系、出版版本和出版时间等元数据向用户提供当前指导方针准确性的可信度。

10.6.5　实现

我们成功地实现了针对黑色素瘤治疗的个性化临床决策支持系统。离线子系统和业务逻辑已经用 C#语言通过 Microsoft.Net 技术实现。我们使用 Microsoft SQL Server 存储 EHR，使用 Apache Solr 存储和查询用于语义自动建议服务的本体。客户端通过 REST 接口访问服务器。客户端使用谷歌的 Angular JS 框架，分别以 HTML5/CSS/JavaScript 的类型脚本（type script）来实现。

10.7　推　荐

我们在以下建议中总结了实现个性化临床决策支持系统的主要经验教训。

1）在开发语义应用程序时，应仔细查看法规合规性（regulatory compliance），以检查在选择本体时存在哪些限制，并检查适合应用程序用例的已有本体。此外，更要关注法规合规性及数据的质量和完整性，而不是关注使用的技术数据的格式。医学领域中有许多已有的可用本体。

2）需要仔细分析与应用程序用例相关的本体质量。最常见的情况是，没有单个的已有本体能够满足应用程序用例的质量需求，并且不经过修改就可以使用。

3）利用语义 ETL 对已有本体进行预处理，包括抽取、转换、语义清洗/过滤和加载等步骤。

4）本体在语义应用程序中提供了通用的术语，可以将这些术语映射到信息提供方的术语。

5）当在语义应用程序中包含信息提供方的服务时，要仔细检查应用程序用例、技术约束和许可细节的适用性。

6）将 EHR 与临床信息源进行语义映射时，需要针对应用程序进行编程，同时考虑医学专业、EHR 应用程序和信息源的具体情况。

10.8　结　　论

个性化医疗有诸多优势，然而，还没有在临床实践中得到广泛应用。我们相信，个性化医疗必须无缝地整合到医学顾问的工作流程中，同时不增加搜索相关医疗信息的工作量。在本章中，我们提出了一个个性化的癌症治疗临床决策支持系统，根据患者的 EHR，该系统为治疗该患者的医学顾问提供相关的医疗信息。

我们成功地实现了该临床决策支持系统。测试成功后，我们计划将其集成到一个商业 EHR 应用程序中。

参 考 文 献

[1]　Academy of Medical Sciences (2015a) Stratified, personalised or P4 medicine: a new direction for placing the patient at the centre of healthcare and health education (Technical report). Academy of Medical Sciences. May 2015.

[2]　Academy of Medical Sciences (2015b) Stratified, personalised or P4 medicine: a new direction for placing the patient at the centre of healthcare and health education [Online]. University of Southampton Council; Science Europe; Medical Research Council. Available at https://acmedsci.ac.uk/viewFile/564091e072d41.pdf. Accessed 1 Dec 2017.

[3]　Petrucelli N, Daly MB, Pal T (1998) BRCA1-and BRCA2-associated hereditary breast and ovarian cancer [Online].

Available at https://www.ncbi.nlm.nih.gov/pubmed/20301425. Accessed 1 Dec 2017.

[4] Papadaki C, Sfakianaki M, Ioannidis G, Lagoudaki E, Trypaki M, Tryfonidis K, Mavroudis D, Stathopoulos E, Georgoulias V, Souglakos J (2012) ERCC1 and BRAC1 mRNA expression levels in the primary tumor could predict the effectiveness of the second-line cisplatin-based chemotherapy in pretreated patients with metastatic non-small cell lung cancer. J Thorac Oncol 7(4):663-671.

[5] breastcancer.org (2017) HER2 status [Online]. Available at http://www.breastcancer.org/symptoms/diagnosis/her2. Accessed 1 Dec 2017.

[6] Soerjomataram I, Louwman MWJ, Ribot JG, Roukema JA, Coebergh JW (2008) An overview of prognostic factors for long-term survivors of breast cancer. Breast Cancer Res Treat 107(3):309-330.

[7] Murugan R (2015) Movement towards personalised medicine in the ICU. Lancet Respir Med 3(1):10-12.

[8] Ciardiello F, Arnold D, Casali PG, Cervantes A, Douillard J-Y, Eggermont A, Eniu A, McGregor K, Peters S, Piccart M, Popescu R, Van Cutsem E, Zielinski C, Stahel R (2014) Delivering precision medicine in oncology today and in future-the promise and challenges of personalized cancer medicine: a position paper by the European Society for Medical Oncology (ESMO). Ann Oncol 25(9):1673-1678.

[9] Shanafelt TD, Dyrbye LN, West CP (2017) Addressing physician burnout: the way forward. JAMA 317(9): 901-902.

[10] Privacy Analytics (2016) The rise of big data in healthcare [online]. Available at https://privacyanalytics.com/de-id-university/blog/rise-big-data-healthcare/. Accessed 17 Dec 2017.

[11] Idelhauser J, Beez U, Humm BG, Walsh P (2016) A clinical decision support system for personalized medicine. In: Bleimann U, Humm B, Loew R, Stengel I, Walsh P (eds) Proceedings of the 2016 European collaborative research conference (CERC 2016), Cork, pp 132-145. ISSN 2220-4164.

[12] Rahmner PB, Eiermann B, Korkmaz S, Gustafsson LL, Gruvén M, Maxwell S, Eichle HG, Vég A (2012) Physicians' reported needs of drug information at point of care in Sweden. Br J Clin Pharmacol 73(1):115-125.

[13] Hung BT, Long NP, Hung LP, Luan N T, Anh N H, Nghi T D, et al (2015) Research trends in evidence-based medicine: a joinpoint regression analysis of more than 50 years of publication data. PLoS ONE 10(4):e0121054. https://doi.org/10.1371/journal.pone.0121054.

[14] Maggio LA, Cate OT, Moorhead LL, Van Stiphout F, Kramer BM, Ter Braak E, Posley K, Irby D, O'Brien BC (2014) Characterizing physicians' information needs at the point of care. Perspect Med Educ 33(5):332-342.

[15] Maggio LA, Steinberg RM, Moorhead L, O'Brien B, Willinsky J (2013) Access of primary and secondary literature by health personnel in an academic health center: implications for open access. J Med Libr Assoc 101(3):205-212.

[16] National Comprehensive Cancer Network (2017) Online. https://www.nccn.org/. Last Accessed 12 Jan 2017.

[17] Jensen PB, Jensen LJ, Brunak S (2012) Mining electronic health records: towards better research applications and clinical care. Nat Rev Genet 13(6):395-405.

[18] Beez U, BG Humm, Walsh P (2015) Semantic autosuggest for electronic health records. In: Arabnia HR, Deligiannidis L, Tran Q-N (eds) Proceedings of the 2015 international conference on computational science and computational intelligence. IEEE Conference Publishing Services, Las Vegas, 7-9 Dec 2015. ISBN 978-1-4673-9795-7/15, https://doi.org/10.1109/CSCI.2015.85.

[19] Liu L, Özsu MT (eds) (2009) Encyclopedia of database systems. Springer, New York.

[20] Humm BG, Walsh P (2015) Flexible yet efficient management of electronic health records. In: Arabnia HR, Deligiannidis L, Tran Q-N (eds) Proceedings of the 2015 international conference on computational science and computational intelligence. IEEE Conference Publishing Services, Las Vegas, 7-9 Dec 2015. ISBN 978-1-4673-9795-7/15, https://doi.org/10.1109/CSCI.2015.84.

[21] Coym M, Humm BG, Spitzer P, Walsh P (2017) A dynamic product line for an electronic health record. In: Bleimann U, Humm B, Loew R, Regier S, Stengel I, Walsh P (eds) Proceedings of the collaborative European research conference (CERC 2017), Karlsruhe, pp 134-141, 22-23 Sept 2017. ISSN 2220-4164.

[22] Humm BG, Lamba F, Landmann T, Steffens M, Walsh P (2017) Evidence-based medical recommendations for personalized medicine. In: Proceedings of the collaborative european research conference (CERC 2017), Karlsruhe.

[23] Microsoft BizTalk Server (2017) Online. https://www.microsoft.com/en-us/cloud-platform/biztalk. Last Accessed 12 Jan 2017.

第 11 章

时态概念语义系统的应用

本章要点

1）在实践中描述和理解多维空间时态数据，具有挑战性，通常可以用本文所述方法解决。我们详细讲解了数学时态理论在化工领域的一个应用：该领域的蒸馏塔反应需要通过许多变量进行理解。

2）本章使用的数学理论是形式概念分析（formal concept analysis，FCA）及其时间扩展时态概念分析（temporal concept analysis，TCA）。该理论可以表示数据在专业技术人员指定的方面的语义。

3）所选定的这些方面可以在多维空间概念结构的平面图中可视化，在图中每个变量都以适当的粒度表示。

4）TCA 相比于其他时态理论更通用，因为该理论提供某一时间点某一角度（专家选择的方面）的时间对象状态的广泛适用概念。

5）TCA 中最有价值的就是在多维空间图表中对轨迹的表示，这有助于专业技术人员同时通过 7 个变量来理解蒸馏塔的动态过程。

11.1　简　介

11.1.1　语义扩展

本章的主要目的是介绍一种广泛应用的通用语义策略，这里称该策略为语义扩展。语义扩展的中心是通过针对特定目的解释术语的含义，在更广的范围解释使用的术语，如缩写或值。由于在工业或科学实践中的描述通常会简化为数据表，因此在这里，我们主要研究的是数据表中值的语义扩展。不仅数字可以作为数据表的值，术语也可以作为值，我们将这些术语看作概念，以概念序列的形式描述关系语句的基本概念。这成为在应用中描述时态相关现象的新方法。

在许多应用中，数据表中的值对于专家来说有特定的含义，但其他人看不出来。例如，速度的值"100 英里/时"①可能与属性"危险"相关。除此之外，甚至还有相关含义，如"100 英里/时"也许意味着"如果某人在城中以 100 英里/时的时速驾驶，那么可能出现危险情况"。下面，我们仅通过给每个变量的值添加属性（而不是更复杂的关系）来简化数据评估。这是一种简单有效的方法，可为目标数据评估生成合适的粒度。下面以化工领域的蒸馏塔作为示例，示例中需要对蒸馏塔的时态数据进行评估。

11.1.2 蒸馏塔中时态数据的语义扩展

在化工公司中，蒸馏塔处理过程需要的研究变量有 13 个，如 day（天）、input（输入）、pressure（压力）、reflux（回流）及 energy1（能量）等。对于 20 天中的每一天，每个变量至多测量出一个值，其中 6 个变量会出现缺失值。在本章中，我们关注的是 7 个没有出现缺失值的变量，并对其进行评估；其他 6 个变量则可用同样的步骤进行处理。表 11.1 展示的是数据中的典型部分，主要的问题就是如何通过这些变量理解蒸馏塔的动态。显然，一些时态问题，如怎样描述蒸馏塔的状态及其在给定状态的频率，以及变量间的关系等，需要进行进一步研究。

表 11.1 蒸馏塔的时态数据

day	input	pressure	reflux	energy1	⋯	变量 13
1	616	119	129	616	⋯	⋮
2	603	125	174	680	⋯	⋮
3	613	118	133	629	⋯	⋮
⋮	⋮	⋮	⋮	⋮	⋯	⋮
15	639	116	174	588	⋯	⋮
⋮	⋮	⋮	⋮	⋮	⋯	⋮
20	664	120	127	556	⋯	⋮

作者与蒸馏塔的专家进行合作，对 13 个变量都应用了语义扩展。例如，input 值在 600～675 之间变化，而 pressure 值在 100～130 之间变化。为了给专家构建有价值的洞察，必须将专家对变量的理解表示出来，如他们对每个变量的重要部分的理解。这是因为在一个线性（或一维）领域，不同区域是由边界简单划分的，如危险区域与正常区域。然而，在二维甚至多维空间中，专家很难判断哪些区域

① 1 英里约 1.6 千米。

对于目标是重要的。我们将在本章介绍蒸馏塔的状态如何在多维空间中可视化，这可以协助专家解释多维空间。为了解释这一点，我们从引入 input 值的属性开始，如表 11.2 所示。该表格在本文中是形式上下文的示例，特别在概念层面，是形式概念分析中语义扩展的主要工具。

表 11.2   input 值范围两个属性尺度

input	≤615	≤645
600	X	X
601	X	X
602	X	X
⋮	⋮	⋮
639		X
⋮	⋮	⋮
675		

第一列包含了 600～675（包括 600 和 675）所有的整数，覆盖了相应变量 input 的测量值的全部范围。两个属性"≤615"和"≤645"是蒸馏塔专家进行讨论后确定的，以便对测量的 input 值及其他类似范围变量分布有一个简略理解。$600 \leqslant X \leqslant 615$ 是通过"600"这行和"≤615"这列的交叉 X 得出的数值信息，其他的交叉也有其相应的含义。显然，表 11.2 将[600, 675]的整数集合分出了两个子集，即集合[600, 615]和集合[600, 645]。很明显，$[600, 615] \subseteq [600, 645] \subseteq [600, 675]$。我们发现，这三个集合的关系链就是表 11.2 给出的形式上下文概念格的范围。为了解释如何使用我们的方法表示表 11.1 的实验数据，下面简要介绍形式概念分析。

11.1.3   形式概念分析

形式概念分析是一种数学理论，起源于数学的三大基础理论，即逻辑、几何和代数。Birkhoff[1]在其关于格理论的著作中给出了三大理论的顺序结构。Barbut 和 Monjardet[2]用该理论进行分类。Wille[3]认识到格理论与概念的哲学理解之间的连接。由于哲学家通常从"对象"和"属性"的一些基本概念入手，同时还使用"一个物体具有一个属性"这样的二元关系，因此 Wille 引入了形式上下文(G, M, I)的数学定义，其中 G 和 M 是集合，I 是 G 和 M 之间的二元关系，$I \subseteq G \times M$。当$(g, m) \in I$ 时，我们说"g 具有属性 m"，写作 gIm。称集合 G 为形式对象的集合（德语：Gegenstände），称集合 M 为形式属性的集合（德语：Merkmale），称集合 I 为关联集合。显然，较小的形式上下文可表示为交叉表格，如表 11.2 示例。

Wille 为形式上下文引入了形式概念及概念格。有一些计算机程序可以用来生成有限形式上下文的概念格，还有一些交互程序可以用来生成线图形式的概念格的图表。

在 FCA 中，通过建立字段的形式上下文（称为概念尺度）为给定数据表中每个字段（列）的值完成语义扩展。在概念尺度中，所有扩展域的值可看作形式对象。形式对象是由适当的属性描述的，这些属性与研究的目的有关。概念尺度可用于信息保护，或者聚焦于一些特殊的、局部的知识。从一个扩展数据表中，即所有域都是扩展的数据表，我们建立一个形式上下文，即扩展数据表的派生上下文。派生上下文将数据表中测量的对象与描述测量值的属性相结合。数据表的语义扩展及建立其派生上下文的技术称为概念扩展，其数学定义可参考文献[4]。

为了理解时态数据，通过引入时态对象的概念、时态概念、角度及在预选角度下某一时间时态对象状态的一般定义，作者[5-9]将形式概念分析延伸到了时态概念分析。

11.2　蒸馏塔时态数据的概念扩展

我们将概念扩展应用于表 11.1 中的数据。概括而言，对于每一个变量（如 input）都使用一个形式上下文，这称为该变量的概念尺度（见表 11.2）。概念尺度既表示语义，同时也可以表示变量值的粒度（由专家决定）。为了将值的含义与时态变量 day 结合，我们把表 11.1 中的每个值用概念尺度的对应行进行替换，并且获取派生上下文。举个例子，为了获取派生上下文 K_i，对于表 11.1 的一个子集（变量 input），我们将表中的值用表 11.2 中对应的行进行替换，获得表 11.3 中的派生上下文。我们使用(input, ≤615)和(input, ≤645)给派生上下文的属性命名。

表 11.3　使用表 11.2 扩展的 input 变量的派生上下文 K_i

day	(input, ≤615)	(input, ≤645)
1		X
2	X	X
3	X	X
⋮	⋮	⋮
15		X
⋮	⋮	⋮
20		

同样，当将概念扩展应用到变量 energy1 时，使用扩展属性"≤570"和"≤630"，我们获取了表 11.4 中的派生上下文 K_{ie}。

表 11.4　input 及 energy1 的派生上下文 K_{ie}

day	(input, ≤615)	(input, ≤645)	(energy1, ≤570)	(energy1, ≤630)
1		X		X
2	X	X		
3	X	X		X
⋮	⋮	⋮	⋮	⋮
15		X		X
⋮	⋮	⋮	⋮	⋮
20			X	X

表 11.4 是一个概念扩展的典型结果，我们现在使用它解释概念扩展的数学核心。为此，我们在表 11.1 中提到，当 day=1 时，input 为 616，可简写为 input(1)=616。由于 616 没有 "≤615" 这一尺度属性，因此在表 11.4 中 day=1 和属性 "(input, ≤615)" 没有交叉点；而 616 具有尺度属性 "≤645"，因此在表 11.4 中的 day=1 和属性 "(input, ≤645)" 有一个交叉点。为了让读者理解派生上下文的定义，在此用该示例引入标准符号。令 g 为给定数据表中任意形式的对象（本例中 g=1），令 m 为表中任意属性（本例中 m=input），令 n 为 m 尺度的尺度属性［本例中 n=(≤615)］。根据定义，派生上下文中的形式对象为给定数据表中的形式对象(本例中为集合{1, 2, …, 20})；根据定义，形式属性是 (m,n)，其中 m 表示给定数据表中的属性，n 表示 m 尺度的尺度属性，其关联关系为 Im。派生上下文的关联关系用 J 表示，定义为 $gJ(m,n):\Leftrightarrow m(g)Im\ n$，即在派生上下文中，形式对象 g 具有属性(m,n)，当且仅当值 $m(g)$ 在 m 尺度具有属性 n。

我们所举的例子写作 $1\ J(\text{input}, ≤615) \Leftrightarrow \text{input}(1)I_{\text{input}} ≤615$，即在派生上下文中，形式对象 g=1 与属性(input, ≤615)关联，当且仅当 input(1)具有尺度属性≤615 时成立。在本例中，input(1)= 616 并不具有尺度属性≤615。因此，当 day=1 时，派生上下文的表格中在属性(input, ≤615)处没有交叉。

我们在后面可以看到，形式上下文 K_{ie} 可以根据图 11.1 的概念格进行重建。

在图 11.1 中，所有派生上下文 K_{ie} 中的形式对象{1, 2, …, 20}显示在圆下方的标签中，K_{ie} 的所有属性显示在圆上方的标签中。从图 11.1 的概念格中可以看出一个形式对象是否具有一个属性，这在后面章节中会进行解释。

11.3　形式上下文的概念格

在 FCA 中，概念格可以理解为形式上下文构建的形式概念层级(G,M,I)。每个形式概念以(A,B)形式成对出现，其中 A 是集合 G 的一个子集，B 是 M 的一个子集，M 满足后面提到的一些条件。A 称为 (A,B) 的外延(extent)，B 称为 (A,B) 的内涵 (intent)。

图 11.1 展示了表 11.4 给出的形式上下文 K_{ie} 的概念格。在解释形式概念和概念格之前，我们先对图 11.1 进行粗略描述。

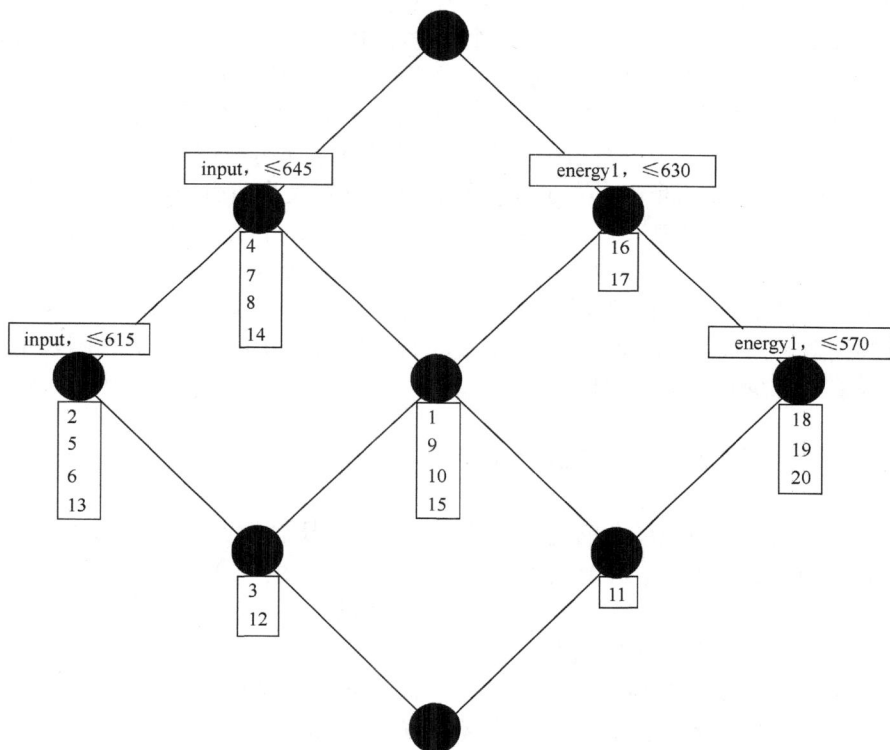

图 11.1　表 11.4 中形式上下文 K_{ie} 的概念格

11.3.1　概念、对象概念及属性概念的示例

图 11.1 中的每个圆表示 K_{ie} 的一个形式概念。例如，用天数 1,9,10,15 标记的圆表示形式概念 (A,B)，其中 A= {1,9,10,15} ∪ {3,12} ∪ {11}= {1,3,9,10,11,12,15}，内涵 B = {(input, ≤645)，(energy1,≤630)}。

每个圆可以按如下方式找到表示的形式概念：通过向下搜索形式对象找出外延，通过向上搜索属性找出内涵。

对于给出的形式概念 (A,B)，每个 A 中的形式对象都具有一个 B 中的属性，并且(A,B)在该条件下达到最大值。通常表示如下：每个形式概念会在一张交叉表形成一个由交叉点填充的矩形(如果行列排列恰当)。内涵和外延可能为空集。

举个例子，在图 11.1 中，顶部的圆表示形式概念({1,…,20}，∅)，因为在 K_{ie} 中没有属性属于所有形式对象；底部的圆表示(∅, {(input, ≤615), (input, ≤645), (energy1, ≤570), (energy1, ≤630)})，因为 K_{ie} 中没有形式对象具有所有属性。

概念格的重要属性之一，就是每个概念格中包含其所有形式上下文的信息。为了解释这一点，我们引入对象概念，对象概念在时态概念分析中起着主要作用。

给定一个形式上下文(G,M,I)和任意 g∈G,g 的所有属性的集合就是 g 的对象概念的内涵，记为 $g^{\uparrow}$:={m∈M | gIm}。其范围是具有 $g^{\uparrow}$ 所有属性的所有对象的集合，即 $g^{\uparrow\downarrow}$:={h∈G | hIm 对所有 m∈$g^{\uparrow}$}。g 的对象概念定义为 γ(g):=($g^{\uparrow\downarrow},g^{\uparrow}$)。$K_{ie}$ 的对象概念在图 11.1 中用圆表示，这些圆下方至少有一个来自{1,…,20}的标签。

类似地，对于任意 m∈M，集合 $m^{\downarrow}$:={g∈G|gIm} 就是 m 属性概念的外延。其内涵是 $m^{\downarrow}$ 所有的对象满足的所有属性的集合，即 $m^{\downarrow\uparrow}$:={n∈M|gIn 对所有 g∈$m^{\downarrow}$}。m 的属性概念定义为 μ(m):=($m^{\downarrow},m^{\downarrow\uparrow}$)。$K_{ie}$ 的属性概念在图 11.1 中是用圆表示的，这些圆上方至少有一个属性标签。

11.3.2 形式概念、概念格及蕴含式

比对象概念及属性概念的定义略通用的是形式概念的通用定义，其定义如下：令(G,M,I)为形式上下文。对于任意子集 X⊆G，我们构建集合 $X^{\uparrow}$:={m∈M|gIm 对所有 g∈X}，包含 X 中的对象的共有属性。对于任意子集 Y⊆M，集合 $Y^{\downarrow}$:={g∈G|gIm 对所有 m∈Y}是具有 Y 中的所有属性的对象的集合。利用这种表示法，我们可以引用 Wille[3]给出的形式概念的著名定义（见 Ganter 和 Wille[4]）：

(G,M,I)的形式概念是(A,B)，其中 A⊆G、B⊆M、$A^{\uparrow}$=B、$B^{\downarrow}$=A，A 可被称为外延，B 为(A,B)的内涵。

(G,M,I)中所有形式概念的集合可以表示为 B(G,M,I)。可以通过下列子概念关系进行排序：如果(A_1,B_1)和(A_2,B_2)是(G,M,I)的形式概念，那么 $A_1⊆A_2$（等同于 $B_2⊆B_1$）时，(A_1,B_1)就可被称为(A_2,B_2)的子概念。这种情况下，我们写作(A_1,B_1)≤(A_2,B_2)(此处使用与数字自然顺序关系同样的符号"≤"表示，以免引起理解困难)。

有序结构(B(G,M,I),≤)称为(G,M,I)的概念格。

例如，在图 11.1 所示的概念格(B(K_{ie}),≤)中，day3 的对象概念γ(3)是γ(1)的一个特有子概念，简写为γ(3) < γ(1)，并且γ(1) < μ(input,≤645)，因此γ(3)< μ(input, ≤645)。

利用该示例就很容易解释图 11.1 中各行的含义。例如，从γ(3)的圆到γ(1)的

圆之间的连线表示$\gamma(3)$是$\gamma(1)$的下邻居，即$\gamma(3) < \gamma(1)$；同时，没有一个形式概念c满足$\gamma(3) < c < \gamma(1)$；另外，显然$\gamma(3)$不是$\mu(\text{input}, \leqslant 645)$的下邻居。

任意形式上下文(G,M,I)可以从其概念格中重新构建，因为对于任意$g \in G$及$m \in M$，规则如下：$gIm \Leftrightarrow \gamma(g) \leqslant \mu(m)$。因此，我们可以从图 11.1 的概念格重新构建$K_{ie}$。举个例子，$\gamma(1) \leqslant \mu(\text{energy1}, \leqslant 630)$，因此 1 J (energy1, $\leqslant 630$)，即在第 1 天，energy1$\leqslant 630$。

下面，我们在属性之间使用蕴含式。如果在形式上下文(G,M,I)中，所有满足属性m的形式对象也满足属性n，那么可以说m蕴含n，简单说$m \Rightarrow n$，可以表示为$m^{\downarrow} \subseteq n^{\downarrow}$，或者可以等同于$\mu(m) \leqslant \mu(n)$。例如，在图 11.1 中，(input, $\leqslant 615$) $\Rightarrow$ (input, $\leqslant 645$)。我们也可以用M的子集A和B之间的蕴含关系表示，如果$A^{\downarrow} \subseteq B^{\downarrow}$，则称$A \Rightarrow B$。例如，在图 11.2 中，{(input, $\leqslant 645$), (energy1, $\leqslant 570$)} $\Rightarrow$ {(reflux, $\leqslant 140$)}。这表示，对于 input$\leqslant 645$ 且 energy1 $\leqslant 570$ 的天（仅有第 11 天符合），reflux $\leqslant 140$。关于蕴含式的更多信息，读者可以参考文献[5]中的第 79 页。

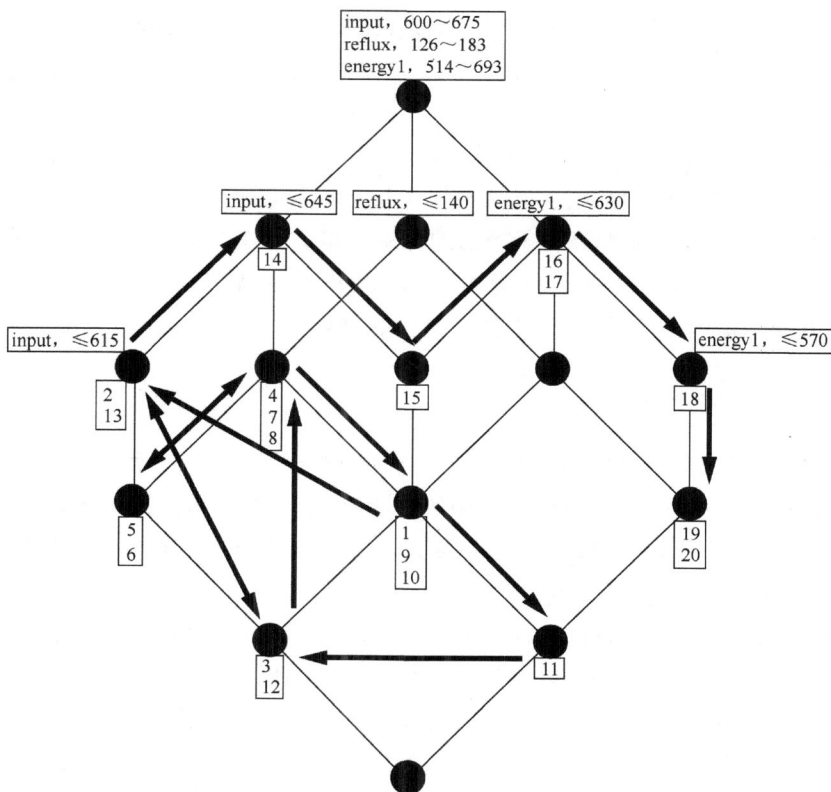

图 11.2　input、reflux 及 energy1 的转换图解

11.4 蒸馏塔数据的时态评估

在表 11.1 中，属性 day 是数据表的 key 键，这是时态数据最简单的形式。在本例中，状态的概念很容易理解。对于状态的通用定义，读者可参考文献[8]、[9]、[10]。

11.4.1 蒸馏塔的状态

将形式对象定为天，在图 11.1 的概念格中可以明显看出，每一天的对象概念所表示的就是通常所谓的状态。例如，第一天蒸馏塔的状态，在图 11.1 中，由对象概念 $\gamma(1)$ 及其内涵 $\{(input, \leqslant 645), (energy1, \leqslant 630)\}$ 描述。因此，对这样的时态系统（参考文献[8]、[9]、[10]进行了描述），状态被定义为派生上下文的对象概念。根据表 11.1，对于任意尺度，蒸馏塔在第 t 天都有确切的状态，写作 (t)。因此，从正式意义上讲，蒸馏塔的活动就像是物理学中的粒子，在时间 t 有确切的位置 $x(t)$。

选定的概念格起着状态空间的作用，在图 11.1 中仅有部分形式概念以状态形式出现。例如，顶层概念及底层概念不属于状态集合。对于任意状态 (t)，满足 $(g)=(t)$ 的形式对象集合 g 被称为该对象概念的所有可能。一个状态所有可能的元素表示在该状态圆的下方，在该状态所有可能的元素的个数就是该状态的频率。例如，(1) 的频率为 4，因为 (1) 所有的可能为 $\{1,9,10,15\}$。

11.4.2 转移及轨迹

为了介绍转移及轨迹，我们使用自然连续的整数，本例在天数 $\{1,\cdots,20\}$ 的集合中应用自然连续关系。对于连续关系中的任意元素 $(t, t+1)$，其转移可定义为 $((t, t+1), (\gamma(t), \gamma(t+1)))$，包含基础转移 $(t, t+1)$ 及其在 γ 下的 "镜像"。对于更通用的时态系统，在 TCA 中对其进行一般化。

在转移图中，转移 $((t, t+1), (\gamma(t), \gamma(t+1)))$ 是用从 $\gamma(t)$ 的圆到 $\gamma(t+1)$ 的箭头表示的，图 11.2 中条件为 $t \in \{1,\cdots,19\}$，$\gamma(t) \neq \gamma(t+1)$。例如，由于 $\gamma(5)=\gamma(6)$，转移 $((5,6), (\gamma(5), \gamma(6)))$ 在图 11.2 中未画出。所有转移的序列被称为轨迹。其正式的定义，读者可以参考文献[10]。因为用属性 $(reflux, \leqslant 140)$ 扩充了形式上下文 K_{ie}，图 11.2 中的概念格相比图 11.1 略复杂。在顶层概念中显示的三种属性说明了三个变量

input、reflux 及 energy1 的范围。我们称这个新的派生上下文为 K_{ire}，在实际应用场景中，建立该上下文是为了对蒸馏塔的 input、reflux 及 energy1 三个变量的活动进行粗粒度可视化。因此，我们使用术语低、中、高来描述 input 和 energy1，使用低和高来描述 reflux。利用这些术语，我们可以从图 11.2 中的转移图看出，蒸馏塔开始状态是中 input、中 energy1 及低 reflux。在第 2 天，经过短暂偏移到低 input、高 reflux 及高 energy1，这种到中或低 input 的偏移一直持续到第 12 天，同时还有低 reflux 及所有级别的 energy1。而后，在第 13 天就会升高变成高 reflux 和高 energy1，但是伴随的是低 input。后面的轨迹部分就十分值得注意。在这 5 天中，蒸馏塔的 input 从低变为高，energy1 从高变为低，并在最后一步，第 18～19 天，reflux 从高变为低。在该概念格中，最后 5 个箭头是邻居之间的边。我们称这些转移为邻居间的转移。

11.4.3 蒸馏数据的概念图

在本章中，图 11.2 展示了在一个概念格中引入转移图，该概念格仅标识了三个变量，更易于理解。图 11.3～图 11.5 展示的是概念格如何用于理解 7 个变量下蒸馏塔的工作行为。用于描述时态关系结构的数学理论建立在时态关系概念分析的基础之上，参考文献[7]、[8]对这种时态关系语义系统进行了介绍。

为了构建用于讨论和理解多变量的蒸馏塔的行为概念图，我们进行如下处理。因为蒸馏塔的专家大多倾向于分三部分探讨变量的域，即低、中和高，现在我们用序数尺度扩展所有变量，如此一来每个变量的域被分为三部分，就像图 11.1 中的 input 和 energy1。为了保持较小的概念图，我们仅使用了 7 个变量，不计缺失值。这使得概念格结构清晰，图 11.3 为概念格的一部分，表示 6 个变量。

蒸馏塔的轨迹显示在图 11.3 中带属性派生上下文的概念格里。在顶层概念中，我们展示了在上下文中用到的所有 6 个变量，以将它们的域可视化。图 11.3 中的线图绘制的方法可以使读者轻松地看出每个圆代表的形式概念的内涵是什么。举个例子，在第 16 天，蒸馏塔在状态 $\gamma(16)=\gamma(17)$ 下满足属性(pressure, ≤120)、(energy1, ≤633)及(level, ≤513)；并且很明显，由于所有状态都满足顶层概念上的全部 6 个属性，因此该状态也满足这 6 个属性。在状态 $\gamma(18)$ 时，只有一个单独的属性(energy1, ≤573)需要被添加至 $\gamma(17)$ 的内涵中以获取 $\gamma(18)$ 的内涵。第 17～18 天的转移是邻居间的转移，第 18～19 天也是如此。但是 $\gamma(19)$ 具有三个属性，比 $\gamma(18)$ 多，即(reflux,≤145)、(reflux,≤164)和(turnover,≤626)。注意，$\gamma(19)$ 不是 μ(input, ≤650)的子概念，因此根据规则会发现，第 19 天并不具有属性(input, ≤650)。

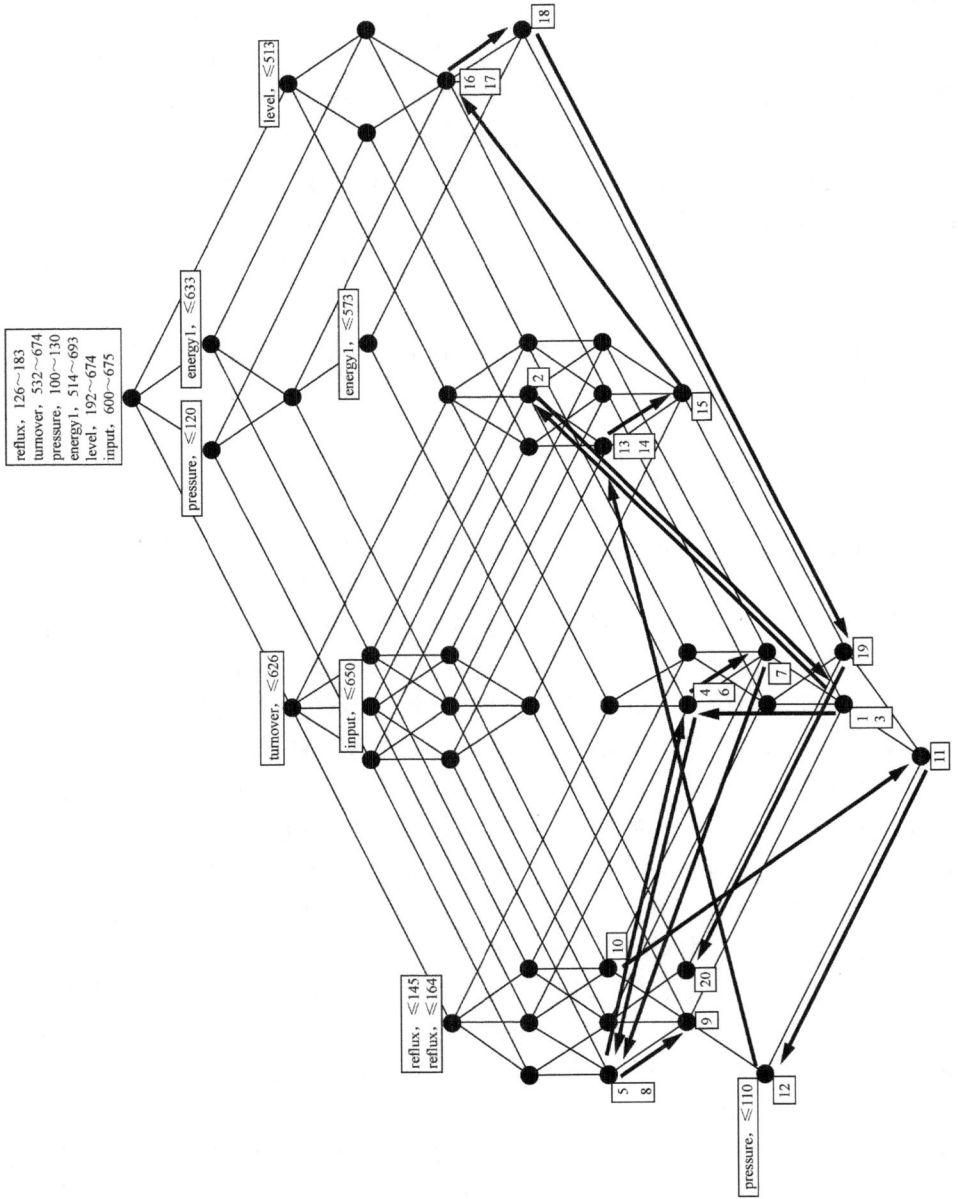

图 11.3　6 个变量的蒸馏塔的轨迹

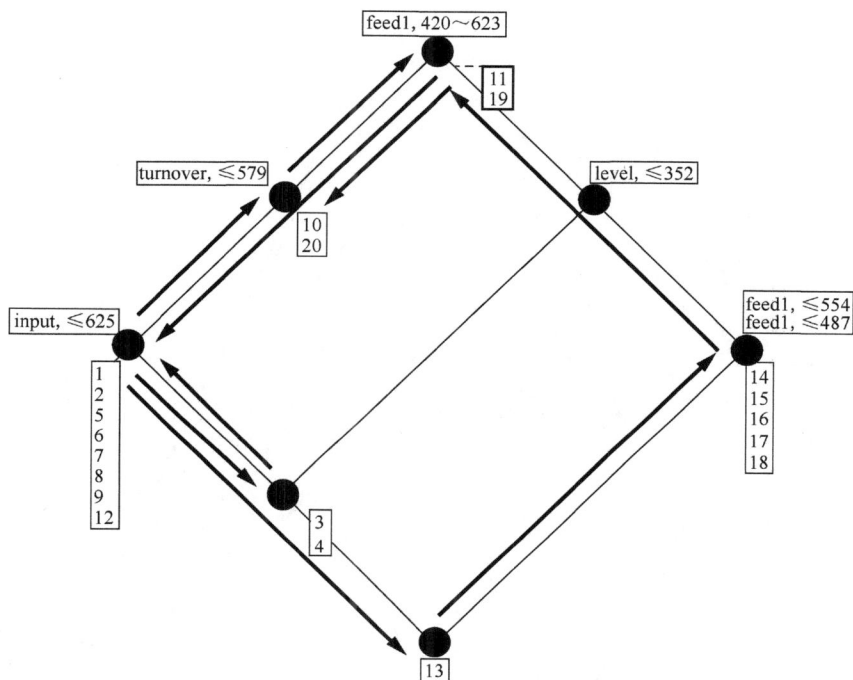

图 11.4 图 11.3 中未使用的 7 个三概念链尺度的属性

从图 11.3 中可以看出更多，如所有状态都至少满足(level，≤513)或(reflux，≤164)。同样可以看出，属性概念 μ(input，≤650)是 μ(turnover，≤626)的子概念，因此(input，≤650) ⇒ (turnover，≤626)。我们还可以看出，(reflux，≤164)和(reflux，≤145)具有相同属性概念，这意味着(reflux，≤145) ⇔ (reflux，≤164)。显然，(reflux，≤145) ⇒ (reflux，≤164)。(reflux，≤164) ⇒ (reflux，≤145)意味着在该上下文中，没有一天的 reflux 值在[146,164]中。最后，我们提到了{(pressure，≤110)} ⇒ {(reflux，≤145)，(input，≤650)，(energy1，≤633)}。此处略去了部分相对不重要的蕴含式。

图 11.3 提供了一个不错的“设计”，结构十分简单，包含了绝大多数值之间的边界，这些边界将每个变量的域分成三部分。但是，其中的一些边界和变量 feed1 的边界并没有包括在内，详见图 11.4。

图 11.4 的主要目的是介绍图 11.5 中嵌套格结构的意义。利用图 11.3 和图 11.4 对 7 个变量下蒸馏塔的行为进行探讨和理解，每个变量在三概念链中扩展，但是可以将两个图组合为单个嵌套线图，如图 11.5 所示（见参考文献[4]）。

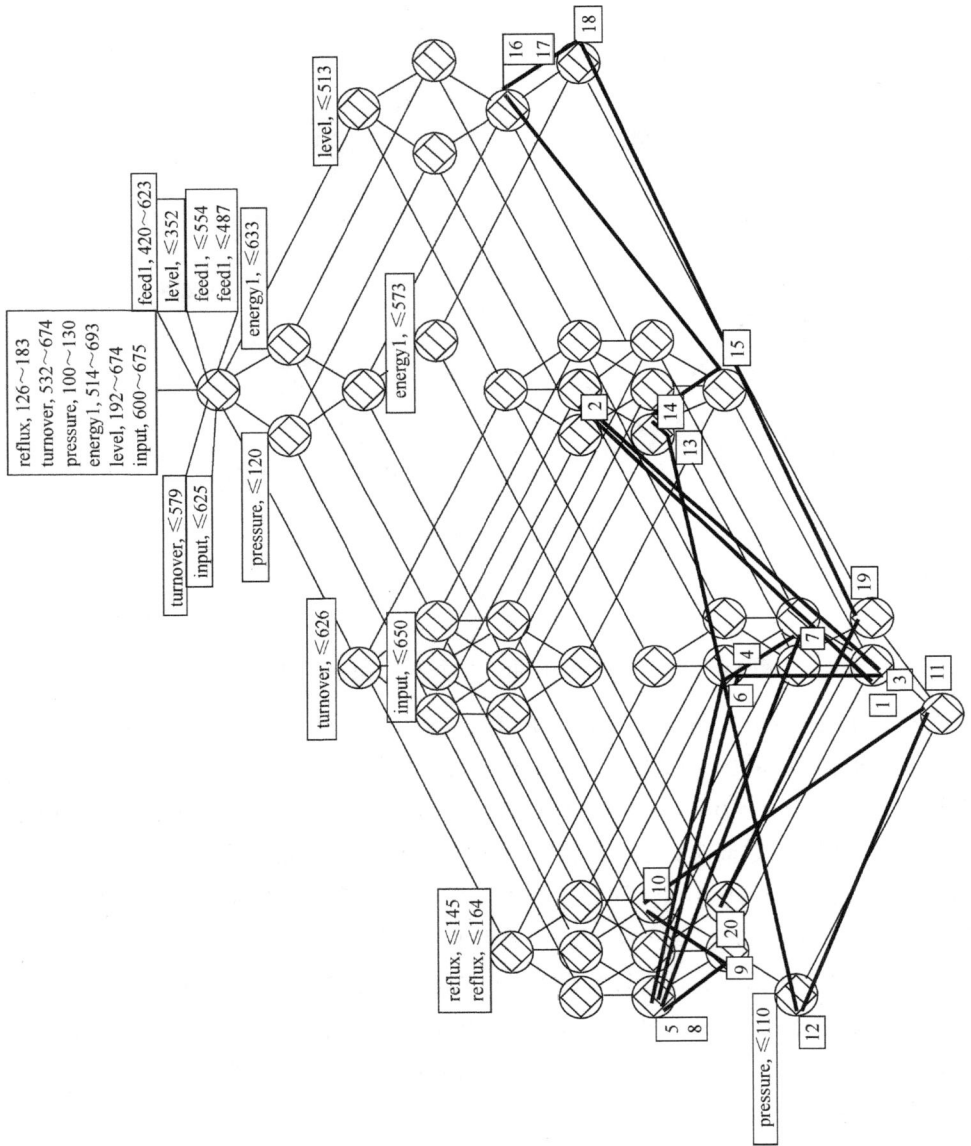

图 11.5　概念格中的轨迹，显示 7 个变量，每个变量在三概念链中扩展

在图 11.5 中，蒸馏塔的轨迹以嵌套线图展示，该图表示 7 个变量的派生上下文。每个变量都通过概念尺度进行扩展，这样该尺度的概念格就成为包含三个概念的一条链。例如，三个用于变量 pressure 的尺度属性≤110、≤120 和 100～130。在派生上下文中，相应的属性概念同样会形成一条链，即 μ(pressure，≤110)≤μ(pressure，≤120)≤μ(pressure, 100～130)。对于 reflux 和 feed，有两个属性是相等的，如图 11.5 所示。

在图 11.5 中，图 11.3 中的圆都变大了，并且填入了图 11.4 的概念格结构。在这种嵌套线图中，放大的圆及邻居之间的边构成了外部图，而每个大圆中的小圆则构成了内部图。外部图中展示了图 11.3 中的 15 个属性，图 11.4 的 6 个属性在内部图中，即外部图中顶部的圆。1～20 的对象标签用来描述状态，其表示在各自对应的对象概念中。对于每个状态（g），其内涵是外部内涵和内部内涵的结合。关于嵌套线图的更多信息，读者可参考文献[4]。

显然，需要经过培训才能阅读这样复杂的图表。但是，我们可以将这些图表用作"概念图"，这样一来，就可以理解在选定粒度下、多变量下蒸馏塔的行为。

11.5　讨　　论

11.5.1　适用范围

应用形式概念分析可产生两方面影响。一方面，工业产业、医药行业及其他行业的用户会对形式概念的普遍适用性感到惊讶，因为这与人们熟知的数字和向量空间中的代数及度量结构并不相同；另一方面，就是存在大量未知形式的概念格。因此，用户通常需要很长时间才能熟悉 FCA 的概念格结构。但是，接受了阅读和理解概念格的培训后，他们就会发现 FCA 的优势。他们知道数据是通过选择的尺度表示的，这样派生上下文的概念格就可以在指定粒度下无损地显示原始数据。他们同样也会发现自己的概念思维和 FCA 数学结构有着紧密的联系。

应用 TCA 有很大的优势，因为它可以提供一个与选定的粒度相关的、通用的、灵活的状态表示方法；同时还能提供一个清晰的处理多时态对象的方法，这方面未在本章进行讨论，因为本应用中仅有单个时态对象，即蒸馏塔。作者已经成功地将 TCA 应用于精神分析、医学、生物学及工业中。通过将状态的概念与显式时间表示及任意粒度的表示相结合，对自动机理论中状态的定义进行了概括。细粒度的连续实数也包含在 TCA 中，这提供了对物理学中粒子和波的清晰概念理解。

11.5.2　方法论

在人类交流中，自然语言是表达知识和处理知识的主要工具。关于这个世界的陈述都会用到概念。通常，针对特定目的，所应用概念的含义并不足够清晰。为了描述特定目的的概念含义，我们使用了语义扩展。FCA 中的主要方法工具是一种特殊的语义扩展，主要通过属性而非任意关系陈述来简单地描述概念。应用 FCA 通常会将实际的概念表示为概念尺度中的形式概念，概念尺度即用适当的粒度描述概念的含义。这些形式概念会在概念扩展中，通过派生上下文与给出的数据表关联起来，该上下文可通过概念格进行可视化。这种可视化可用于理解多维复杂数据。

11.5.3　技术

为了计算概念格并绘制线图，使用了以下程序：为了扩展时态数据，我们使用了 Cernato 程序，并且将扩展数据以 XML 格式导出至 Siena 程序——ToscanaJ Suite 的子程序；Siena 用来绘制线图；可以利用 Siena 的时态概念分析工具将时态对象的轨迹嵌入线图（或嵌套线图），生成转移图；可以使用程序 ToscanaJ（ToscanaJ Suite 的主程序）在巨大的概念系统中通过迭代放大感兴趣的概念进行搜索。更多信息，读者可参考文献[4]、[10]。可在 https://sourceforge.net/projects/toscanaj/files 下载 ToscanaJ。

11.5.4　经验

作者已经在许多工业及科学项目中应用了 FCA。在本章提到的化工公司中担任顾问期间，作者对 TCA 进行了初步开发。对于该项目的所有参与者，最成功的部分就是对单变量的概念尺度的共同开发。在本章中，我们关注顺序尺度，在此情况下单变量的概念格仅为一条链。我们在实际应用中也讨论了其他尺度，如两条"平行"链的双顺序尺度、以适当粒度表示间隔的区间尺度、表示相等与不等的名称尺度、表示扩展子集的布尔尺度及不同尺度的组合。可以生成二维、三维、四维的蒸馏塔轨迹，这些轨迹可以成功地帮助人们理解蒸馏塔的行为。在此之前，人们对蒸馏塔是有一些误解的，而本章中的图表让人们对蒸馏塔有了更好的理解。

在总结应用 FCA 及 TCA 的主要经验前，其他使用了 TCA 和 FCA 的项目也应被提及。第一个项目是一位年轻的女性厌食症患者和她的家庭在两年间的发展情况。参考文献[6]提到了该示例与 TCA 理论发展的第一部分。第二个项目是研究物理中"粒子"和"波"[5]的表示。还有一个医学和生物学中的项目，其研究了基因表达过程，并基于 6 位病人的基因数据[11]，将他们的行为在多维空间中可视化。在另一个项目中，对恋童癖罪犯进行谈话犯罪调查时，通过对时态关系语义系统数据进行可视化，为调查提供支持[12]。

11.6 建 议

11.6.1 FCA/TCA 的通用性

第一条建议（也是一个警告）：FCA 和 TCA 都是十分通用的数学理论，在许多场景中，不论是有限还是无限、离散还是连续、科学还是人文、工业领域还是公共领域，都能成功应用，效果甚优。自然语言建立的概念通常情况下可以表示为恰当构建的形式上下文的形式概念。通常使用统计学进行处理的应用可以轻松地用 FCA 或 TCA 进行处理，因为数字可以看作特殊的形式概念。想要应用 FCA 或 TCA 的人们，应该很乐意学习新的结构。

11.6.2 形式上下文的简单性与概念格的复杂性

初学者对 FCA 和 TCA 的第一印象就是其形式上下文结构的简单性，这种简单与形式上下文概念格的复杂性形成鲜明对比。除了阅读和理解线图外，实际上使用线图表示概念格需要一定经验。要设计合适的尺度并生成视图，还需要更多经验。因此，第二条建议就是：FCA/TCA 的初学者应该在项目开始之前联系 FCA/TCA 的专家。

11.6.3 FCA/TCA 程序方面的建议

FCA 的初学者需要首先使用程序 Concept Explorer 理解概念格。该程序主要包含一个上下文编辑器、一个用于生成（非嵌套）线图的绘图程序及交互式蕴含程序。要绘制出好的线图，需要使用 ToscanaJ Suite 中的 Siena。到目前为止，仅有一个程序可用于 TCA，即 Siena 中的 TCA 模块，其能够自动将时态系统中最多 10 个时态对象的轨迹根据特定概念尺度嵌入派生概念格的部分线图中。扩展在 Cernato 中完成，Cernato 是 NaviCon Decision Suite 中的一个程序。作者的建议是，初学者需要参加 FCA/TCA 的课程学习使用这些程序。更多建议可参考 http://ernstschroederzentrum.de 和 http://www.upriss.org.uk/fca/ fca.html。

11.7 结 论

FCA 和 TCA 提供了对数据的深入了解。在本章中，以 7 个变量表示的蒸馏塔及其行为作为示例，说明了 FCA 的主要思想。同样，还在一个非常简单的时态系统中展示了 TCA 的两个主要思想，即依赖于灵活粒度的状态和轨迹的概念。本章展示了 FCA/TCA 应用的可能性，并探讨了其在实际应用中的优势及难点。

参 考 文 献

[1]   Birkhoff G (1967) Lattice theory, 3rd edn. American Mathematical Society, Providence.

[2]   Barbut M, Monjardet B (1970) Ordre et classification. Algèbre et Combinatoire. 2 tomes. Hachette, Paris.

[3]   Wille R (1982) Restructuring lattice theory: an approach based on hierarchies of concepts. In: Rival I (ed) Ordered sets. Reidel, Dordrecht/Boston, pp 445-470. Reprinted in: Ferré S, Rudolph S (eds) Formal concept analysis. ICFCA 2009. LNAI 5548. Springer, Heidelberg, pp 314-339(2009).

[4]   Ganter B, Wille R (1999) Formal concept analysis: mathematical foundations. Springer, Heidelberg. German version: Springer, Heidelberg (1996).

[5]   Wolff KE (2004) 'Particles' and 'waves' as understood by temporal concept analysis. In: Wolff KE, Pfeiffer HD, Delugach HS (eds) Conceptual structures at work. LNAI 3127. Springer, Heidelberg, pp 126-141.

[6]   Wolff KE (2005) States, transitions, and life tracks in temporal concept analysis. In: Ganter B, Stumme G, Wille R (eds) Formal concept analysis-state of the art. LNAI 3626. Springer, Heidelberg, pp 127-148.

[7]   Wolff KE (2007) Basic notions in temporal conceptual semantic systems. In: Gély A, Kuznetsov SO, Nourine L, Schmidt SE (eds) Contributions to ICFCA 2007, Clermont-Ferrand, Laboratoire LIMOS, Université Blaise Pascal, Aubière CEDEX, pp 97-120.

[8]   Wolff KE (2010) Temporal relational semantic systems. In: Croitoru M, Ferré S, Lukose D (eds) Conceptual structures: from information to intelligence. ICCS 2010. LNAI 6208. Springer, Heidelberg, pp 165-180.

[9]   Wolff KE (2011) Applications of temporal conceptual semantic systems. In: Wolff KE et al (eds) Knowledge processing and data analysis. LNAI 6581. Springer, Heidelberg, pp 59-78.

[10]   Becker P, Hereth Correia J (2005) The ToscanaJ suite for implementing conceptual information systems. In: Ganter B, Stumme G, Wille R (eds) Formal concept analysis. LNAI 3626. Springer, Heidelberg, pp 324-348.

[11]   Wollbold J, Wolff KE, Huber R, Kinne R (2011) Conceptual representation of Gene expression processes. In: Wolff KE et al (eds) Knowledge processing and data analysis. LNAI 6581. Springer, Heidelberg, pp 79-100.

[12]   Elzinga P, Wolff KE, Poelmans J, Dedene G, Viaene S (2012) Analyzing chat conversations of pedophiles with temporal relational semantic systems. In: Domenach F, Ignatov D, Poelmans J (eds) Formal concept analysis. Contributions to the 10th international conference on formal concept analysis (ICFCA 2012). Leuven, Belgium, pp 82-101.

第12章

智能工厂中的上下文感知文档

本章要点

1）在工厂环境中，为故障情况和维护情况下的机器快速识别适当的技术文档非常重要。

2）智能工厂是越来越多的自组织机械和自适应机械的生产环境的愿景。在智能工厂中，为故障和维护情况识别适当的技术文档变得更加重要。

3）为了确定适当的文档，需要考虑故障或维护情况中的语义上下文，而语义上下文需要从底层机器数据中进行提取和推断。

4）ProDok 4.0 应用在两个用例中为故障和维护情况识别适当的文档：机器人应用程序的开发和工业检测机器的维护。

12.1 简 介

在每个工厂环境中都可能出现故障和维护情况，我们必须快速而准确地进行处理。在大多数情况下，经验丰富且技术娴熟的维护和维修专家知道必须采取的措施。但是，工厂越大，情况越复杂，故障情况越具体，就越需要查阅技术文档，甚至是专家也需要查阅，更不用说那些依赖准确易用的技术文档且技能水平较低的工人了。如何在故障或维护情况下快速轻松地识别适当的技术文档呢？

技术文档告诉用户如何安全地操作机器，以及故障情况、维护程序和正确的处理方法。地区不同，有关技术文档的规定也各不相同。在欧盟内部，必须根据欧洲议会和理事会关于机械的指令 2006/42/EC 向客户提供技术文档[1]，如用户手册、安装和装配说明及维护手册。ANNEX I 第 1.7 章"与机械设计和建造有关的基本健康和安全要求"，涉及机器相关的信息和警告，以及与机器连接的信息设备。此外，还规定了"控制机器所需的信息必须以明确且易于理解的形式提供，且信息不得过度增加操作员的负担。操作员和机器之间的视觉显示单元，或者任何其他交互式通信方式，必须易于理解和使用"[1]。

然而，在给定的故障或维护情况下，先识别问题再搜索适当的技术文档是很困难的，并且这需要的不仅仅是全文搜索。在面对故障时，技术娴熟、经验丰富的专家会怎么做呢？专家会根据观察到的症状分析情况，利用观察结果，再根据经验对故障原因做出假设，并且通常知道如何解决问题。

不太熟练的工人可以使用语义软件应用程序执行上述步骤。为此，应用程序需要提取底层机器数据，以推断语义上下文信息（症状），将症状与原因和解决方案进行语义连接，并以易用的方式向用户提供适当的解决方案。

本章将描述这样一个语义应用程序：其可在工厂中在给定的故障或维护情况下识别适当的技术文档。我们将该应用程序称为 ProDok 4.0，并通过机器人应用程序开发和工业检测机器的维护两个用例来演示其用法。尽管两个用例有很大差异，但是底层语义应用具有通用的软件架构。

12.2　用例1：机器人应用程序开发

KUKA LBR iiwa 等先进的机器人广泛应用于各领域。实现机器人灵活性的关键特性，是对外力和扭矩的感知能力，从而对用户触摸交互及与环境的物理接触或碰撞做出反应。测量外力和扭矩的能力允许我们开发受力控制的机器人的应用，而不需要学习精确的位置。例如，一个应用程序可以将末端执行器移动到一个表面，直到它检测到物理接触，然后沿着表面移动，同时不断施加一定的力。这允许开发敏感的连接或孔内插入应用程序，而无须知道表面、孔、待连接部件的精确位置，同时精度可达到与人工控制的精度一样高。

在开发机器人应用程序时，这些新特性会增加复杂性。这是因为除了正确和更全面地配置机器人、末端执行器、工件等外，还需要掌握外力/扭矩测量和相应的条件应用控制机制。ProDok 4.0 应用与机器配置、状态及开发人员知识水平相匹配，可以使工作人员轻松访问有关故障情况的有用文档，从而支持机器人应用程序的开发过程。

12.3　用例2：工业检测机器的维护

玻璃生产中可能会出现缺陷。利用计算机视觉技术，玻璃检测机可以检测这些缺陷,并对材料质量进行评定[2]。玻璃检测机由摄像机、照明灯和带有检测软件的服务器组成[3]。图 12.1 显示了一个典型的玻璃检测机的设置。

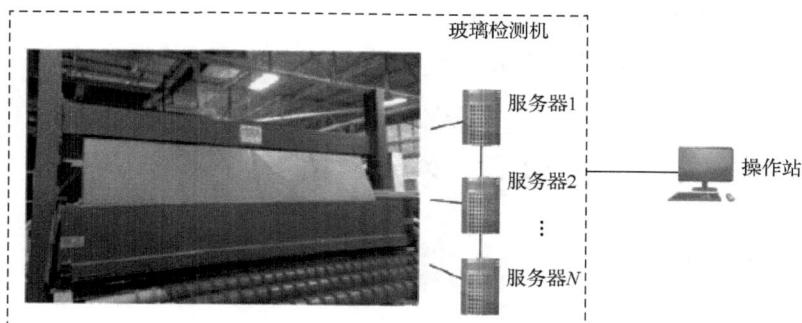

图 12.1　玻璃检测机的设置

设置中的每个组件,包括组件的互连,以及软件和硬件级别都有可能发生故障。玻璃检测机的故障可能会导致有些玻璃未被检查,或无法保证玻璃的质量,从而影响工厂的产量。按照如今对玻璃产品的质量要求,只有通过质量检验的玻璃才能销售给客户。

玻璃检测机的常见故障有摄像机故障、网络故障、照明灯故障及外部系统参数配置错误。机器本身可以检测并报告已知问题。通常情况下,机器本身无法解决这些问题,如由于电缆的物理损坏而导致与另一个节点的通信信号丢失。

不明显或者以前未知的问题可能会导致缺陷检测中的行为发生改变(过度检测或检测不足)。通常,如果将系统在运行时生成的分布式信息作为一个整体来考虑,就可以发现这类问题的线索。我们的方法旨在基于运行时信息中的各种指标来检测玻璃检测机中的故障。在识别出故障后,系统应该说明其原因,如果可能,还应提出解决问题的方法。

12.4　需　　求

通过对智能工厂设备制造商的人员(机器人应用开发人员、检测机器支持工程师)进行专家访谈,我们收集到以下需求[4]:

1)智能工厂发生机器故障时,应该能使工作人员快速且轻松地解决问题。

2)应该提供适当的技术文档,说明机器故障的原因和解决方案。

3)所提供的技术文档应与发生故障的机器的上下文匹配。

4)一旦机器发生故障,应该立即通知用户,并自动提供技术文档。

5）支持智能工厂的工作流程设备应该被支持，如台式电脑、平板电脑、智能手机、智能手表等。

6）用户界面的可用性应该较高。

7）与用户的交互应快速完成，不能影响工作人员的工作流程。

12.5 体系架构

12.5.1 信息架构

我们用前面概述的机器人用例解释交互概念。当机器人在手动引导过程中停止时，会向用户发出警告。该警告会被推送到匹配的设备上，如开发工作站、平板电脑，甚至是智能手表。警告会显示机器故障的症状，即"关节：机器人已停止"（Joint: Robot has stopped）。图 12.2 显示了开发工作站上仪表板（dashboard）视图的屏幕截图。

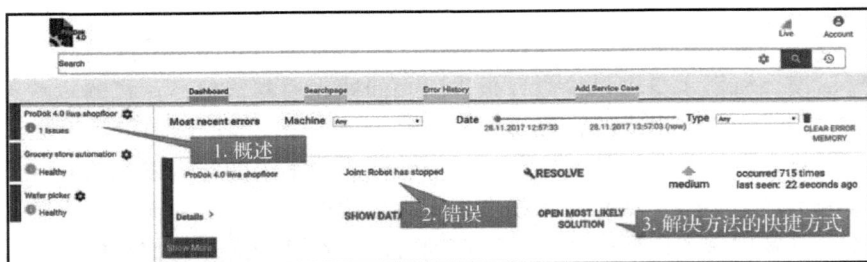

图 12.2　仪表板视图（改编自参考文献[4]）

屏幕设计的重要一点是信息表示的清晰度，需要遵循 ISO 标准 9241-110:2006[5]和 9241-210:2010[6]。此应用采用以用户为中心的设计方法，包括与终端用户紧密联系，协作定义需求，并对中间原型进行迭代测试[7]。

仪表板组件实现了使用序列的交互设计模式，该模式遵循语义相关对象[8]的空间对齐的心理模型。将可以共享语义关系的元素分为一组，交互设计为主要任务提供后续的交互步骤。

仪表板极为重要的两部分组件如下：

1）所有连接设备的概述功能列表（图 12.2，标记 1）。

2）包含所有连接设备的最近故障的表格。表格中的每一列显示故障的症状，以及解决方法的快捷方式，如 Joint: Robot has stopped（图 12.2，标记 2，"关节：

机器人已停止")和相应的导航组件，OPEN MOST LIKELY SOLUTION（图 12.2，标记 3，"打开最有可能的解决方案"），降低了用户寻找解决方案的成本。

通过单次交互，即单击 OPEN MOST LIKELY SOLUTION（图 12.2，标记 3），仪表板可向用户提供最有可能解决该机器故障的解决方案。

解决方案视图（图 12.3）的概念思想如下。

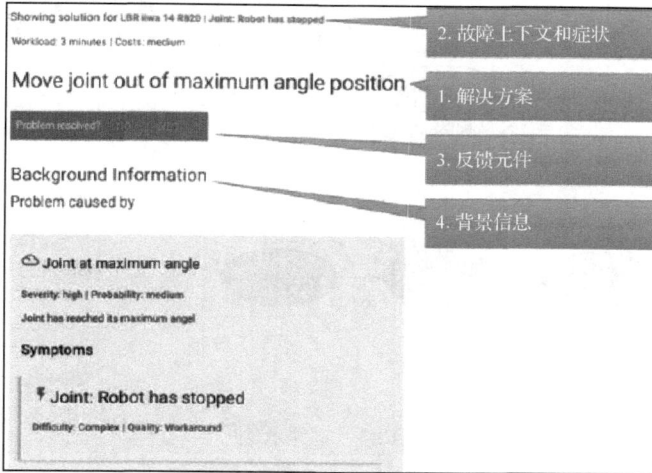

图 12.3　解决方案视图（改编自参考文献[4]）

1）提出机器故障的解决方案，如解决方案的文本 Move joint out of maximum angle position（图 12.3，标记 1，将关节移出最大角度位置）。

2）为用户提供关于故障上下文和症状的快速视图，如 LBR iiwa 14 R820 | Joint: Robot has stopped（图 12.3，标记 2）。

3）收集用户对解决方案的反馈，如 Problem resolved?（图 12.3，标记 3，"问题解决了吗？"）。

4）向用户展示解决方案的背景信息，并将故障的上下文与故障相匹配，如原因和症状（图 12.3，标记 4）。

5）如果存在多个原因（这里只确定了一个原因：Joint at maximum angle），则将其他解决方案按可能性递减排序，排在解决方案视图中可能性最大的解决方案之后。

12.5.2　本体

本体可以指定概念及其关系。本体的一个目的是在不同的领域[9]之间架起术语的桥梁。在本例中，源自机器的事件数据和机器数据被连接到技术文档中。通过查询本体，可以检索症状、原因和解决方案（symptom, cause, solution, SCS），对产品和故障数据进行匹配。有关概念和抽象语法[10]的 W3C 推荐标准的示例，请参见图 12.4。

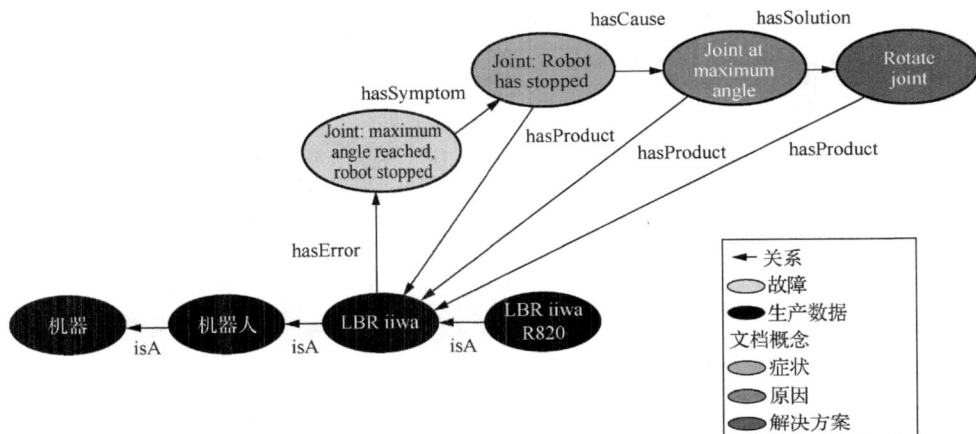

图 12.4 本体示例[1]

在本体内部，我们对不同的概念进行建模。

1）产品和故障的层次结构，二者相互关联。例如，"LBR iiwa R820" "isA" "LBR iiwa"（LBR iiwa R820 是一个 LBR iiwa）；"LBR iiwa" "has Error" "Joint: maximum angle reached, robot stopped"（LBR iiwa 发生故障关节：已达最大角度，机器人已停止）。

2）技术文档分为症状、原因和解决办法。例如，"Joint: maximum angle reached, robot stopped"（关节：到达最大角度，机器人停止）"hasSymptom"（有症状）"Joint: Robot has stopped"（关节：机器人已停止）；"Joint: Robot has stopped" "hasCause" "Joint at maximum angle"（关节：机器人已停止；原因：以最大角度结合）；"Joint at maximum angle" "hasSolution" "Rotate joint"（关节达最大角度，解决方案，旋转关节）。

以上均通过"hasProduct"连接到"LBR iiwa"。

本体支持对诸如"isA"之类的传递关系进行建模。"LBR iiwa R820"与任何故障、症状、原因或解决方案没有直接关系。然而，由于"isA"与"LBR iiwar"的关系，因此可以推断出其与相应的故障、症状、原因和解决方案之间的关系。

此外，图 12.4 所示的概念和关系可能还具有附加属性。例如，解决方案可能还具有一个属性，该属性包含解决方案应用的详细描述。SCS 的附加属性可能包含有关目标用户组的信息。

12.5.3　软件架构

软件的体系架构如图 12.5 所示，为 UML 类图。其包含三层[11]：表示层（presentation layer）、逻辑层（logic layer）和数据层（data layer），每一层包含不同的模块。图 12.5 描述了各个模块的用途。

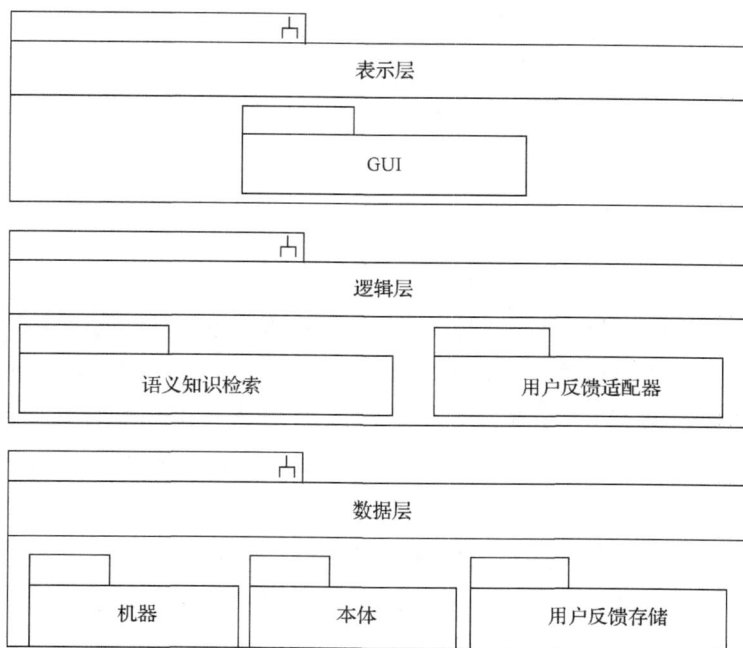

图 12.5　软件的体系架构[4]

1）表示层，包含用作用户入口的图形用户界面。

2）逻辑层，包含两个模块：①语义知识检索（semantic knowledge retrieval），用于提供准确匹配的文档；②用户反馈适配器（user feedback adapter），用于处理用户反馈。

3）数据层，包含三个模块：①机器（machine），发送事件和上下文信息；②本体（ontology），包含产品和故障的层次结构，二者相互关联，以及模块化的技术文档；③用户反馈存储（user feedback store），包含收集到的用户反馈。

图 12.6 以 UML 序列图的形式提供了组件之间通信的内部视图。

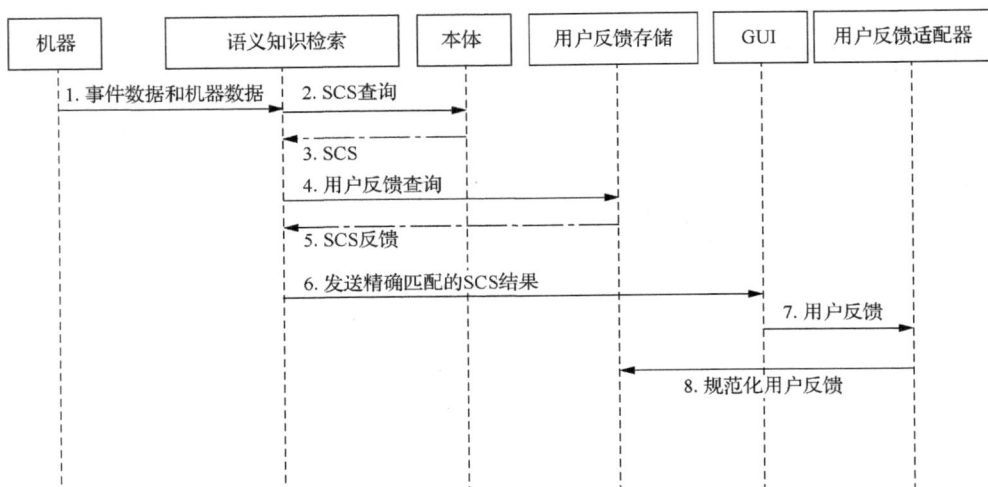

图 12.6　组件间通信[4]

步骤 1：当发生故障时，机器将事件数据和机器数据发送到"语义知识检索"模块。事件数据详细描述了机器的故障，如在 13:45:17 时 Joint 3 maximum angle reached, robot stopped（关节 3 到达最大角度，机器人停止），机器数据包含上下文信息，如带有制造商和类型（如 KUKA 及 LBR iiwa 14 R820）的机器人数字标识牌。

步骤 2、3：结合机器数据查询事件数据，从本体中检索模块化技术文档。模块化技术文档由症状、原因和解决方案（SCS）的文档片段组成。

步骤 4、5：针对先前检索的每个 SCS 查询用户的反馈。

步骤 6：将与机器事件和人员偏好完全匹配的技术文档发送到 GUI 组件。

步骤 7、8：当 GUI 发送用户反馈时，其被规范化并保存起来。

12.6　从原始数据到语义上下文

在某些情况下，机器的故障并不像上述示例那么明显。在上例中，机器会发送一个故障信息，如 Joint 3 maximum angle reached, robot stopped。以检测机器的两个部件之间的通信故障为例,这种故障只能通过观察定期消息在一段时间的异常丢失来检测。

在这种情况下,就需要在语义上丰富原始数据,从而获得语义上下文。我们将从原始数据到语义上下文的过程称为语义融合过程(semantic fusion process, SFP)。图 12.7 以 BPMN 图的形式来展示 SFP 过程。接下来,我们以玻璃生产的"工业检测机器的维护"为用例,来解释什么是 SFP。

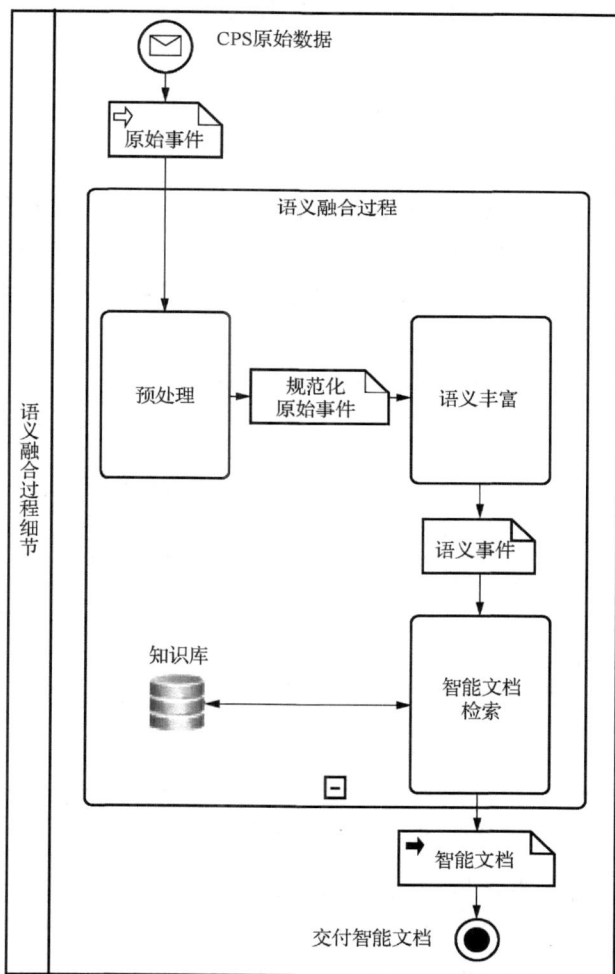

图 12.7 语义融合过程(改编自参考文献[12])

玻璃检测机内部的任何状态变化、异常、传感器数据及组件（软件或硬件组件）之间的通信都保存在日志文件中。日志文件中的每一行都对应一个日志事件（原始事件）。原始事件是 SFP 的入站数据。在数据流中收集多个日志事件，并将这些日志事件实时传送到流程中。

语义融合过程包括三个步骤：①预处理步骤，将不同格式的日志事件规范化，统一为已定义的模式；②语义丰富步骤，使用分析方法对规范化的原始事件进行细化，生成语义事件；③智能文档检索步骤，这些语义事件支持对知识库进行细粒度查询，从而生成智能文档的组合。

12.6.1 预处理

为了支持来自不同软硬件模块的不同编码和不同格式的多个日志事件，需要一个预处理步骤。在输入数据上实现参考文献[13]的思想，使用定义的模式对日志事件进行规范化，从而将 SFP 与入站数据的格式解耦。图 12.8 显示了示例事件 GlassBreakBegin 的预处理步骤。

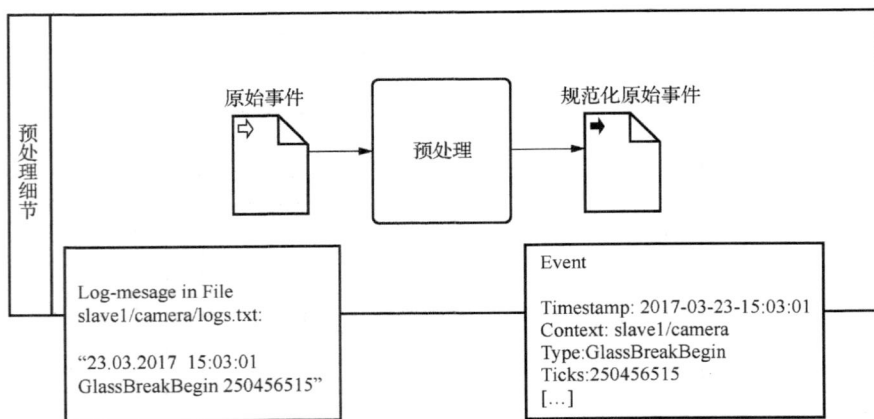

图 12.8　GlassBreakBegin[12]事件的预处理

GlassBreakBegin 表示检测到玻璃层内的破裂。玻璃检测机以格式化的日志消息形式进行报告，如图 12.8 所示。每个事件都具有一般属性，如时间戳（Timestamp）、上下文（Context）和类型（Type）。"时间戳"属性指示故障发生的时间；"上下文"属性反映机器内的来源，如 slave1 上"/slave1/camera"的相机事件；"类型"属性对事件进行分类，本例中是 GlassBreakBegin。此外，事件可能具有特定的事件属性，如空转（传送带位置）。对原始事件的格式化日志信息进行解析，并将提取的数据存储在规范化的原始事件对象中。

12.6.2　语义丰富

单独的规范化的原始事件可能不足以识别机器故障。因此，在语义丰富过程中对规范化的日志事件进行语义提升。图 12.9 显示了包含四个子过程的语义丰富过程。规范化的原始事件是语义丰富过程的输入数据，该过程可以应用过滤、模板匹配、值渐进分析和时间渐进分析来生成语义事件。

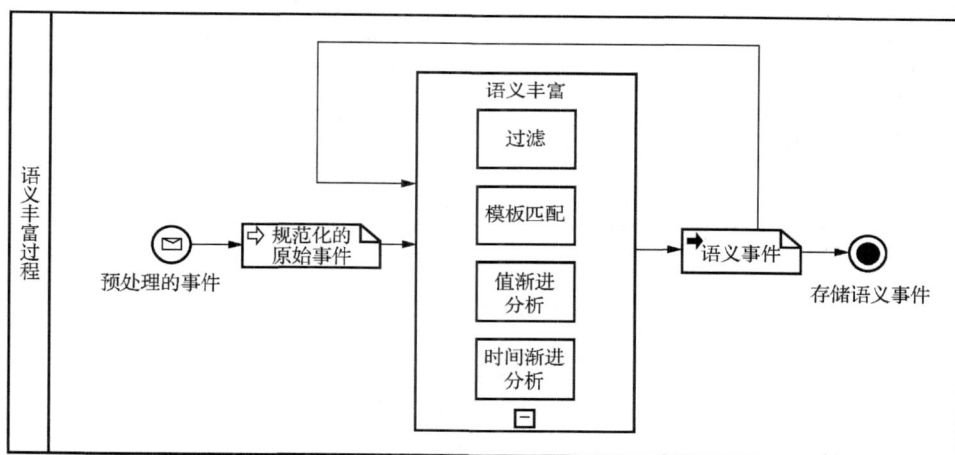

图 12.9　语义丰富过程[12]

此外，可以将语义事件用作语义丰富的输入数据。对于入站语义事件，系统可以生成更高层的语义事件。

图 12.10 显示了规范化事件流（event stream）上的过滤操作（filtering operation），此处过滤的是 GlassBreak 事件。

图 12.10 左侧展示的是未过滤的数据流，其包含多个规范化事件；右侧只展示过滤后的事件。对于过滤操作，我们使用与通用复杂事件处理（complex event processing, CEP）语言类似的伪代码，CEP 语言是在 Apache Flink 等 CEP 工具中使用的语言。

图 12.11 显示了模板匹配过程的示例，标识了相应的 GlassBreakBegin 和 GlassBreakEnd 事件。

伪代码指定了一种模板，这种模板在数据流中检测 GlassBreakBegin 事件之后紧接着 GlassBreakEnd 的模式。识别的每个模板都可用于生成语义 GlassBreakDetected 事件。

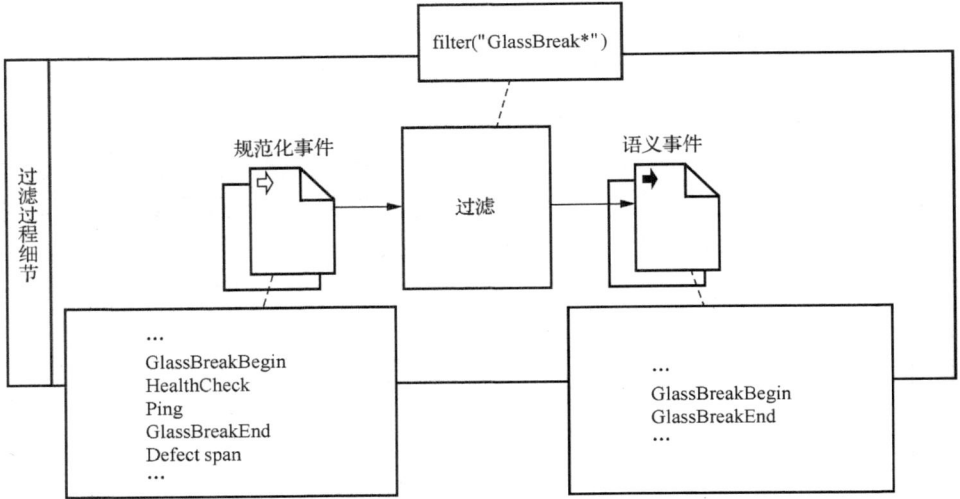

图 12.10 过滤过程的示例[12]

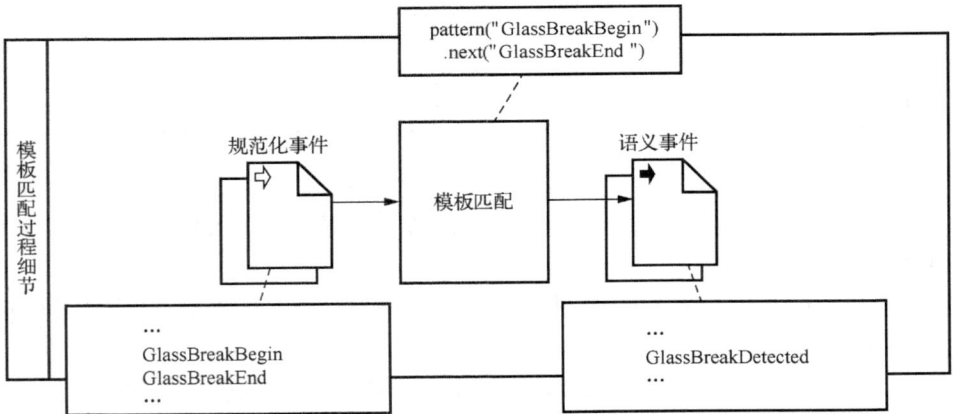

图 12.11 模板匹配过程的示例[12]

图 12.12 显示了一个用于生成语义 SpeedChanged 事件的值渐进分析过程的示例。由于玻璃生产过程的多样性，检测的速度可能有所不同。速度变化可能会影响缺陷检测，因此速度变化是重要的语义信息。

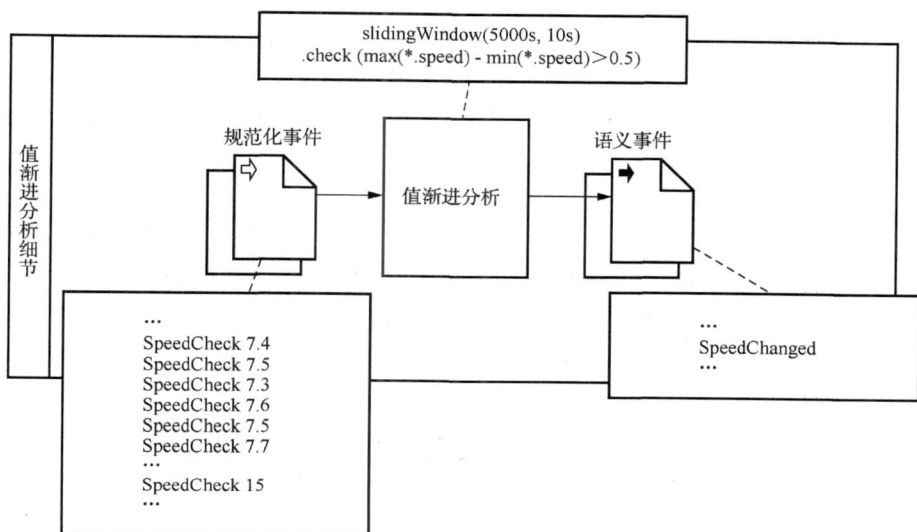

图 12.12　值渐进分析过程的示例[12]

　　每个 SpeedCheck 事件都会提供传送带速度的快照。实现值渐进分析的伪代码使用了大小为 5000s、重叠时间为 10s 的滑动时间窗口。对于每个时间窗口，都需要检查速度差是否超过阈值（此处为 0.5）。在这种情况下，将生成一个新的语义事件 SpeedChanged。

　　图 12.13 以 SignalLost 事件为例，对时间渐进分析做出了说明。SignalLost 事件表示连接失败，如照相机和服务器之间的连接失败。

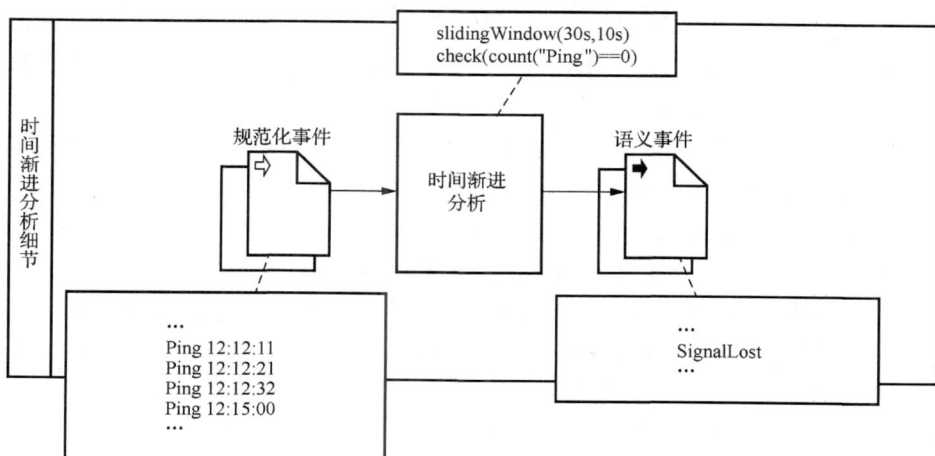

图 12.13　时间渐进分析的示例[12]

玻璃检测机内的每一个组件都会定期发送 Ping 事件。如果 30s 内没有 Ping 事件发生，则视为信号丢失。图 12.13 所示的伪代码使用了大小为 30s、重叠时间为 10s 的滑动时间窗口。如果在时间窗口内没有发生 Ping 事件，那么将生成 SignalLost 事件。

如图 12.9 所示，由语义丰富过程生成的语义事件可以用作其他语义丰富过程的输入。因此，可以建立一系列连续的语义丰富过程。例如，较高的传送带速度通常意味着玻璃层变薄。随着玻璃厚度的增加，缺陷的性质也会改变，并且在不同厚度之间过渡时，也可能会产生许多缺陷。然后，利用上面介绍的 SpeedChanged 语义事件生成 ThicknessChanged 事件。

12.7 从语义上下文到适当的文档

技术文档存储在知识库中，技术说明以智能文档的形式提供，智能文档是模块化的，包含症状、原因和解决方案。这种结构形成了知识库的模式，我们称之为症状/原因/解决方案模型（symptom/cause/solution model, SCS）。

症状是视觉、物理或非物理（软件相关）的任何形式的异常行为[14]。其原因可以是症状的起源，一个原因可以与多个症状相关联，而症状也可以有多个原因。此外，一个解决方案覆盖一个或多个原因，一个原因可以由多个解决方案来解决。除此之外，每个解决方案都可以有一个定义解决方案范围的语义上下文，如服务器或摄像机（图 12.14）。

通过这种模块化结构，根据语义事件的语义上下文，可以给出由症状、原因和解决方案组成的智能文档。智能文档是 SFP 的最终输出，它是针对特定机器问题的、在语义上相互关联的语义事件和文档。

例如，之前生成的 SignalLost 语义事件可以映射到 Signal lost 症状，并且知识库内的 Signal lost 症状具有 Node failure 原因，以及两个不同的解决方案。

图 12.15 显示了智能文档检索流程，包括语义症状匹配（semantic symptom matching）流程及排序和过滤（ranking and filtering）流程。

在语义症状匹配流程中进行知识库查询，如查询匹配事件（matchingEvent）属性，从而确定正确的症状。多种症状可以有相同的 matchingEvent，如 SignalLost 事件。为了提供合适的智能文档，使用语义上下文对症状进行过滤。可以根据过滤后的原因和解决方案进行排序。例如，"症状-原因-解决方案"三元组在过去出现的频率可以用作排序的标准。

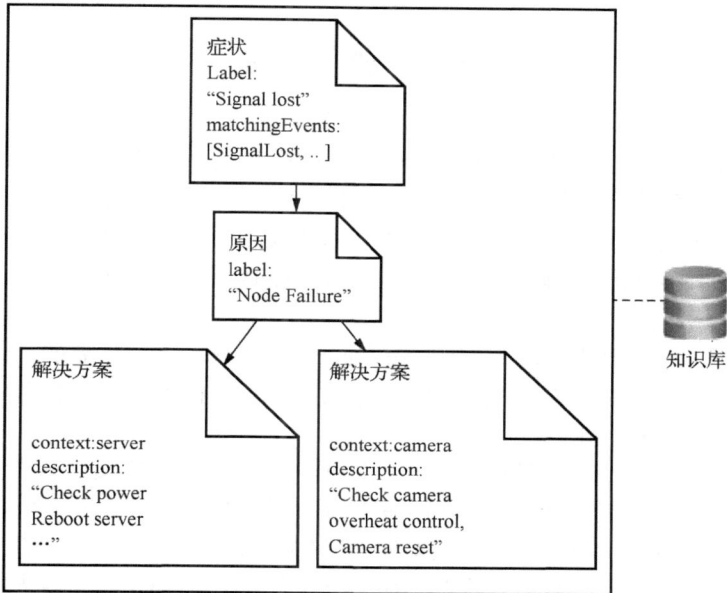

图 12.14 示例数据的 SCS 模型[12]

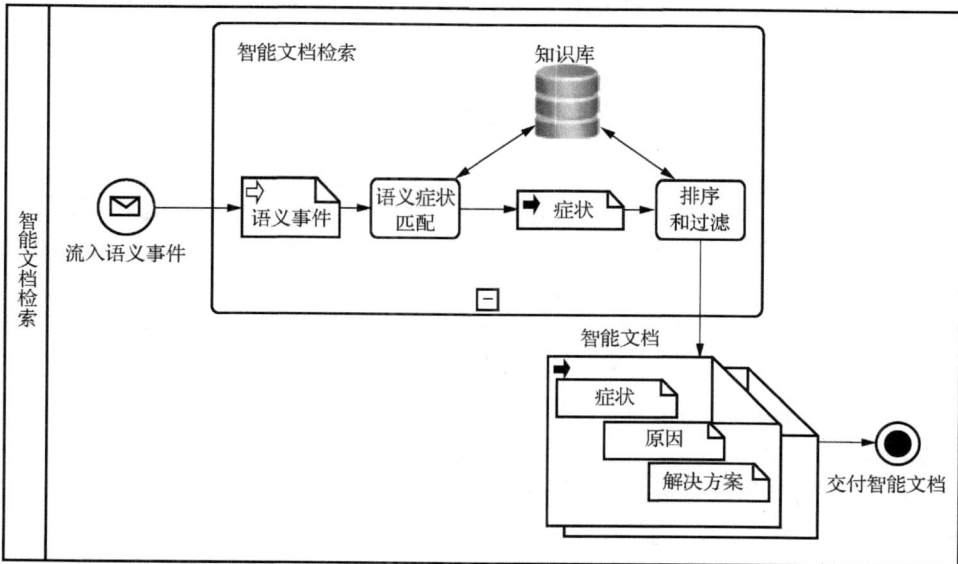

图 12.15 智能文档检索流程[12]

12.8 建 议

我们已经成功地实现了一个在智能工厂中提供上下文相关文档的应用程序。我们总结了两个用例实现和应用的主要经验，并提出以下建议。

1）使用通用的数据格式和（简单的）本体对机器的原始数据进行规范化。

2）诸如 Apache Kafka 之类的队列技术成熟且可扩展，适合在机器之间进行事件通信。

3）复杂事件处理技术，如 Apache Flink，是成熟的、可扩展的，适合对机器的原始数据进行语义丰富。其提供的功能包括过滤、模板匹配、机器学习、值渐进分析和时间渐进分析。

4）将技术文档与机器数据进行自动匹配时，需要模块化文档。我们建议将症状、原因和解决方案分开处理。本体将机器与事件及事件与技术文档相链接。

5）在开发自定义本体之前，需要首先查看已有本体。这些本体包括产品的层次结构和领域词汇表，如 eCl@ss 产品和服务分类[15]、IEEE 标准的机器人和自动化本体[16]、IEEE 建议的上层合并本体（suggested upper merged ontology，SUMO）[17]等。

6）应该强调语义应用的可用性和用户体验，从而提高用户的接受度。

12.9 结论与展望

智能工厂中的文档是一个热门话题。在 ProDok 4.0 项目中，我们定期邀请一个业界委员会来讨论我们的解决方案在其他公司用例中的适用性。人们对该话题的极大兴趣让我们感到惊讶。许多公司，特别是在制造业，面临在故障和维护情况下如何找到适当文档的挑战。基于当前机器上下文在语义上选择适当文档的解决方案，已证明对业界委员会成员极具吸引力。

这项工作的未来方向在哪里？我们从激烈的讨论中提炼出对未来工作的以下几点建议。

1）针对用户的信息传递：上下文感知还可以将用户的技能水平和角色考虑进来，从而提供更合适的文档。

2）移动文档：这需要使用移动设备，或者更合适的 Google Glass 等增强现实设备。在这些情况下，可能需要语音控制等其他的用户交互机制。

3）预测性维护：总的来说，避免故障比修复故障要好得多。对于某些情况，我们的解决方案可以扩展为根据常见模式预测故障和维护情况，并在发生问题之前通知用户。

4）可执行解决方案：智能工厂中机器的连通性不仅允许检索上下文以选择适当的文档，还允许执行操作。因此，可以为用户提供一个附加选项 automatically apply solution in certain situations（在某些情况下自动应用解决方案）。语义应用的确可以发挥有效作用。

参 考 文 献

[1]　EPC (2006) Directive 2006/42/EC of the European Parliament and of the Council of 17 May 2006 on machinery, amending Directive 95/16/EC (recast). Off J Eur Union [online]. Available at: http://eur-lex.europa.eu/legal-content/EN/TXT/?uri=uriserv:OJ.L_.2006.157.01.0024.01.ENG&toc=OJ:L:2006:157:TOC. Accessed 21 Sept 2017.

[2]　Beyerer J, León FP, Frese C (2016) Automatische Sichtprüfung: Grundlagen, Methoden und Praxis der Bildgewinnung und Bildauswertung. Springer, Berlin.

[3]　ISRA VISION AG (2015) The NEW Standard In Float Glass Inspection FLOATSCAN-5D Product Line, ISRA VISION AG [online]. Available at: http://www.isravision.com/media/public/prospekte2013/Brochure_Floatscan_5D_Product_Line_2013-05_EN_low.pdf. Accessed 13 June 2017.

[4]　Beez U, Bock J, Deuschel T, Humm BG, Kaupp L, Schumann F (2017) Context-aware documentation in the smart factory. In: Proceedings of the collaborative European research conference (CERC 2017), Karlsruhe.

[5]　ISO (2006) DIN ISO 9241-110:2006: 'DIN EN ISO 9241-110 Ergonomie der Mensch-System-Interaktion-Teil 110: Grundsätze der Dialoggestaltung (ISO 9241-110:2006)'. Deutsche Fassung EN ISO 9241-110:2006: Perinorm [Online]. Available at http://perinorm-s.redi-bw.de/volltexte/CD21DE04/1464024/1464024.pdf. Accessed 28 June 2013.

[6]　ISO (2010) DIN ISO 9241-210:2010: 'Ergonomie der Mensch-System-Interaktion-Teil 210: Prozess zur Gestaltung gebrauchstauglicher interaktiver Systeme' [Online]. Available at http://perinorm-s.redi-bw.de/volltexte/CD21DE05/1728173/1728173.pdf. Accessed 29 Oct 2014.

[7]　Garrett JJ (2011) The elements of user experience: user-centered design for the web and beyond, 2nd edn. New Riders, Berkeley.

[8]　Koffka K (2014) Principles of gestalt psychology. Mimesis Edizioni, Milan.

[9]　Busse J, Humm B, Lubbert C, Moelter F, Reibold A, Rewald M, Schluter V, Seiler B, Tegtmeier E, Zeh T (2015) Actually, what does "ontology" mean?: a term coined by philosophy in the light of different scientific disciplines. J Comput Inf Technol 23(1):29. https://doi.org/10.2498/cit.1002508.

[10]　W3C (2014) RDF: '1.1 Concepts and Abstract Syntax' [Online]. Available at https://www.w3.org/TR/rdf11-concepts/. Accessed 16 June 2017.

[11]　Starke G (2015) Effektive Software-Architekturen: Ein praktischer Leitfaden, 7th edn. Hanser, München. https://doi.org/10.3139/9783446444065.

[12]　Kaupp L, Beez U, Humm BG, Hülsmann J (2017) From raw data to smart documentation: introducing a semantic fusion process. In: Proceedings of the collaborative European research conference (CERC 2017), Karlsruhe.

[13] Nuñez DL, Borsato M (2017) An Ontology-based model for prognostics and health management of machines. J Ind Inform Integr [online]. Available at: http://www.sciencedirect.com/science/article/pii/S2452414X16300814?via%3Dihub. Accessed 21 Sept 2017.

[14] Hornung R, Urbanek H, Klodmann J, Osendorfer C, van der Smagt P (2014) Model-free robot anomaly detection. In: 2014 IEEE/RSJ International conference on intelligent robots and systems, pp 3676-3683. https://doi.org/10.1109/IROS.2014.6943078.

[15] eCl@ss (2017) Introduction to the eCl@ss standard [online]. Available at: https://www.eclass. eu/en/standard/introduction.html. Accessed 21 Sept 2017.

[16] IEEE (2015) 1872-2015 IEEE Standard ontologies for robotics and automation. IEEE Robot Autom Society [Online]. Availabe at https://standards.ieee.org/findstds/standard/1872-2015. html. Accessed 25 Sept 2017.

[17] IEEE, Adam Pease (2017) Suggested upper merged ontology (SUMO) [Online]. Available at http://www. adampease.org/OP/. Accessed 25 Sept 2017.

第 13 章

基于知识的工业 4.0 生产计划

本章要点

1) 新产品制造流程的生产计划分多个步骤进行，这些步骤通常在不同的地点、由不同的公司执行，并且可能分布在世界各地，同时整个过程必须能够快速适应变化的环境。

2) 当不同公司共同执行联合生产计划时，它们会交换诸如零件生产计划，即在不同的分布式（计划）子系统之间交换制造信息。

3) 最先进的生产计划必须是动态的、快速的、去中心化的，并且始终在任何地方都是可用的。

4) 产品的联合生产计划需要基于云的、协作的、共同创造的、同时自适应的生产流程计划方法。

5) 语义方法可以支持协同自适应（生产）流程计划，从而以灵活有效的方式进行知识表示和管理，以及知识共享、访问和重用。

6) 将生产知识的语义表示集成为机器可读的形式化流程，是在基于云的知识库中分享这些知识的关键因素。

13.1 简介及动机

无论是现在的数字生产环境还是未来的工业 4.0 时代，新产品的生产计划和制造都会分多个步骤进行，通常在不同地点，可能分布在世界各处。在此应用背景下，可以通过语义产品数据管理方法为协同自适应（生产）流程计划（collaborative adaptive (production) process planning，CAPP）[1]提供支持，从而灵活有效地实现生产知识的表示和管理，以及知识共享、访问和重用。为了支持 CAPP 应用场景，将生产知识的语义表示集成为机器可读的形式化流程，是在基于云的知识库中分享这些知识源的关键因素。下面介绍一种支持将知识的语义表示集成为机器可读的形式化流程的方法，并且介绍相应的原型概念验证（proof-of-concept，PoC）实现，称为基于知识的生产计划（knowledge-based production planning，KPP）。

例如，当中小企业（small and medium enterprises，SME）为联合产品共同进行生产计划时，它们会在不同的分布式计划子系统间交换零件生产计划和制造信息。此计划可以在一个组织内进行，也可以跨组织和生产领域进行。此外，代工生产商（original equipment manufactures，OEM）与多家全球中小企业和供应商合作的案例很常见。CAPP-4-SME 项目[2]明确定义并且实现了研究和支持 SME 领域中的 CAPP 的目标[2]。

例如，实现一个优化的协同制造价值链。通常，人们通过应用已完善的产品模型数据交互规范（standard for the exchange of product model data，STEP）[3]来交换这种生产计划信息。为了获取超出当前 STEP 表达能力的计算机可解释的生产计划知识表示，最关键的因素就是实现机器可读的、基于语义网的知识表示。同时，这种基于语义网的表示可以实现在基于云的知识库中的知识存储、管理和共享，并且还可以协助准备计划流程。基于知识的面向流程创新管理（wissensbasiertes prozessorientiertes innovations management，WPIM））[1,4]为 KPP 方法提供了基础语义网络方法，用于语义创新过程的表示、标注和管理。

此外，功能块（function block，FB）领域模型用作计划流程的高级知识资源模板，并且模型是基于已建立的工程知识表示的。这样，进行批量生产或执行机器可读的、集成的重复例行任务时，就可进行协同计划及优化。如此一来，知识可以在分布式语义知识库中共享，从而实现交叉/相互链接的协同处理，如对它们进行复制或标注。

在 WPIM 方法提出的同时期，Wang 等在参考文献[2]、[5]、[6]中介绍了一种方法，用于表示基于网络的分布式流程计划（distributed process planning，DPP）。此处对 DPP 方法中必要的概念及术语进行了介绍（基于参考文献[5]中的摘录进行了略微改编）。我们描述了 DPP 方法必要的实现及应用，以及在参考文献[7]中所说的中介架构（mediator architecture，MA）内的 KPP 语义网集成。此类中介架构可以解决语义集成的问题，将多个本地知识源集成至全局语义库。

此外，KPP 是 ISO/DIS 18828-2:2016 标准的概念验证的实现[8]。如上所述，KPP 基于一种语义架构，该架构支持一步一步地计划流程，从识别和准备计划原始数据到最终机器可读及可执行的程序代码。

最后，ProSTEP iViP 协会[9]发表了一份《现代生产计划流程》白皮书[10]，该白皮书基于 ISO/DIS 18828-2:2016 标准[8]，建议了一种端到端的参考流程，可以根据个人需求进行调整，即参考计划流程（reference planning process，RPP）。

在本章的其余部分，我们将详细介绍 KPP。此外，作为评估和验证的基础，我们将 KPP 方法作为一种 RPP 的可能的参考实现。我们还将演示 KPP 的 PoC 实现的可用性和互操作性，这包括一个集成的直观的操作流程编辑器。此外，我们还将说明 KPP 中介架构的第一个原型，其中包括基于 KPP 本体的用户友好的查询库。

13.2　基于知识的生产计划

KPP 作为 RPP 建议的形式概念的实现，需要一个简要说明。RPP 是一种可以适应个人需求的端到端的参考流程，其由三个阶段组成，每个阶段与成熟度相关，分别是概念计划、粗略计划和详细计划。因此，它可以看作建立具体的生产计划流程的高级模板，该流程可以将公司及地点这些条件考虑在内。KPP 将这一概念的优势集中到一个集成的、分布式的、协同的三级方法内（图 13.1），用于支持生产计划。此外，KPP 可以用基于知识的方式做到这一点，即将生产计划知识资源与生产流程表示相集成。

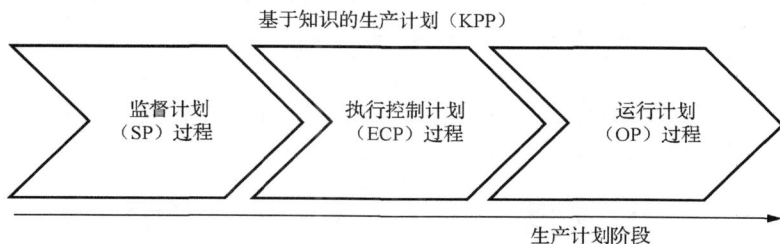

图 13.1　KPP 流程阶段

因此，KPP 能够以更优化的方式将监督计划（supervisory plan，SP）映射到执行控制计划（execution control plan，ECP）中，并且映射到运行计划（operational plan，OP）中。WPIM 是 KPP 的基础，为了理解 WPIM，DPP 计划流程及资源知识可以通过计划动作来表示，这些动作消费并生产了计划知识资源。另外，这些动作是所有级别 CAPP 动作上的功能块，这里的 CAPP 动作包括 SP 过程（SPP）动作到 ECP 过程（ECPP）动作再到 OP 过程（OPP）动作，在相关论文[11]中可以找到更详细的描述。

相应的 KPP 中介流程也是三级中介架构。图 13.2 展示了三级中介架构。第一个中介称为 SPP 中介，同时将元功能块（meta function block，MFB）及其他相关和潜在分布式资源集成到 SPP 活动中。下游 DPP 中介可以通过在第二和第三 DPP 级别上的两个类似派生的附加中介实现。中介架构的第二级是 ECPP 中介，该中介支持上述 ECPP 活动。它们会至少吸收一个作为元功能块的 SPP 中介的早期迭代、后续 OPP 中介（第三级）的操作功能块（operation function block，OFB）及各种其他相关和潜在的分布式知识资源。从加工数据的角度来看，相应的上游中介流程是从具有确定的操作信息需求的机器开始的，可以利用包装器并为客户提供中介接口来协调工作。第三级，也是 KPP 流程中介架构的最后一级，形成了派生 OPP 中介，并且完成了中介过程。这将相关及潜在分布式生产知识资源集成为功能块，并且通过第二级生成的执行功能块（excution function block，EFB），即 ECPP 中介，进行 OPP 动作。

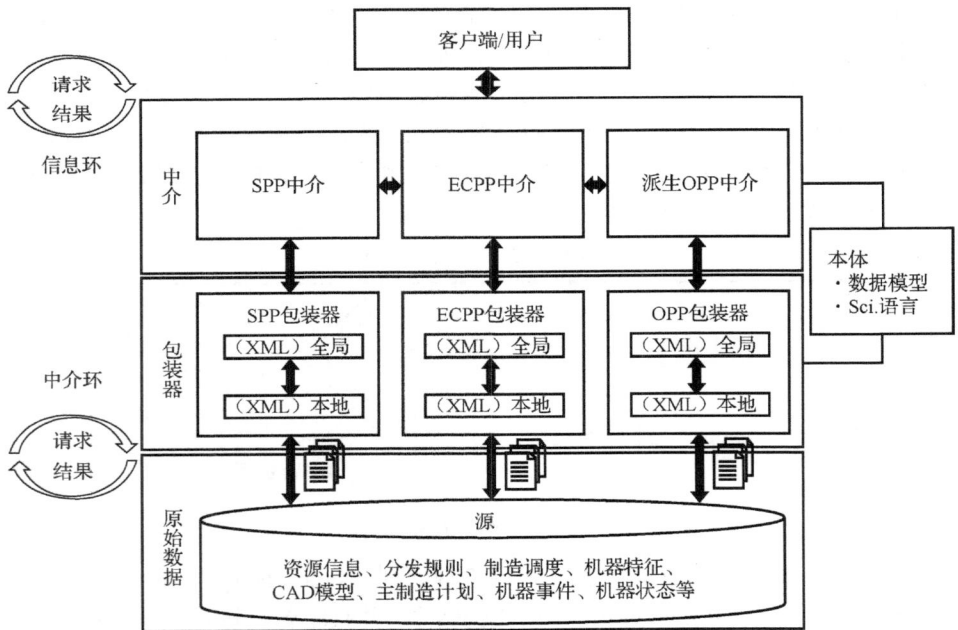

图 13.2　KPP 中介的概念架构

此三级结构可以支持协同分布式生产计划知识管理及信息处理，通过提供来自分布式数据库的知识资源和相关数据，将各种数据模型、模式及相应的格式组合为一个支持语义的全局模式和格式。此外，还可以支持中介流程请求、访问及采集/收集/组合这些来自不同的分布式制造和计划知识资源的数据。

下面简要总结目前 KPP 中应用的技术和方法,包括功能块及 DPP 建模。此外,还将介绍信息集成、中介及中介架构概念、WPIM 的语义表示的必要概念。本节基于参考文献[5]中的部分摘录及基于 WPIM 的语义流程建模。

13.2.1 功能块

在 IEC 61499:2005 标准[12]中,首先定义了功能块并且解释了它们的开发、实现及使用,包括面向组件的方法中的分布式流程系统、控制系统及测量系统的功能块[13]。该标准是根据可编程逻辑控制器语言标准 IEC 61131-3:2003[14]和有关现场总线的标准化工作[14]中功能块图的现有概念共同开发的。功能块是通过事件触发的,包括算法及一个以数据和事件为输入及输出的执行控制图,可在参考文献[5]、[6]中找到加工和装配领域的功能块相关文献综述。

13.2.2 分布式流程计划

监督计划(SP)、运行计划(OP)和执行控制计划(ECP)这三个计划流程是 DPP 的核心组成部分,并在参考文献[6]中有更加详细的描述。这些流程及其相互关系和数据流根据集成计算机辅助制造(integrated computer aided manufacturing,ICAM)功能建模(IDEF0)的概念定义建模为形式化流程模型。

13.2.3 元功能块、执行功能块及操作功能块

元功能块用在此方法中封装加工顺序(加工特征及设置)。它们仅包含有关产品流程计划的一般信息,可以用作高级流程模板。元功能块包含如工具路径模板和建议的切削工具类型,用于后续制造任务。

基本上,可以通过实例化与下载到特定计算机的任务相关的一系列元功能块来创建执行功能块。每个制造任务都与自己的执行功能块组相匹配,从而可以对每个任务单元进行监视。

操作功能块和执行功能块具有相同的结构,但是操作功能块会完成并且指定一个执行功能块,该执行功能块具有更加详细的机器数据,其中包括加工流程和操作顺序。此外,执行功能块中变量的实际值可以由操作功能块覆盖和更新,从而使其局部优化,并且适应加工操作期间出现的各种事件。在参考文献[5]中,Wang 等使用了执行功能块和操作功能块这两个不同的术语。

13.2.4　流程计划领域中的 WPIM

为了支持关于创新流程知识的获取及使用,开发了 WPIM 的概念[1,4,15]。WPIM 假设创新具有知识和流程视角,二者需要结合使用。因此,可以用专家和文档等资源标注流程的动作[15]。WPIM 应用及其工具套件基于资源描述框架（resource description framework,RDF）[16],并使用 SPARQL 协议及 RDF 查询语言（SPARQL）[17]实现了基于语义的搜索。此外,网页本体语言[18-19]允许对类和可替换关系中的概念进行建模。这些技术提供了形式上的语义表示,并且支持对机器可读知识的形式化描述。

WPIM 提供主流程（master process,MP）和流程实例（process instance,PI）（图 13.3）及活动（activity）和任务（task）的形式概念,同时还支持将通用与针对实例的流程知识的建模和捕获进行分离。通过这种方式,WPIM 工具箱允许重用流程组件及其机器可读的知识资源。为了表示技术产品和生产流程领域的产品生命周期管理（product lifecycle management,PLM）数据,已将 WPIM 应用于知识表示和建模及支持执行和计划流程。WPIM 提供的语义具有可交换性高、机器可读的优点,有助于计划跨组织的和分布式生产。

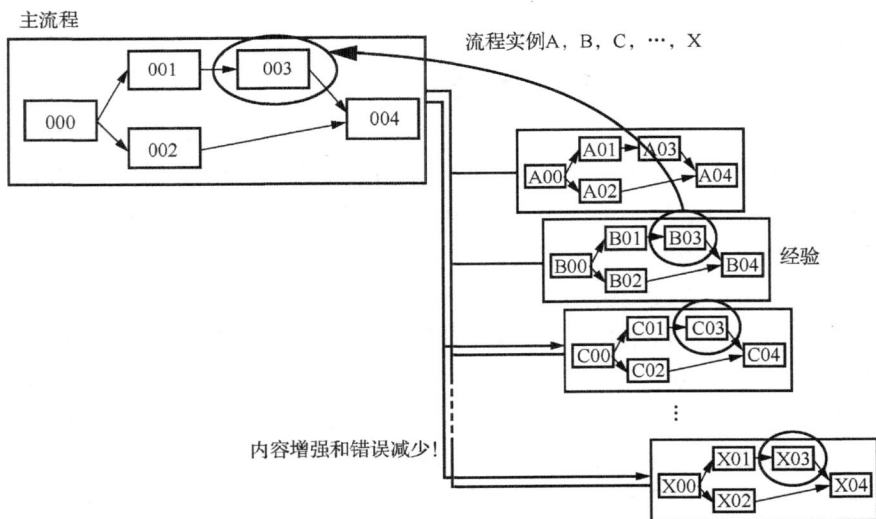

图 13.3　主流程和流程实例[4]

为了表示 WPIM 中的这类流程,用户可以选择流程组件和资源中的不同类别。另外,用户还可以使用 WPIM 本体库注册流程的实例、流程资源及流程组件。为了实现这一点,用户可以选择流程实例系统、组件系统或者资源分类系统,将其用作全局本体集合,则知识内容和资源结构可映射入这个本体集合中。接着,用户可以为每个资源类选择属性,用内容资源填充虚拟对象,这就意味着用户必须将资源的属性映射到特定的本体,如将资源属性映射到专家本体。最后,用户可以手动填充资源实例及其内容,也可以选择不同的填充方式。这样一来,用户就可以半自动或者手动地将属性映射到本体中的类。这可以通过使用单词匹配或其他技术来实现,如将产品属性本体中的"孔"概念映射到加工特征本体中的"钻孔"概念。

在建立映射之前,首先要注册此类源的本地数据模式。图 13.3 显示了一个基于活动的模式,实现了对主流程和流程实例资源的表示。这意味着在执行第一个实例期间,可将所学到的经验教训存储在主流程(更高级别)中。由此,可以在下一个流程实例中为后面的流程提供这些收集的信息(图 13.3)。

13.2.5　主流程和流程实例、活动与任务

主流程是流程的通用高级描述。从数据集的角度来看,WPIM 中的主流程描述了更高级别模板的数据结构和属性。语义表示方法通过使用语义表示来描述流程结构及其属性,但其不仅是流程结构模式的表示。WPIM 提供主流程的语义描述。这种语义主流程模式作为流程的形式化通用描述存在,因此在整个流程执行期间及流程资源的执行期间,它是独立于生成的数据实例的。在采用 CAPP 的情况下,它可以是生产机器及生产活动或文档及专家。

如果执行流程,就会收集到数据。从数据集的角度来看,WPIM 将这些数据描述为流程实例。WPIM 中活动的结构如图 13.4 所示,用于存储所有输入和输出的数据及活动状态。此外,流程实例是按时间顺序排序的。

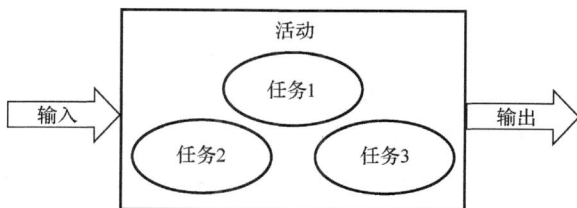

图 13.4　将一个活动可视化为一组任务

WPIM 中的活动需要明确定义的输入来生成输出，并包含一对多的任务。活动的实例定义了一组任务，因此可以将分配给单个资源的任务捆绑在一起。例如，这种分配可以将任务映射到机器资源，然而，这仅用于由专家（如计划员）执行的机器操作或计划任务。

WPIM 中的任务结构不能进一步拆分为子任务，因为这是很简单的活动。因此，在执行任务时将提供对数值和状态的语义数据表示。例如，WPIM 允许将任务实例委托给各种可执行实体。因此，要在计划任务的上下文中对其进行描述，就必须通过签名并开始执行来确定最终的计划。显然，通过签名发布计划是一个独一无二的任务，该签名任务也无法拆分。因此，通过签名发布计划，如未签名则不发布计划。

一个活动由一个或多个任务组成，如图 13.4 所示，这些任务将活动的输入转换为输出。

13.2.6　基于知识的信息架构中的语义集成

在下文中，我们将基于略微改编的参考文献[20]的摘录进行介绍，对不同异构性和互操作性水平的数据、信息和知识集成进行讲解。在共享分布式和异构数据时，我们需要克服一些技术挑战。例如，两个系统中的数据集需要可互相操作。标准和技术可以用来提高不同级别的互操作性，同时克服各种异构问题。为了实现这一点，在系统级别，不同的操作系统，如 Windows、Linux、MacOS 等，或不同数据传输协议，如 FTP、HTTP 等，可以找到用于互操作和发现网络服务的更高级别的协议。除了数据访问、传输和远程执行的一般性问题之外，还有各种应用系统级别的问题。例如，对于集成和中介知识及信息源的映射技术，如何进行选择及确定其架构。此外，在句法层面，需要考虑异构性，诸如与内容和知识资源无关的不同数据文件格式，或者信息及知识的相应表示格式。

13.2.7　中介架构

中介是构建信息系统架构的标准方式，最初在 1991 年由 Wiederhold（维德霍尔德）引出。当时，语义网尚未成型，还处于初期孕育阶段。从那时起，这些架构的使用及应用逐渐形成了标准，用于构建基于实际网络的信息系统，这些系统支持数据、信息及知识的集成。为了给分布式异构数据集提供统一的数据访问，可以使用数据库中介系统，从而解决许多互操作性问题。图 13.5 描述了一种典型的中介架构。一些本地数据源（如 XML[21]源）被包装起来，并组成一个综合全局视图。通过该全局视图，终端用户或客户端应用就会形成一种错觉，认为是在用同一个模式对一个单独的集成数据库进行查询。

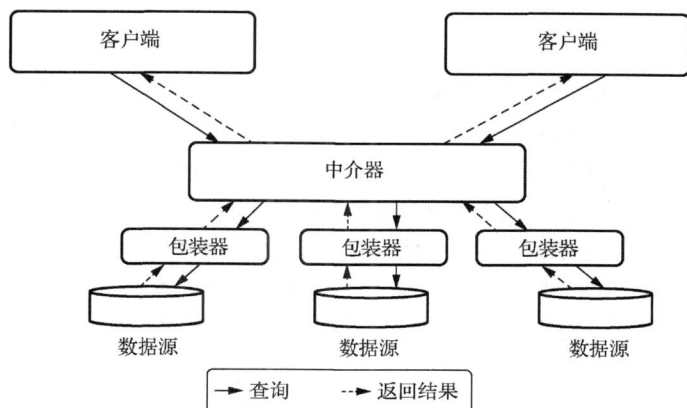

图 13.5 对数据源进行集成的中介架构

因此，中介的作用就是简化、结合、整合及解释数据。此外，中介还可以为不同的分布式数据源提供通用的访问。源包装器不仅提供统一标识，同时可通过统一数据访问和查询协议来协调系统的各个方面，见参考文献[20]、[22]、[23]。

在一个常规的关系中介系统（基于 XML、RDF[16]或 OWL[24]）中，结构层级促进了互操作性。相应的模式转换能克服模式中的差异，将其作为全局视图的视图定义的一部分。因此，术语的差异或其他语义差异并不是可以在单纯的结构层面解决的。因此，可将源模式及内容注册到用 RDF 或 OWL 表示的本体中。如此一来，这样的本体可将已注册概念的附加"知识"进行编码。在 13.2.8 小节中，我们将讲解系统是如何通过"本体驱动"来基于概念对高级别查询进行评估的。这些概念并不是直接存储在源数据库中的，而是通过一个本体间接链接的。中介的任务，是将对全局模式的查询转换为对本地源模式的查询，并收集查询结果，同时将其进行整合及链接。全局模式是基于适当的数据模型的，如可以用 XML 或 RDF 表示。包装器是使数据源内容在另一个数据模型或模式中保持一致的软件组件。例如，XML 包装器可用于访问关系数据库。包装器，尤其是通过包装器对数据源和中介进行耦合，可使中介对源进行统一的数据访问。这种统一的数据访问将通过在中介数据模型及本地源的数据模型之间创建映射来实现。同时，收到的请求也可被转换为向中介对应的本地源系统发出的请求。

13.2.8 信息集成及中介中的本体

本体可在基于中介架构的信息集成系统中使用，提供概念模型及术语层面的信息。如此一来，它们有助于对源进行概念级的查询，并解决一些语义级别的异构性问题。为了将查询从全局本体转变到本地模式，包装器需要使用数据源和本体之间的映射。这可将同样用于本地模式中的内容转变到全局本体中。当有需要时，系统可自动利用子类关系来扩展概念查询。值得注意的是，所有在系统中注册的本体可以看作概念级别的查询机制。该系统可建议合适的本体，所提供的建议基于第一决策"用户的源选择"及第二决策"源模式信息"。中介系统，特别是数据库中介系统，可用于提供对分布式及异构数据集[20]的统一数据访问。

如在我们之前的论文[11]中概述所言，基于 WPIM 的产品知识的语义表示可使用三级 KPP 中介架构支持 DPP 活动。这样，KPP 中介集成了分布式信息及知识源，并且解决了在所有可能的异构级别（模型、模式及实例级别）上潜在的异构冲突。这意味着 KPP 可以将关于产品特征、产品设计、机器/工具描述、机器/工具特征及流程约束等的知识源进行整合，以支持协作信息及计划流程，从而为产品生产任务创建一个可执行的计划。

13.3 KPP 的概念验证原型实现

支持 KPP 活动以进行组件生产的产品数据（包括不同类型及其组合）都以 XML 语言格式表示，以此消除不同软件、硬件及专用工具之间的通信障碍。为实现这一目的，KPP 中的中介架构通过将 STEP 标准作为领域模型，来使用包含 XML 编码的所有公共机器信息和代码的包装技术。最初，使用制造业领域相应的抽样数据集，SPP 中介演示了包装器对产品设计信息及产品特征信息进行包装的功能。下一步，从本地数据库源到典型主要制造计划（见图 13.6）的访问可用恰当的包装器实现，这里主要制造计划表示为元功能块。这在全局表示模式中被集成及表示为符合产品模型数据交互规范的 XML 代码。通过全局模式实现标准化，父中介可以访问生产信息，并且能实现与用户互通信息。此外，来自 Lu 和 Xu[25]的代码样本（图 13.6）阐明了下一步集成过程中与生产计划信息集成在一起的加工信息的表示形式。图 13.6 中包含机械加工特征类型、典型的重要参数及对生产流程至关重要的要求。

```xml
<?xml version="1.0" encoding="utf-8">
<job name="Job 122612" description="manufacturing job request"
material="P" owner="Yuqian Lu" id="122612" >
<serviceRequirements>
  <deliveryTime>none</deliveryTime>
  <costExpectation>none</costExpecation>
</serviceRequirements>
<machiningFeatures>
  <machingFeature featureType="General Open Pocket" externalId=""
unit="Metric" name="General Open Pocket">
    <parameters>
      <parameter name="Dp" description="Depth pocket">20
</parameter>
      <parameter name="Rm" description="Minimum radius in concave
corner">3</parameter>
      <parameter name="Wo" description="Width of open area">12
</parameter>
      <parameter name="Cs" description="Corner style">Corner break
</parameter>
      <parameter name="Cb" description="Corner break">1.6
</parameter>
      <parameter name ="Rg" description="floor radius">0
</parameter>
      <parameter name ="Wc" description="Width of 45 chamfer">0
</parameter>
      <parameter name ="Aw" description="Angle of wall">90
</parameter>
      <parameter name ="Wi" description="smallest width of the gap">0
</parameter>
      <parameter name ="Vp" description="Volume of the pocket">0
</parameter>
      <parameter name ="Qw" description="Quality of wall surface">
N10</parameter>
      <parameter name ="Unit" description="Unit of Tool">None
</parameter>
      <parameter name ="FType" description="Solid/Indexable Tool">
None</parameter>
      <parameter name ="SBType" description="Shank/Bore Type">None
</parameter>
    </parameters>
    <toolAssemblies>
      <toolAssembly ReferenceId="" />
    </toolAssemblies>
    <designModels>
      <model format="STEP">.\Models\PocketModel.stp</model>
    <designModels>
  </machiningFeature>
</machiningFeatures>
</job>
```

图 13.6　XML 格式的典型生产数据

所有其他的产品信息、制造步骤、要求及 CAD 模型，这些对于生产产品十分重要的因素，在 SPP 中以相似的形式进行处理，并不需要具体的机器或工具信息。例如，SPP 包含了产品的"基于特征的设计"、"夹具信息"及"机械加工技术和限制条件"。目前，中介，特别是包装器，需要允许通过网络接口访问产品组件的所有参数。在此基础之上，既可在后续 KPP 过程中生成单个产品组件的产品组件文件或可行的加工计划，还可以以实例的形式生成单个修改的产品组件。

Givehchi 等和 Binh[26-27]介绍了一种处理元功能块的方法，该元功能块包括可在 DPP 环境下处理的产品设计及特征信息。他们展示了相似的产品组件特征可以经过总结及分类，形成一个通用设置的嵌套有向图。下面给出一个简单产品组件模型示例（图 13.7），该产品组件由一块铝原料制作。从本地数据源提取了所有重要流程步骤及产品组件特征，并对它们进行了汇总。

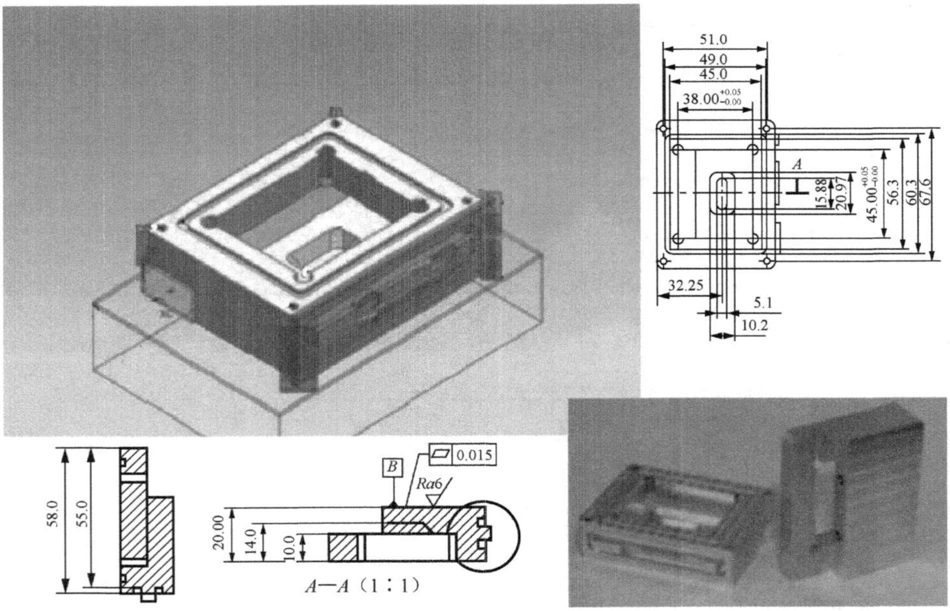

图 13.7 产品组件模型示例[26-28]

为支持 KPP PoC 原型的开发，首先对现有的 WPIM 的实现进行分析，并检查了其技术和方法的相关性。另外，针对 KPP 原型的实现，作者提出了一种基于网络的客户端/服务器架构的实现概念。这是一种模块化的方法，利用 REST （representational state transfer）[29]API，将其集成至底层生态系统门户（ecosystem portal，EP），其中 EP 使用 TYPO3 作为其基于网络的前端技术[27]。数据的储存与管理是独立于数据输入/输出的，因此产生了两个独立的软件部分（图 13.8）。

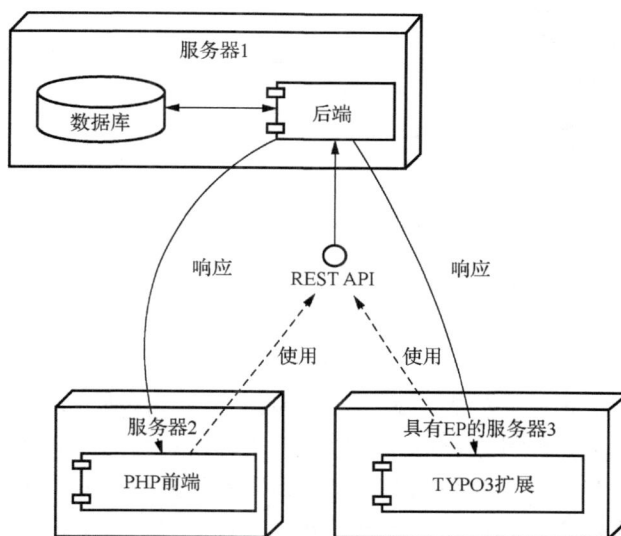

图 13.8　包含基于 REST 及 EP 技术的两个
前端的 KPP 客户端/服务器架构[30]

这种方法的目的是使不同客户端（基于网络的前端）可以访问同一个数据库（后端服务器），并且使数据管理从数据检索和表示中分离出来。因此，前端可以使用任意技术或编程语言，但仍然可以在后台集成至 EP。在这种架构下，前端和后端不在同一个系统中（图 13.8）。为了管理数据，后台会使用关系数据库。前端的开发使用了 PHP 超文本预处理器，这是因为该处理器应用广泛，并且可免费使用。

在当前的实现阶段，主要开发前端、后端及 KPP 的核心（流程编辑器）。中介架构还未完全集成到 KPP 应用中（图 13.9）。此外，KPP 的概念是为多语言设计，同时构思并实现了用户管理。第一个功能原型已经被开发并实现了。

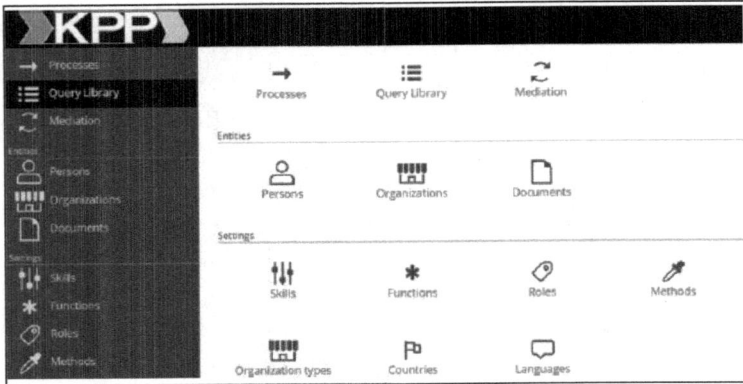

图 13.9　KPP 原型中基于网络的用户前端接口截图

13.3.1　本体与查询库

KPP 应用的本体是从 WPIM 本体派生出来的，适用于 KPP 及生产计划领域，它涵盖了实体，如流程、元素、人员、组织、文档、技能、功能和角色，以及方法和工具。此本体是经过设计后创建的，因此可以随时进行更改或扩展。

引入查询库是为了保存并执行语义查询。此处介绍的是实体查询，即使这些实体查询仅是本体语义查询的一部分。此时，我们面临一个基本问题，即关系数据库不包含语义信息，这意味着连接（外键关系、实体间的比较等）是与查询一起产生的。此外，生成了带有这些连接的视图，或由存储过程提供了连接的数据，但是这些关系之间并没有基本的关联（图 13.10）。

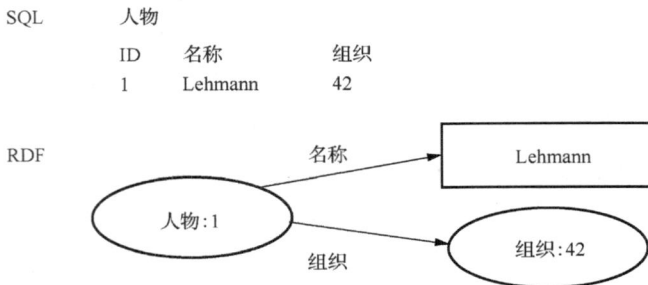

图 13.10　使用 SQL 和 RDF 翻译[30]的示意图

万维网联盟于 2004 年发表了一篇论文[31]，讨论了将关系查询映射到语义查询的问题，并提供了一种可能的解决方案。其中，引入了另一个服务器，与网络和数据库服务器并行运行，此服务器利用映射文件将语义查询实时转换为 SQL 查询，最终返回结果。

13.3.2 KPP 流程编辑器

KPP 应用的核心是一个可视化的直接操作流程编辑器。该编辑器基于 XML 应用业务流程模型和注释（BPMN）[32]，BPMN 由对象管理组针对流程建模进行标准化[33]。具体来说，我们使用 bpmn.io 框架[34]，该框架自 2014 年起在开源项目中开发。该项目的目标是开发一个允许在网页浏览器中查看和建模 BPMN 的框架。其有详细的开发文档，同时也是可扩展的。该框架已经满足了许多要求，如流程流的图形表示、标注及图形元素的存储。

此外，由于流程实例中元素的 ID 与主流程中的 ID 是相同的，因此可以实例化流程，并且经验的概念（在 WPIM 中已经提过）可以用 BPMN 结构实现。因此，可以明显看出哪些元素必须被取代。流程编辑器可以创建复杂流程、子流程及流程流。其已通过 KPP 标注进行扩展，因此可以将单独的流程步骤分配至特定组织、人员、群体、技能、工具等。另外，来自存储库的文档可以插入流程中，还可以进行注释。

13.3.3 KPP 中介实现方法

在开发阶段，起初考虑的只有第一个中介（SPP）。在生产计划的第一步中，主要处理元数据和原始数据，这意味着通常 CAD、STEP、IGES 及 XML 数据都用来生成将要生产的产品所需要的典型尺寸、机器、工具及技能（说明见图 13.6 和图 13.7）。因此，我们的重点放在两种生产中非常重要的格式（STEP 和 IGES）上。为了开发出合适的包装器，我们利用几个示例中的全部命令和标识符来创建全局格式的数据库。RDF 是作为中心和全局的数据格式使用的。在后续的开发中，所有包装器，特别是所有中介，都将各种不同的本地数据转换为 RDF。这样转换之后，就能够使用 SPARQL 对本地数据源进行语义查询。

查询的顺序设计如下：将所有相关原始文件分配给中介，用户就可以自动从这些文件实时接收可能的标识符，如钻孔、尺寸等。有了这些信息，用户就能够制定一个典型的 SPARQL 查询，从而查询所需信息，如图 13.11 所示。例如，用户可以发出请求"Select ?var1 WHERE {?var1 is PRODUCT}"，并获取文件中包含的各个产品名称的列表。如前所述，中介及包装器的开发和实现仍然处于原型阶段。

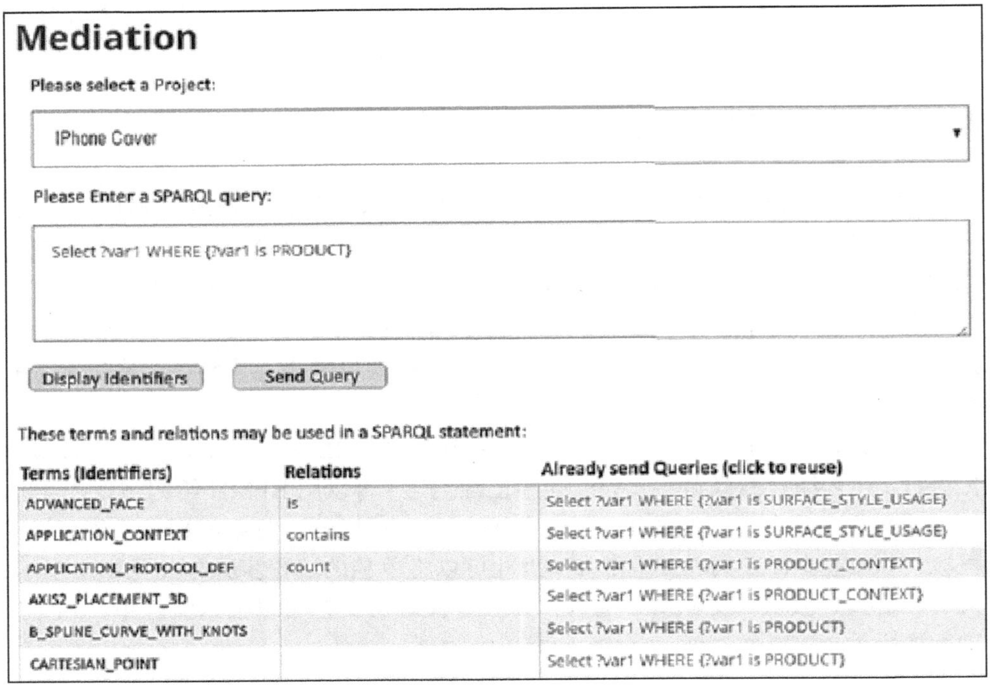

图 13.11 使用 SPARQL 查询的中介

13.4 KPP 示范

本章介绍了 KPP 的理论方法，还有示例应用解决方案及其中介和流程编辑器的第一个原型 PoC 实现。本节将展示 KPP 是如何工作的，并通过有趣的沙盒示例展示其目的及可能性。

沙盒示例将玩具积木作为组件来制作简单的微型楼梯，组件可以使用 3D 打印机制作。因此，可以利用 KPP 的 PoC 原型执行生产计划。为此，必须创建一个新的 KPP 项目，并且必须确定该项目中的各种信息和数据。例如，在微型楼梯的示例中，这些数据是三种不同类型玩具积木的 3D 模型及楼梯设计图（图 13.12）、基于特征的设计、加工技术及约束条件及主要制造计划。从各种源收集这些必要信息和原始数据，并以不同格式记录。将这些源分配给元功能块，并整合至楼梯项目，再交给 SPP 对生产数据进行处理。

积木

4 x P1

4 x P2　2 x P3

3D视图

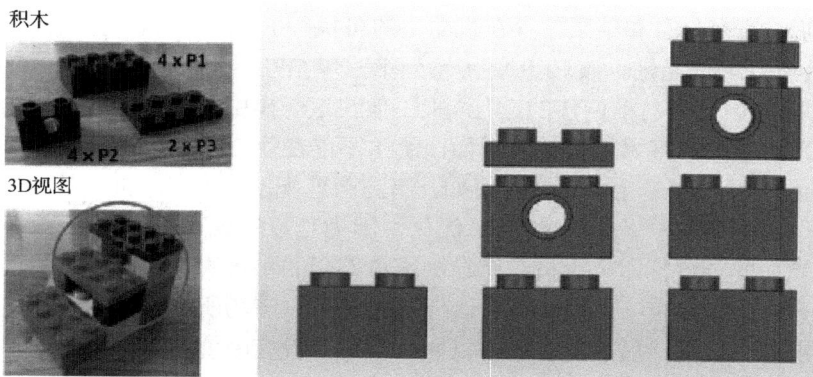

图 13.12　三种不同玩具积木搭成的简易微型楼梯

各个源被划分在单独的任务中。中介功能将各种源规范化,并将其转换为统一的句法。这样一来,人们可以检索数据,同时会认为是在使用一个集成模式查询单个集成数据库。同时,流程编辑器可以定义单独的流程。必须创建起点和终点,并且单独流程和子流程步骤必须一起定义并连接。用来自数据源的显式知识和来自员工的隐式知识或专业知识注释每个步骤。所有信息和结果会再次存储到元功能块中,并转移到第二个处理步骤 ECPP。

这一步与 SPP 相似,但将扩展第一步的信息,并提供新的数据,目的是获取可以在机器上直接执行的可执行机器代码。然后创建一个简单的计划,一个接一个地打印 3D 模块,此步骤中还会标注数据。

此外,这一步中将会进行流程的实例化。假设要优化现在的楼梯(如使台阶高度相等)或扩大该楼梯(三个台阶扩大为四个),那么 SPP 提供的正常楼梯的所有信息仍然是全部正确的,可以作为新楼梯的基础。我们可以引入一个新的零件来适应台阶高度、设计,并且将每个单独的台阶连接在一起(图 13.13)。

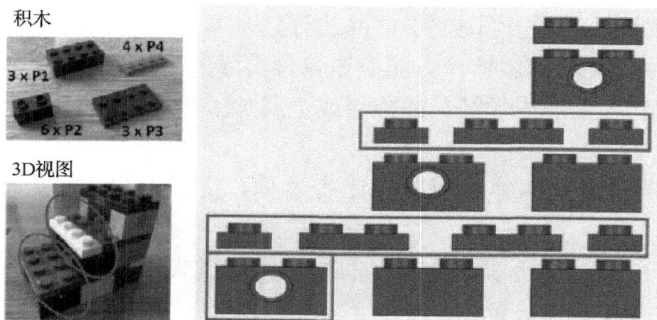

积木

4 x P4

3 x P1

6 x P2　3 x P3

3D视图

图 13.13　相同台阶间距、复合结构的简易微型楼梯

最后，所有信息和结果储存在机器上的可执行 EFB 中，但未在整个生产场所（生产区域）进行优化。该 EFB 将传输到第三步 OPP 中。

最后一步 OPP 与前两步的运行类似。但在这一步中引入了所有来自给定生产场所的现有数据和基本相关性。例如，块 1 不能在块 2 前生产，但是块 3 可以同时与块 1 或先于块 1 生产出来。再如，有三台匹配的 3D 打印机，其中一个已经在使用中了。这样一来，可以实现优化，因为可以在两台打印机上并行打印积木，或者在同一台打印机上按顺序绘制两个不同的积木块。因此，OPP 的输出是 OFB——经过优化的可执行代码，该代码考虑了生产场所中所有给定的机器及环境。通过这种方式，所有机器都可以合理利用，没有闲置。

13.5　建　议

我们介绍了在三级中介基础上的基于知识的生产流程计划方法，支持将生产知识语义表示集成到一个机器可读的形式化流程中。此外，我们还展示了一个相应的示例原型解决方案，将其作为工作示例及参考实现。我们总结了方法及相关开发过程及经验，并将我们的方法应用到有趣的沙盒示例，并进行了演示。现在，我们总结出以下相应建议。

1）产品的生产计划应该按三个阶段完成：概念计划、粗略计划及详细计划。

2）产品的生产计划必须支持协作的及基于知识的计划方法，而且应该能够迅速适应不断变化的环境。

3）对于各种生产计划子领域，目前已经有许多不同的标准、机器及格式，这取决于产品的生产类型及原料。应该将"原始"的生产计划数据标准化为通用的机器可读格式。

4）无论在哪个生产子领域中，产品的计划基本上始终是事件和流程的组织和排序。因此，生产计划的本体一方面应该包含实际生产计划中的静态及通用部分，另一方面应该包含生产子领域（如塑料或金属加工行业）中有关特殊特征的动态部分。

5）在开发自定义本体之前检查已有本体，尤其是针对生产计划各个领域的特性。

6）将知识的语义表示集成到一个机器可读的形式化流程中，是在基于云的存储库中共享此类知识的关键。

7）应该始终注意语义应用的可用性和用户体验，以提高用户的接受度。

13.6　结论及未来工作

本章展示了 KPP 的最新技术，并引入了一个创新的 KPP 方法来支持制造领域的 CAPP。这些演示基于语义流程表示、生产和消费功能块，以及制造计划领域的其他相关计划资源。此外，我们还演示了 KPP 的原型实现和直接操作流程编辑器的直接操作，以及首次实现的语义集成 KPP 本体查询库的中介技术。

首先，我们将继续研究方法的实现和完整集成，同时将三级中介和包装器架构与流程编辑器进行合并。由此，可以在实践中演示完整三级中介架构。然后，基于这些样本数据集，我们还将演示制造计划领域的查询、搜索及信息表示。此外，我们会通过将 KPP 集成至整体 RPP 流程来对 KPP 进行评估。因此，未来生产计划活动应该可以利用设置和预先测试时获得的经验教训来优化生产计划。

参 考 文 献

[1]　Miltner F, Vogel T, Hemmje M (2014) Towards knowledge based process planning support for CAPP-4-SMEs: problem description, relevant state of the art and proposed approach ASME 2014 International Manufacturing Science and Engineering Conference (MSEC) Research Conference, Vol. 1-Detroit, Michigan, USA, June 9-13, 2014.

[2]　Wang L, Feng HY, Cai N (2003) Architecture design for distributed process planning. J Manuf Syst 22:99-115.

[3]　International Organization for Standardization (2011) ISO International Standard 10303-210:2011 Industrial automation systems and integration-product data representation and exchange-part 210: application protocol: electronic assembly, interconnected and packaging design. 2011, Geneva, Switzerland.

[4]　Vogel T (2012) Wissensbasiertes und Prozessorientiertes Innovationsmanagement WPIM -Innovationsszenarien, Anforderungen, Modell und Methode, Implementierung und Evaluierung anhand der Innovationsfähigkeit fertigender Unternehmen, Dissertation, Hagen.

[5]　Wang L, Adamson G, Holm M, Moore P (2012) A review of function blocks for process planning and control of manufacturing equipment. J Manuf Syst 31(3):269-279.

[6]　Wang L, Jin W, Feng HY (2006) Embedding machining features in function blocks for distributed process planning. Int J Comput Integr Manuf 19:443-452.

[7]　Wiederhold G (1992) Mediators in the Architecture of Future Information Systems. The IEEE Computer Magazine, 25(3):38-49.

[8]　International Organization for Standardization (2016) ISO International Standard 18828-2:2016 Industrial automation systems and integration-standardized procedures for production systems engineering-part 2: reference process for seamless production planning. 2016, Geneva, Switzerland.

[9]　ProSTEP iViP Association e.V. https://www.prostep.org.

[10]　Recommendation-Reference process for production planning PSI8, ProSTEP iVIP, March 2013. http://www.

prostep.org/en/medialibrary/publications/recommendations-standards.html.

[11] Gernhardt B, Vogel T, Givehchi M, Wang L, Hemmje M (2015) Supporting production planning through semantic mediation of processing functionality, vol 1. International Conference on Innovative Design and Manufacturing (ICIDM), Auckland.

[12] International Electrotechnical Commission (2005) IEC 61499-1 Function blocks-part 1: architecture. 2005, Geneva, Switzerland.

[13] Lewis R (2001) Modelling control systems using IEC 61499-applying function blocks to distributed systems. The Institution of Electrical Engineers, London. ISBN: 0852976 796.

[14] International Electrotechnical Commission (2003) IEC 61131-3 Programmable controllers-part 3: programming languages. 2003 Geneva, Switzerland.

[15] Vogel T, Hemmje M (2006) Auf dem Weg zu einem Wissens-basierten und Prozess-orientierten Innovationsmanagement (WPIM)-Innovationsszenarien, Anforderungen und Modellbildung. In: KnowTech 2006. CMP-WEKA-Verlag, Poing.

[16] Cyganiak R, Wood D, Lanthaler M, Klyne G, Carroll J, McBride B (2014) RDF 1.1 concepts and abstract syntax. W3C Recommendation 25 February 2014, World Wide Web Consortium (W3C). http://www.w3.org/TR/rdf11-concepts/. Last accessed 13 Nov 2014.

[17] SPARQL Query Language for RDF (2008) World Wide Web Consortium (W3C), 15 January 2008. Last accessed 2 Nov 2016.

[18] W3C OWL Working Group (2012) OWL 2 web ontology language document overview, 2nd edn. W3C Recommendation 11 December 2012, World Wide Web Consortium (W3C). http://www.w3.org/TR/owl2-overview/. Last accessed 13 Nov 2014.

[19] W3C (2004) OWL web ontology language overview. World Wide Web Consortium, 10 February 2004. [Online]. http://www.w3.org/TR/owl-features/. Accessed 14 Nov 2013.

[20] Ludäscher B, Lin K, Brodaric B, Baru C (2003) GEON: toward a cyberinfrastructure for the geosciences-a prototype for geologic map integration via domain ontologies. In: Digital mapping techniques '03-workshop proceedings, U.S. Geological Survey open-file report 03-471.

[21] Bray T, Paoli J, Sperberg-McQueen CM, Maler E, Yergeau F (2008) Extensible markup language (XML) 1.0, 5th edn. W3C Recommendation 26 November 2008, World Wide Web Consortium (W3C). http://www.w3.org/TR/REC-xml/.

[22] Melton J (2011) ISO/IEC FDIS 9075-1 Information technology-database languages-SQL-part 1: framework (SQL/Framework), ISO Draft International Standard, ISO/IEC JTC 1/SC 32 Data management and interchange. http://www.jtc1sc32.org/doc/N2151-2200/32N2153T-text_for_ballot-FDIS_9075-1.pdf. Last accessed 13 Nov 2014.

[23] Robie J, Chamberlin D, Dyck M Snelson J (2014) XQuery 3.0: an XML query language. W3C Recommendation 08 April 2014, World Wide Web Consortium (W3C). http://www.w3.org/TR/xquery-30/.

[24] Motik B, Cuenca Grau B, Horrocks I, Wu Z, Fokoue A, Lutz C (2012) OWL 2 web ontology language profiles, 2nd edn. W3C Recommendation 11 December 2012, World Wide Web Consortium (W3C). http://www.w3.org/TR/owl2-profiles/. Last accessed 13 Nov 2014.

[25] Lu Y, Xu X (2015) Process and production planning in a cloud manufacturing environment. ASME 2015 International Manufacturing Science and Engineering Conference, Charlotte. MSEC2015-9382.

[26] Givehchi M, Schmidth B, Wang L (2013) Knowledge-based operation planning and machine control by function blocks in Web-DPP. Flexible Automation and Intelligent Manufacturing (FAIM), Porto.

[27] Binh Vu D (2015) Realizing an applied gaming ecosystem-extending an education portal suite towards an ecosystem portal. Master thesis, Technische Universität Darmstadt, Darmstadt.

[28] Givehchi M, Haghighi A, Wang L (2015) Paper: Generic machining process sequencing through a revised enriched machining feature concept. Journal of Manufacturing Systems, Vol. 37, Part 2, October 2015, Pages 564-575.

[29]　Fielding RT (2000) Architectural Styles and the Design of Network-based Software Architectures, University of California, Irvine, CA, USA.

[30]　Kossick J (2016) Reimplementierung, Erweiterung und exemplarische Evaluation einer verteilten und kollaborativen Unterstützung für die Produktionsplanung-Translation-Reimplementation, expansion and evaluation of a distributed and collaborative support for a production planning. Bachelor thesis, University of Hagen, Hagen.

[31]　Prud' hommeaux E (2004) Optimal RDF access to relational databases. W3C. https://www.w3.org/2004/04/30-RDF-RDB-access/.Last accessed 29 Oct 2016.

[32]　Visual Paradigm. Business process model and notation-diagram & tools. Hong Kong. https://www.visual-paradigm.com/features/bpmn-diagram-and-tools/. Last accessed 18 Oct 2016.

[33]　Object Management Group (ed) (2015) OMG Unified Modeling Language (OMG UML) Version 2.5. OMG. http://www.omg.org/spec/UML/2.5/PDF/. Last accessed 27 Oct 2016.

[34]　camunda Services GmbH (2013), BPMN-JS-a web-based toolkit for BPMN modeling. Est. 2013, Berlin, Germany. https://bpmn.io/toolkit/bpmn-js/. Last accessed 17 Mar 2018.

第 14 章

使用语义网络技术的自动权限处理：DALICC 框架

本章要点

1）派生数据的创建，是为了创建内容、交付服务或自动化流程，通常伴随着使用权的法律不确定性和遵守适用法律的问题。

2）与权限处理问题有关的挑战包括：①人工处理成本高；②检测两个或多个许可证之间的兼容性冲突需要具备足够的专业知识；③各方许可冲突的协商解决。

3）许可证信息的语义处理可以从降低成本和提高决策质量的角度简化权限清理流程。然而，它们并不能代替人类专家。

4）可靠和可信的语义系统是透明的。如果用户不能重现或追溯系统给出的建议——不论是系统应用方法不透明还是无法说明输出的合理性——那么给出的建议应该被拒绝。

14.1 简　　介

发布数据并将其用于商业或非商业用途已成为一种普遍的做法，也是数字经济[1]的基石。2013 年，IDC & Open Evidence[2]估计，欧洲数据经济为欧盟 28 个国家提供了 610 万个就业岗位，如果保持这样高增长的趋势，到 2020 年，就业岗位的数据可能会翻一番。同样，预计到 2020 年①，生产和提供数据相关产品和服务的组织数量将从 2014 年的 25.7 万家增至近 35 万家；到 2020 年，数据用户将超

---

① 本书写成时的预测。——译者

过 130 万[①]。

开放数据、开放式创新和众包项目及服务、传感器和网络物理系统日益互联等现象所激发的新数据实践营造了一种环境，其中有效的产权处理成为创新、生产力和价值创造的关键所在。经合组织认为，有效管理无形资产是促进使用信息通信技术的服务业创新的主要动力，也是宏观和微观竞争优势的来源[4]。这一观点与牛津经济学院（Oxford Economics）的研究一致。该研究认为，"通过将以前互不相关的数据联系起来，所获得的洞见可以成为点燃快速创新的火花"[5]。然而，欧盟网络和信息安全局表示，未来数字生态系统的主要障碍是信息交换的法律影响[6]。这在欧洲数据驱动经济战略的背景下尤其重要，该战略的目标是"培育一个完整的欧洲数据生态系统，促进围绕数据的研究和创新，并改善从数据中获取价值的框架环境"[7]。因此，随着现代 IT 应用程序越来越多地从各种来源检索、存储和处理数据，确保法律兼容性的权限处理已成为数字生态系统中的一个关键主题[8]。

处理和协商权限是一项费时、复杂和容易出错的任务。与处理问题有关的挑战包括：

1）人工处理许可证条款和条件的成本高。

2）需要有足够的专业知识来检测两个或多个许可证之间的兼容性冲突。

3）需要进行各方许可冲突的协商解决。

后面几章将介绍数据许可证清理中心（Data Licenses Clearance Center，DALICC）系统，这是一个软件框架，通过将语义网络技术应用于许可证处理，解决了上述的某些问题。

DALICC 支持法律专家、创新经理和应用程序开发人员合法安全地重用第三方数据[②]。DALICC 允许将机器可读格式的许可证附加到特定资产，并（如果在衍生作品中组合使用）通过向用户提供许可证之间相似性和兼容性的信息来支持权限的处理。因此，DALICC 有助于发现许可冲突，并能显著降低衍生作品创作中权限处理的成本。图 14.1 概述了 DALICC 框架的功能范围。

下面几节以 DALICC 框架为例，讨论自动许可证处理中的几个挑战，并说明如何应用语义网络技术解决这些问题。

---

① Granickas 报告了西班牙数据经纪人市场的类似趋势和数据[3]。

② 在本书出版时，DALICC 服务处于封闭 beta 模式，不向公众提供。其公开版本在 www.dalicc.net 上提供。

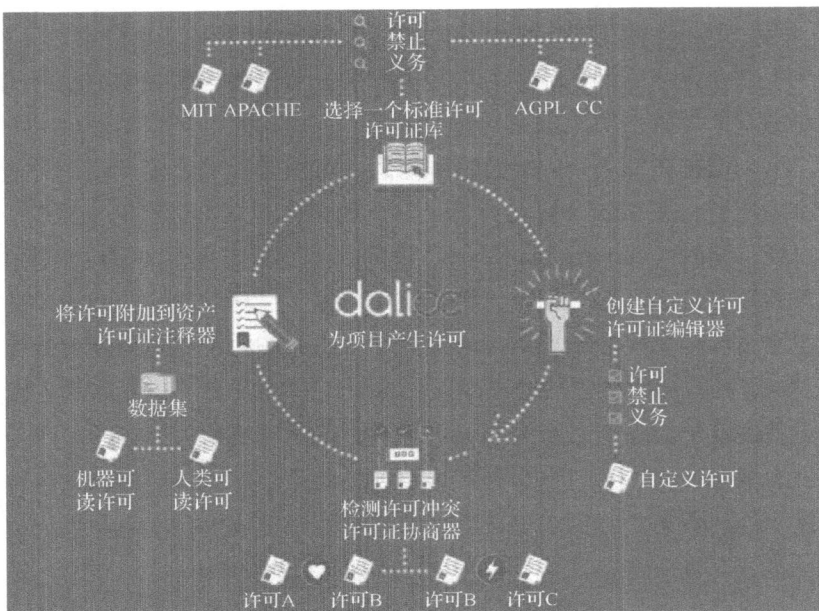

图 14.1　DALICC 框架的功能范围

14.2　许可证自动处理的挑战

14.2.1　许可证异构性

许可证表示著作权法或竞争法定义的受保护资产相关的许可、义务和禁止。许可证控制对数字资产的访问、使用和交易，不论是财产权（保留所有权利）或公共领域（不保留任何权利）[9]。图 14.2 描述了可用许可模型的范围。

图 14.2　可用许可模型的范围

保护性和宽松性许可证（保留部分权利）的日益普及增加了衍生作品商业开发中权限处理的复杂性。因此，参考文献[10]、[11]、[12]推荐了一系列数据发布指南，说明数据许可是一种相当新的经济实践，而且仍然存在关于适当设计许可政策的争论[13-16]。Ermilov 和 Pellegrini[17]最近对 441315 个公共可访问数据集进行的一项调查证明了这一观点。目前情况的特点是：①许可信息文档不足（64%的数据集根本没有许可）；②许可证异构性高（60 多种不同的许可证类型）；③缺乏机器可读许可作为自动处理兼容性问题的基础。①衍生数据的创建，是为了创建内容、交付服务或自动化流程，常常伴随着使用权的法律不确定性及高成本的权限处理[19]。随着系统额外源的添加，许可证处理的工作量也会增加，情况变得更加复杂。根据 Frangos[20]的说法，这些工作量可能成为公司创造新产品和服务的严重阻碍。大公司通常设有权限处理中心，手动评估重新利用现有作品（例如，开源软件）过程中的法律问题。这样的工作非常耗时且需要大量专家知识，而且往往超出承受范围，特别是对中小型企业而言。这不仅阻碍了与数据相关的新业务模型的出现，而且还降低了采用新数据管理的推进速度，特别是在欧盟委员会（European Commission）的"一个完整的欧洲数据生态系统"的愿景下[6]。

14.2.2　权利表达语言

权利表达语言（rights expression languages，REL）是数字版权管理技术的一个子集，用于为数字资产和访问管理解释机器可读的权限。REL 用于控制访问、解释使用权和控制事务流程。最著名的 REL-词汇表包括 MPEG-21、ODRL-2.0（以及 RightsML 等派生词汇）、ccREL（creative commons rights expression language，知识共享权利表达语言）、XACML 和 WAC，此处仅举几个例子[21]。有些 REL 只聚焦于特定的应用，而其他 REL 则较为通用。例如，MPEG-21 针对多媒体（特别是数字电视）领域的版权管理进行了优化。相反，ccREL 和 ODRL（open digital rights language，开放数字权利语言）是为更普遍的应用领域设计的，尤其在内容和数据许可领域受到了欢迎。

虽然 REL 的主要目的是以机器可读的形式解释使用权，且创建、比较和处理附加到数据资产上的许可证的简单工具正在慢慢出现，但是它们都有局限性。

马德里大学本体工程小组②提供了一个基于 ODRL 的基本版本的策略组合工具，但是该工具仅是概念的证明，并没有在实际环境中进行测试。法国国家信息与自动化研究所（Institut National de Rechearche en Informatique et en Automatique，INRIA）开发的许可证比较工具 Licentia（http://licentia.inria.fr）也是如此。同时，国际出版电信委员会（International Press Telecommunications Couneil，IPTC）的

---

① Jain 等[18]报告了类似的结果，特别是在欧洲数据云中的许可种类繁多的情况下。

② 另请参见 http://oeg-upm.github.io/odrlapi/。

RightsML[①]工作组已经开始提供实验性库，用于在 Python 和 JavaScript 中生成 RightsML 和 ODRL 许可证。但是，这些序列化只是概念的证明，缺乏足够的商业用途的可用性和法律依据。

最近，我们看到了开源软件领域的一些进展，这些进展解决了从多个开源库编译软件时许可证兼容性的问题。例如，自由软件基金会提供了一个丰富的文本指南，介绍了关于开源标准许可之间的潜在许可冲突。但是，这些信息不是以机器可读的格式提供的。与此互补的是，总部位于美国的审计公司，如 TLDR Legal（https://tldrlegal.com）或 TripleCheck（http://triplecheck.net/index.html），已开始提供帮助检测开源许可冲突的商业服务。这些举措的共同之处在于：①它们专门针对软件许可；②合规检查是审计专家在专有工具的基础上，以商业形式提供的服务；③这些工具/服务都不允许创建自定义许可证，因此将合规检查限制在标准许可证中；④并没有向公众提供机器可读的许可证，这样就不能进行高级分析和进一步重用。

14.2.3　许可信息的机器处理

这一研究领域的大部分工作是在数字版权管理系统的环境中进行的，而且常常与合同问题有关[22-24]。到目前为止，没有关注许可证兼容性和机器可读许可证信息的推理问题。

关于许可证推理的通用逻辑，Pucella 和 Weissman[25]提出了一个有趣的建议，但是还没有使用 ODRL 或 MPEG-21 等现有 REL 实现，也没有在实践中对其进行评估。

Garcíet 等[26-28]提出了一个 OWL 本体来描述封闭数据集中的版权问题，以达到权限处理的目的。他们的方法基于 ODRL 词汇表的旧版本，并构成了概念的证明，该概念还没有针对目前的开放数据许可引起的问题进行实现和测试。

Villata 和 Gandon[29]及 Governatori 等[30]描述了衍生作品许可组合工具的形成过程。他们通过引入基于道义逻辑的语义[31-33]来比较给定许可中声明的权限、禁止和义务，扩展了他们的研究。他们还提供了一个名为 Licentia 的演示程序，演示了此类服务的实际价值。这一系列工作是检测和潜在地解决许可冲突的一种有趣的方法，如通过组合一个新许可解决冲突。该方法的缺陷是自动组合的解决冲突的许可在逻辑上可能是正确的，但在实践中是无用的，因为它的条件要么太严格，要么机器可读的表示与人类可读的表示不一致。

---

① 另请参见 http://dev.iptc.org/RightsML-Implementation-Examples。

14.3　DALICC 框架

14.3.1　系统需求

根据 14.2 节，可以为 DALICC 系统推导出下列要求：①输出必须符合法律规范；②需要正确地解释给定许可的权限、义务和禁止；③必须保持规则的抽象性和技术中立性；④需要在实际应用和使用条件下支持动态规则。为实现这些目标，需要解决以下问题。

1. 处理 REL 异构性

如果所有涉及的许可证都通过相同的 REL 表示，那么合并许可证将更简单。但是，正如我们所看到的，出于不同的目的出现了各种各样的 REL，每一种都使用自己的词汇和表达。因此，很难对用不同 REL 表示的许可证进行比较。此外，有时可以通过添加来自其他 REL 的道义表达式来扩展给定 REL 的语义表达，以满足实际场景的需求。

DALICC 通过使用 W3C 认证的标准（如 RDF 和 OWL）链接来自不同 REL 的词汇表来解决这个问题，从而允许创建不同 REL 之间的映射。这种方法允许组合来自各种 REL 的词汇术语，并将它们的表达范围扩展到原始范围之外。图 14.3 通过使用来自 ccREL、ODRL 和 DALICC 词汇表的表达，演示了标准许可 CC-BY 的 RDF 图。该 RDF 图作为本部分描述的推理引擎的输入。

2. 解决许可证异构问题

是否可以将 GPL 文档许可证（如维基百科所使用的）与意大利政府开放数据许可证 v.1 结合使用？CC-BY-ND 与 UK-CROWN 兼容吗？在衍生作品的创作中，最简单的方法是只在相同的常用许可下组合内容。但这种方法过于严格，许多许可证都允许合并已授权的内容。然而，很难判断合并是否被允许，以及由此产生的内容应如何得到许可。不明确定义的术语（如"公开"或"商业用途"）、特殊条款（如相同方式共享）或隐含的先决条件（如"所有未允许的都是禁止的"或"除图像外的 CC0—参见链接中的限制"）可能会产生微妙的影响。

DALICC 通过使用一组给定的权限、义务和禁止（也称为"道义表达式"）生成一组经过审核的机器可读许可证来解决这些问题。因此，DALICC 能够组合现有标准许可证（如 Creative Commons、Apache、BSD 或 GPL）的关键操作，并且如果标准许可证不满足用户的需求，DALICC 还允许用户创建自定义的许可证。

为了达到必要的语义表达水平，我们对现有许可中的道义表达进行了深入分析，与现有的 REL 词汇进行了匹配，并添加了额外的属性，以便达到足够的表达水平[①]。图 14.4 演示了 DALICC 的一些新属性，用来以机器可读格式表示任意许可证。

```
@prefix odrl:<http://www.w3.org/ns/odrl/2/> .
@prefix : <https://dalicc.net/license-finder> .
@prefix dalicc: <https://dalicc.poolparty.biz/DALICCVocabulary>.
@prefix rdf:<http://www.w3.org/1999/02/22-rdf-syntax-ns#> .
@prefix cc:<http://creativecommons.org/ns#> .
@prefix dct: <http://purl.org/dc/terms/> .
@prefix foaf: <http://xmlns.com/foaf/0.1/> .

:CC-BY_4.0 a odrl:Policy;
odrl:permission [
        a odrl:Permission;
        odrl:target
        <http://purl.org/dc/dcmitype/Dataset>,<http://purl.org/dc/dcmitype/Sound>,<http://purl.org/dc/dcmitype/Text>,
        <http://purl.org/dc/dcmitype/Image>,<http://purl.org/dc/dcmitype/MovingImage>;
        odrl:action odrl:distribute, odrl:reproduce,odrl:extract, odrl:derive, odrl:present;
        odrl:duty [
        a odrl:Duty;
        odrl:action cc:SourceCode, dalicc:royaltyFree, dalicc:irrevocable, dalicc:worldwide, cc:Notice,
        dalicc:noWarrantyNotice, dalicc:modificationNotice, cc:attributionName
        ]
];
odrl:prohibition [
        a odrl:Prohibition;
        odrl:target
        <http://purl.org/dc/dcmitype/Dataset>,<http://purl.org/dc/dcmitype/Sound>,<http://purl.org/dc/dcmitype/Text>,
        <http://purl.org/dc/dcmitype/Image>,<http://purl.org/dc/dcmitype/MovingImage>;
        odrl:action odrl:ensureExclusivity, dalicc:sublicense, dalicc:charge
];
dct:title "Attribution 4.0 International"@en ;
dct:alternative "CC BY 4.0";
dct:publisher "Creative Commons";
foaf:logo <http://i.creativecommons.org/l/by/4.0/88x31.png> ;
dct:source <http://creativecommons.org/licenses/by/4.0/> ;
cc:legalcode """https://creativecommons.org/licenses/by/4.0/legalcode"""@en.
```

图 14.3　使用 ccREL、ODRL 和 DALICC 词汇扩展的 CC-BY 的 RDF 图

Properties Affecting The Asset	Properties Affecting The License
» dalicc:charge	» dalicc:addStatement
» dalicc:sublicense	» dalicc:attributionNotice
» dalicc:promote	» dalicc:attachOffer
» dalicc:publish	» dalicc:chargeOffer
	» dalicc:irrevocable
	» dalicc:modificationNotice
	» dalicc:noWarrantyNotice
	» dalicc:patentFree
	» dalicc:patentNotice
	» dalicc:perpetual
	» dalicc:royaltyFree
	» dalicc:worldwide

图 14.4　DALICC 词汇扩展，用于表达与资产或许可证相关的动作

[①] 以下 14 种常用许可证已在语义上表示：CC-BY、CC BY-SA、CC BY-ND、CC BY-NC、CC BY-NC-SA、CC BY-NC-ND、BSD（第 2 条）、BSD（第 3 条）、MIT、APACHE、GPLv3、GPLv2、AGPL 和 LGPL。

通过提供一组充分表达的道义表达式，DALICC 能够以高细粒度的级别表示许可条款，识别等价的许可，并在衍生作品中组合具有潜在矛盾的许可时向用户指出潜在的冲突。这些许可为 DALICC 框架奠定了基础，并为其功能组件提供了基础。

1）许可证库允许用户从一组标准许可证或用户提供给库的自定义许可证中选择。

2）许可证编辑器（license composer）使用许可证模型创建定制的许可证。

3）许可证协商器（license negotiator）处理并解释在许可证中编码的语义，检查兼容性，检测冲突并支持冲突解决。

4）许可证注释器（license annotator）提供了可以附加到资产上的机器可读和人类可读的许可证。

下面介绍这些功能组件的机制。

3. 兼容性检查、冲突检测和规则中立性

模式（如 REL）之间语义转换的一个常见问题是需要确认不同术语的含义是否保持一致。但是，很难证明类、属性或实例的等价性。对于 REL，主要的问题出现在实例中，如"非商业"、"分配"及"相同方式共享"等的精确定义。类和属性通常是简单的概念，而且非常相似。然而，并不是所有的 REL 都支持所有的类：有些忽略了"管辖权"，有的甚至根据市场的需要忽略了"终端用户"。在某种程度上，这可以通过应用语义网络标准来解决，但是仅靠映射并不能解决该问题。为了提高冲突检测的准确性，需要更精细的技术，如推理和推论机制。

为了解决这些问题，DALICC 使用了一个知识图谱，其由三个部分组成：①一组已定义的表示权限、义务和禁止的动作；②这些动作的 RDF 表示；③表示动作之间语义关系的依赖关系图。知识图谱的核心功能是对操作之间的隐式和显式语义依赖关系的专家知识进行编码。根据 Steyskal 和 Polleres 的工作[34]，对应的依赖关系图表示层次关系（例如，使用包括复制）、特定操作的派生含义（例如，销售意味着收费）和特定操作之间的冲突（例如，非衍生品与衍生品之间的冲突）。图 14.5 所示为 DALICC 知识图谱总览。

DALICC 推理引擎基于 Answer Set Program[35]的 POTASSCO 套件，并使用 ODRL 策略检测许可条款中的潜在冲突①。ODRL 策略可理解为是从许可证的 RDF 图派生出的一组规则。此处，允许或禁止对某些资产执行操作的规则不仅会影响对相同资产执行相同操作的其他规则，还会影响允许或禁止对相同资产执行相关

---

① 回答集程序在参考文献[36]之前就引起了语义网络社区的理论兴趣，因为其与著名的 SPARQL 查询语言相关。

操作的其他规则。DALICC 使用一个 RDF-to-CLINGO[①]转换器将给定的规则转换为可处理的格式，并将其封装到网络服务中，该网络服务还允许 SPARQL 查询。从这个意义上说，CLINGO 不仅是大规模实现的替代方案（在本例中，这对搜索非常重要），而且还支持列出兼容语句集。后一功能对于有效计算许可证之间的冲突是必要的，特别是对于标识许可证的冲突部分和非冲突部分。

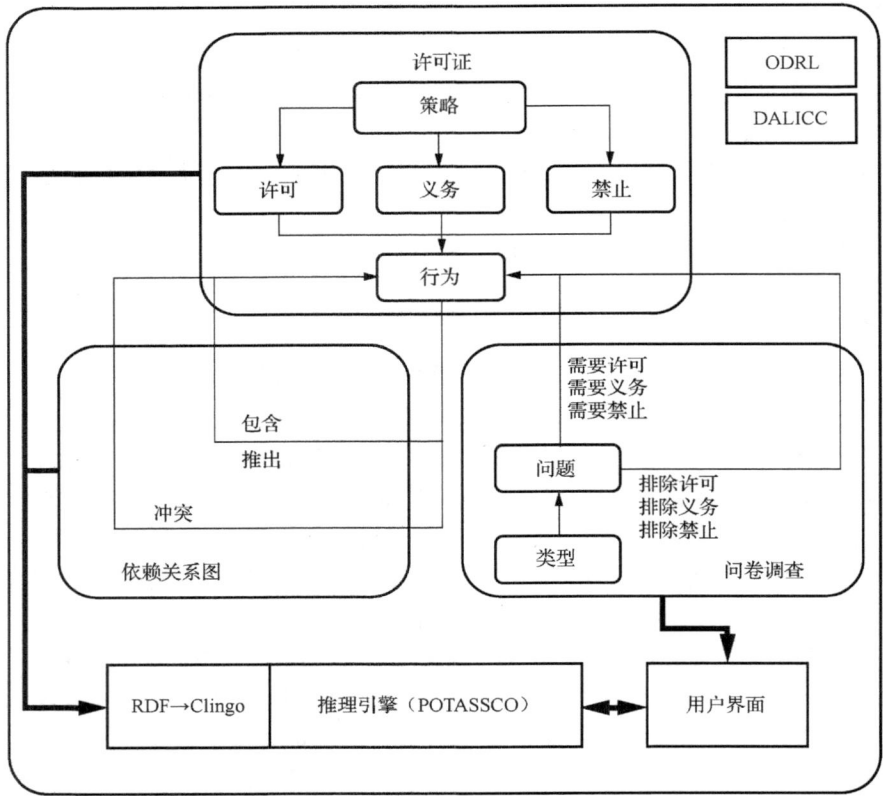

图 14.5　DALICC 知识图谱总览

4. 陈述和机器建议的法律效力

许可问题的语义复杂性意味着必须在特定的应用场景中清晰地对齐 REL 的语义。这包括根据管辖权的原产国正确地解释不同国家立法，解决由多语言衍生的问题（例如，royalties 在德国管辖范围内的多重内涵，如 Lizenzgebühr、Honorar、

---

① CLINGO 是一个 ASP 系统，用于开发和解决逻辑程序。另请参阅 https://potassco.org。

Tantiemen 和 Abgabe 等），在解决许可冲突时考虑现有判例（如 Versata vs. Ameriprise）①。

为了解决这些问题，DALICC 联盟内外的法律专家检查了机器可读许可证的法律有效性，以及推理引擎的输出是否与适用法律兼容。在几个迭代周期中，DALICC 的输出都经过了针对法律和司法管辖区的测试，检查了它的语义准确性，并相应地进行了调整。

14.3.2　DALICC 的实现与服务

DALICC 用户界面基于广泛使用的内容管理系统 Drupal（https://www.drupal.org）。后台服务使用 PoolParty 语义套件（https://www.poolparty.biz）实现，该语义套件可实现以下功能：①管理一系列问题，这些问题指导用户根据自己的需要选择许可证；②维护包含有关许可证处理领域的法律专家知识的知识图谱。DALICC 框架还提供了一个 SPARQL 终端，支持与 VIRTUOSO 三元组存储（https://virtuoso.open-linksw.com，包含 RDF 数据、推理引擎和用户界面）进行快速通信。此框架设计向用户提供四项基本服务，如图 14.6 所示。

1）许可证库包含机器可读和人类可读的许可证表示形式。许可证库可以通过全文检索访问（适合于用户已经知道他们需要哪种许可证）；也可以通过分面搜索来访问，分面搜索允许用户根据特定的标准，如资产类型（如数据集、内容或软件）、权限、义务或禁止来筛选许可证。默认情况下，许可证库由当前可用的最重要的软件和数据许可证填充。根据 Ermilov 和 Pellegrini[17]最近的一项研究，这些包括 CC0、CC-BY、CC-NC-SA、UK-OGL、DL-DE-BY-1.0、IODLv2、APACHE、BSD、GPL 和 MIT 等。随着时间的推移，会使用数据领域中经常出现的附加许可证，或者对未来的应用具有重要性的许可证（例如，国家开放数据许可证）对许可证库进行扩展。DALICC 系统还允许用户向许可证库提供自定义许可证，以便进一步重用。

2）许可证编辑器为用户提供了一个简单的服务，该服务允许声明资产的必要出处信息，并通过一系列相关问题引导用户，编制合法有效的许可证。编写人员使用 ODRL、ccREL 和 DALICC 词汇表作为规范许可术语的基本词汇表。此外，还向用户提供有关术语的全面解释，以便非专家能够理解他们的决策的法律影响，并获得必要的知识，从而编写一个可以广泛使用的同时适用于开放和封闭的许可。

---

① 另请参见 Versata，Trilogy Software，Inc.和 Trilogy Development Group 诉 Ameriprise，Ameriprise Financial Services，Inc.和 American Enterprise Investment Services，Inc.，案号 D-1-GN-12-003588；得克萨斯州特拉维斯县第 53 司法地区法院。

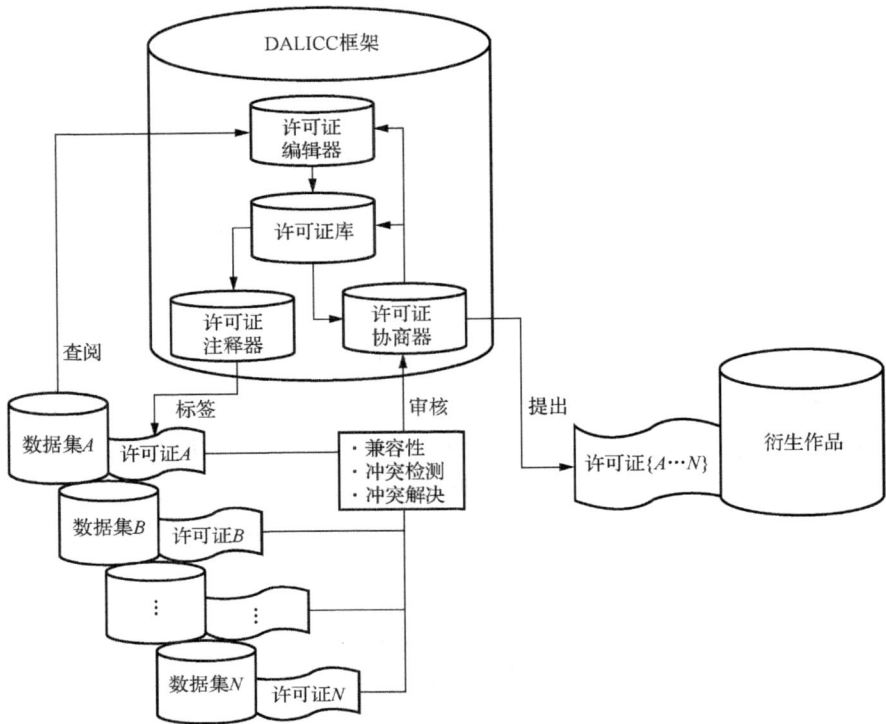

图 14.6　DALICC 服务架构

　　3）许可证协商器是 **DALICC** 的核心组成部分。通过参照应用程序提供者的上下文，其可以对许可证进行推理。许可证协商器检查所创建的许可证的逻辑一致性，提供与其他许可证的等价性、相似性和兼容性有关的信息，并支持解决许可证之间的冲突。解决策略是在一组许可证之间重新建立兼容性，而不仅仅是选择当前限制最严格的许可证，因为这样可能降低最终（组合）许可证的有用性。相反，它提出了一个语义上等价且在法律上合理的替代许可，可以解决检测到的冲突。

　　4）许可证注释器允许最终将机器可读和人类可读的许可证导出和/或附加到资产上。此操作可以针对许可证库中已有的标准许可证（如 **CC-BY**），也可以针对许可证编辑器创建的自定义许可证，还可以将每个新创建的许可证添加到许可证库中，从而支持存储库和相关知识库的增量增长。还能以各种格式提供许可证，并作为开放数据提供，以促进最大限度的重用。

14.4　建　　议

DALICC 框架应被理解为一个支持性基础架构，它以低成本有效地处理权限，大大降低了衍生作品商业开发的交易成本。但它并不打算也永远不应该取代知识渊博的关键人类专家。DALICC 系统用户或类似的使用语义技术支持关键决策服务的用户应注意以下事项：

1）无论何时，只要你发布了一个衍生作品并附上许可，你都将被追究责任。即使你的意图是好的，也要确保你创建的作品所基于的资产没有侵犯他人的知识产权。仅有一个许可证并不意味着已经获取了预先许可。

2）机器可读的复杂结构的表示永远不会捕捉并达到自然语言文本中的语义准确性。因此，机器建议总是带有开放性的解释范围，给出的建议应被理解为决策支持机制，但不能视为绝对正确。

3）可靠和可信的语义系统是透明的。如果系统不能重现或回溯给定的建议（不论是系统应用的方法不透明，还是无法说明输出的合理性方面），则应拒绝该建议。

14.5　结　　论

不论是通用许可还是特定权限的清理，都是复杂的主题，用户需要具备高度的问题意识和法律专业知识。由于主题的抽象性和复杂性，非法律专业人士需要投入大量的时间和金钱来获取这些知识并寻找可行的解决方案。语义网技术是一种可行的方法，可以创建降低主题复杂性的系统，为不同专业级别的用户提供服务并为新兴数字生态系统做出贡献。

尽管语义技术为我们提供了新的令人兴奋的技术机遇，但仍然有必要强调，技术永远不能取代人类专家。因此，DALICC 应该被理解为一个支持人们负责任和有道德地使用产权的服务，旨在为人们提供如何保护他们的资产免遭盗用的建议——保护复制权和版权，当然也要避免滥用他人资产，否则可能会损害衍生作品。

为此，DALICC 提供开放的系统文档，并在系统运行完成后将其输出作为（链接）开放数据提供。此外，还计划在双重许可下提供 DALICC 框架，从而允许各种形式的协作开发。该框架弥补了目前创建和发布数据的技术能力与合法安全地提供重用数据所需的法律架构之间的鸿沟。因此，DALICC 是一个将数据策略付诸实践的工具，促进了数据的治理。因此，根据 Deloitte[37]提供的数据价值链，DALICC 框架应该被理解为新兴数据经济赋能的一种服务。

致　谢

　　DALICC 由奥地利交通、创新和科技部（Austrian Ministry of Transport, Innovation and Technology）在 2016 年 11 月～2018 年 10 月的"未来 ICT"计划提供资金。更多信息，请访问 https://iktderzukunft.at/en 和 https://dalicc.net。

参 考 文 献

[1]　World Bank (2014) Open data for economic growth. See also http://www.worldbank.org/content/dam/Worldbank/document/Open-Data-for-Economic-Growth.pdf. Accessed 29 Nov 2017.

[2]　IDC & Open Evidence (2013) European Data Market. SMART 2013/0063. See also https://drive.google.com/a/open-evidence.com/file/d/0B5Co3wBffnzhUTBQUklCS0VoRTg/view?pref=2&pli=1. Accessed 29 Nov 2017.

[3]　Granickas K (2013) Understanding the impact of releasing and re-using open government data. In: European Public Sector Information Platform. Topic report no. 2013/08. See also http://www.epsiplatform.eu/sites/default/files/2013-08-Open_Data_Impact.pdf. Accessed 29 Nov 2017.

[4]　OECD (2008) Intellectual assets and value creation. See also http://www.oecd.org/sti/inno/40637101.pdf. Accessed 29 Nov 2017.

[5]　Roehring P, Pring B (2013) The value of signal and the cost of noise. Oxford Economics, London.

[6]　ENISA (2013) Detect, SHARE, protect solutions for improving threat data exchange among CERTs, Oct 2013.

[7]　European Commission (2014) Towards a thriving data-driven economy. Brussels, 2.7.2014, COM(2014) 442 final.

[8]　Hoffmann A, Schulz T, Zirfas J, Hoffmann H, Roßnagel A, Leimeister JM (2015) Legal compatibility as a characteristic of sociotechnical systems. Bus Inf Syst Eng 57(2):103-113. https://doi.org/10.1007/s12599-015-0373-5.

[9]　Ball A (2014) How to license research data. A Digital Curation Centre and JISC Legal 'working level' guide. http://www.dcc.ac.uk/resources/how-guides/license-research-data. Accessed 29 Nov 2017.

[10]　Frosterus M, Hyvönen E, Laitio J (2011) Creating and publishing semantic metadata about linked and open datasets. In: Wood D (ed) Linking government data. Springer, New York, pp 95-112.

[11]　Guibault LM (2011) Open content licensing: from theory to practice. Amsterdam University Press, Amsterdam.

[12]　Hyland B, Wood D (2011) The joy of data-a cookbook for publishing linked government data on the web. In: Wood D (ed) Linking government data. Springer, New York, pp 3-26.

[13]　Archer P, Dekkers M, Goedertier S, Loutas N (2013). Study on business models for linked open government data. ISA programme by PwC EU Services. European Commission. See also https://www.w3.org/2013/share-psi/workshop/krems/papers/LinkedOpenGovernmentDataBusLinkedOpen. Accessed 29 Nov 2017.

[14]　Pellegrini T (2014) Linked Data Licensing-Datenlizenzierung unter netzökonomischen Bedingungen. In:

Schweighöfer E et al (eds) Transparenz. 17. Int. Rechtsinformatik Symposium IRIS 2014. OCG Verlag, Wien.

[15] Sande MS, Portier M, Mannens E, Van de Walle R (2012) Challenges for open data usage: open derivatives and licensing. https://www.w3.org/2012/06/pmod/pmod2012_submission_4.pdf. Accessed 12 Feb 2016.

[16] Sonntag M (2006) Rechtsschutz für Ontologien. In: e-Staat und e-Wirtschaft aus rechtlicher Sicht. Richard Boorberg Verlag, Stuttgart.

[17] Ermilov I, Pellegrini T (2015) Data licensing on the cloud: empirical insights and implications for linked data. ACM Press, pp 153-156. https://doi.org/10.1145/2814864.2814878.

[18] Jain P, Hitzler P, Janowicz K, Venkatramani C (2013) There's no money in linked data. http://knoesis. wright.edu/pascal/pub/nomoneylod.pdf. Accessed 29 Nov 2017.

[19] Houghton J (2011) The costs and benefits of data provision. Report to the Australian National Data Service. Centre for Strategic Economic Studies, Victoria University.

[20] Frangos J (2015) New transparency in licensing: overview of the licensing facilitation act. Informed Couns 6(1):2.

[21] Kirrane S, Mileo A, Decker S (2015) Access control and the resource description framework: a survey. Semant Web J. See also http://www.semantic-web-journal.net/content/access-controland-resource-description-framework-survey. Accessed 29 Nov 2017.

[22] Prenafeta J (2010) Protecting copyright through semantic technology. Publ Res Q 26(4):249-254.

[23] Rodriguez E, Delgado J, Boch L, Rodriguez-Doncel V (2015) Media contract formalization using a standardized contract expression language. IEEE Multimed 22(2):64-74. https://doi.org/10.1109/MMUL.2014.22.

[24] Rodriguez-Doncel V, Delgado J (2009) A media value chain ontology for MPEG-21. IEEE Multimed 16(4):44-51. https://doi.org/10.1109/MMUL.2009.78.

[25] Pucella R, Weissman V (2002) A logic for reasoning about digital rights. In: Proceedings of the 15th IEEE workshop on Computer Security Foundations. IEEE Computer Society, Washington, DC, pp 282-294.

[26] Garcíet R, Gil R (2009) Copyright licenses reasoning an OWL-DL ontology. In: Proceedings of the 2009 conference on law, ontologies and the semantic web: channelling the legal information flood. IOS Press, Amsterdam, pp 145-162.

[27] García R, Gil R, Delgado J (2004) Intellectual property rights management using a semantic web information system. In: Meersman R, Tari Z (eds) On the move to meaningful Internet systems 2004: CoopIS, DOA, and ODBASE, vol 3290. Springer, Berlin/Heidelberg, pp 689-704.

[28] García R, Gil R, Delgado J (2007) A web ontologies framework for digital rights management. Artif Intell Law 15(2):137-154. https://doi.org/10.1007/s10506-007-9032-6.

[29] Villata S, Gandon F (2012) Licenses compatibility and composition in the web of data. In: Third international workshop on consuming linked data (COLD 2012), Boston, Nov 2012, https://km.aifb.kit.edu/ws/cold2012/. hal-01171125.

[30] Governatori G, Lam H-P, Rotolo A, Villata S, Auguste Atemezing G, Gandon F (2014) LIVE: a tool for checking licenses compatibility between vocabularies and data, vol 1272. See also https://hal.inria.fr/hal-01076619. Accessed 29 Nov 2017.

[31] Rotolo A, Villata S, Gandon F (2013) A deontic logic semantics for licenses composition in the web of data. In: Proceedings of the fourteenth international conference on artificial intelligence and law, ICAIL '13. ACM, New York, pp 111-120. https://doi.org/10.1145/2514601.2514614.

[32] Guido G, Ho-Pun L, Antonino R, Serena V, Fabien G (2013) Heuristics for licenses composition. Frontiers in artificial intelligence and applications. pp 77-86. https://doi.org/10.3233/978-1-61499-359-9-77.

[33] Cabrio E, Palmero Aprosio A, Villata S (2014) These are your rights. In: Presutti V, d'Amato C, Gandon F, d'Aquin M, Staab S, Tordai A (eds) The semantic web: trends and challenges. Springer International Publishing, Cham, pp 255-269.

[34] Steyskal S, Polleres A (2015) Towards formal semantics for ODRL policies. In: Rule technologies: foundations, tools, and applications-9th international symposium, RuleML 2015, Berlin, Germany, August 2-5, 2015, Proceedings, pp 360-375. https://doi.org/10.1007/978-3-319-21542-6_23.

[35] Gebser M, Kaufmann B, Kaminski R, Ostrowski M, Schaub T, Schneider M (2011) Potassco: the potsdam answer set solving collection. AI Commun 24(2):107-124.

[36] Polleres A, Wallner JP (2013) On the relation between SPARQL1. 1 and answer set programming. J Appl Non-Class Log 23(1-2):159-212.

[37] Deloitte (2012) Open growth. Stimulating demand for open data in the UK. See also http://www2. deloitte.com/content/dam/Deloitte/uk/Documents/deloitte-analytics/open-growth.pdf. Accessed 29 Nov 2017.

第15章

管理文化资产：典型的文化遗产档案 使用场景的挑战

本章要点

1）在文化遗产领域，数据的交换和相似馆藏的整合是经常进行的任务，也是该领域面临的较大挑战之一。

2）文化遗产领域有大量的档案和馆藏，要使档案和馆藏被广泛访问，关键任务在于链接这些数据清单。这就需要链接数据和语义网技术。

3）链接和连接数据清单要求在这一领域应用法律和事实的标准。

15.1 简　　介

在文化遗产领域，管理者和档案工作人员往往关心的是档案之间的数据交换和整合内容类似的馆藏。该领域的典型使用场景只能通过语义集成所有可能的数据源来实现。因此，其主要的困难是数据清单的不同组成和范围。此外，它们可能有不同的结构，且经常被存储在分布式的和异构的数据源中。此外，全球互联网导致出现多语言内容，这使得集成数据源更加困难。因此，语义集成的主要任务是通过建立适当映射，来处理数据模型、模式、语义、语言、粒度、深度、领域和数据范围及相应的元数据资源的不同程度的异构性。

语义网技术可能是这些难题和挑战的解决方法。例如，本体匹配已经成功地应用于链接某些异构类型。但是，语义网技术不适合解析和映射，即不适合集成所有程度的异构冲突。这是因为自动技术尚未产生令人满意的结果。此外，大多数进行匹配、映射和生成的集成技术只适用于高度形式化的本体，而实践中使用的是轻量级本体和模式的组合。因此，对于当前部署的本体而言，匹配结果的质量不足。然而，匹配对于分布式数据源的语义集成至关重要。因此，语义集成的主要部分仍然由领域专家手工完成，至少应采用半自动技术来支持他们的工作。

今天，大量的标准和分类法被广泛应用于文化遗产领域。它们通过适当的映射进行自动匹配和解决相应的异构性，从而促进语义集成。标准提出的模型和模式中都包括词汇的混合和匹配，这使得识别词汇表之间的联系和正确理解它们的语义成为这种语义整合的主要挑战。

本章描述了文化遗产档案领域的典型使用场景，并讨论了使用语义网络技术实现这些使用场景的方法，此外，还介绍了该领域常用的标准和词汇表，并讨论了集成这些词汇表的方法。

15.2　文化遗产领域的特征

文化遗产是历史留给人类的宝贵财富。它从形态上分为物质文化遗产（有形文化遗产）和非物质文化遗产（无形文化遗产）。但是，这些文化遗产的定义并无定论，诸如舞蹈或戏剧之类的非物质文化是否也是社会文化遗产的一部分，现在仍有争议。这导致需要对有形和无形遗产做出判断[1]。如今，大多数定义包括非物质文化遗产[1]。

在文化遗产领域中，在更大的上下文中交换档案数据并在语义上整合馆藏是档案工作人员和管理者最大的工作量。后续将描述该领域的典型使用场景，这些场景通常只能通过集成所有可用数据源来实现。实现此目标的主要困难是数据清单的组成及范围的差异。它们由复杂的结构组成，通常存储在分布式资源中。此外，全球联网导致产生多语言内容，这使得数据源的语义集成更加困难。因此，构建文化遗产档案并将其与相同领域的其他档案联系起来的主要任务包括桥接数据模型、模式、语义、语言、粒度、深度、领域、数据范围[2]和相应的元数据资源，方法是建立适当的映射，进行语义集成[3]。

文化遗产领域存在很多馆藏和档案。多年来，将这些数据清单联系起来一直是该领域的一个活跃的研究课题。Europeana 等项目试图通过建立虚拟档案或库来形成异构数据源并提供对其内容的单点访问[4]。该领域正在进行的研究工作也使得数据模型、元数据模式和相应词汇表具有多样性。复用这些模型、模式和词汇表可能简化对不同数据清单的链接，并提供查询各种数据集的方法。这涉及数据链接的整个概念，即以创建一个全局数据空间[5]的方式在网络上发布数据。那么，链接数据和语义网络技术在该领域的广泛应用也就不足为奇了。

15.3 领域的档案标准

档案在文化遗产领域面临的主要挑战是分布式和异构数据源的语义集成，尤其是弥合数据清单之间不同程度和类型的异构性。此外，还要让数据易于访问并且支持互操作性。这对档案技术架构产生了更多需求。

15.3.1 开放档案信息系统

ISO 14721:2012 开放档案信息系统（open archival information system，OAIS）是一种概念参考模型的标准，该模型适用于具有类似要求的档案技术架构。参考模型由 NASA[3] 开发。OAIS 的目标是"建立一个数字化和实体化的信息存档系统，其组织模式由负责存储信息并将信息提供给指定社区的人员制定"。参考模型提供了具有单个访问和摄取点的简单架构，以及用于联合档案的架构。其涵盖的任务包括摄取、包装、认证、保存计划和数据管理。它是一个纯粹的概念性的标准，因此不对具体的技术进行建议。

但是，它确实定义了一个基于信息包的信息模型，这些信息包中包含数据对象、对象的保存和相关元数据的信息。其共有三种类型：发送档案的提交信息包（submission information package，SIP）、存储在档案中的存档信息包（archival information package，AIP）和从档案发送的发布信息包（dissemination information package，DIP）。

OAIS 参考模型描述了档案结构中的功能实体及其主要任务。此外，它还描述了档案中的接口和数据流及连接到数据使用者和生产者的外部连接器。通过联合或协作档案来共享功能实体是该标准涉及的另一个主题。

围绕 OAIS 参考模型设计档案架构有助于考虑数据收集、组装、集成、管理、保存和可访问性，还可能减少链接和组合档案的工作，这是该领域经常面临的任务。

15.3.2 元数据标准

在文化遗产领域，存在大量的常用标准和分类法，它们的自动集成可以促进数据模式和数据实例级别的语义集成。标准中提出的每个模式都由可用词汇表的混合和匹配组成，这使得识别词汇表之间的联系和正确解释其语义成为语义集成的主要挑战之一。不过，使用这些词汇表和模式仍是明智的，因为其简化了数据资源之间的链接和交换。

已有的词汇表和模式涵盖了不同的主题和任务，范围从基本模式到某些元数据区域。表 15.1 显示了该领域中广泛使用的词汇表和模式列表。它们既不完整，也不是最流行的词汇表和模式，目的是显示已有词汇表的广阔的范围及其不同的布局。

表 15.1 文化遗产领域中常用元数据词汇表总览

名称	类型	描述
BIBFRAME[6]	模式	主要用于图书馆
CDWA Lite [7]	模式	用于盎格鲁-撒克逊地区，包含在 Getty society 中
CIDOC-CRM [8]	模式	主要用于档案馆和博物馆
EDM[9]	模式	欧洲数据模型 the European data model
FRBR [10]	模式	倾向于用于图书馆，但也用于档案馆和博物馆
Dublin Core [11]	元数据词汇表	注释和来源
PBCore [12]	元数据词汇表	Dublin Core 关注于媒体资产的扩展
FOAF （Brickley, Miller [13]）	元数据词汇表	人物数据
schema.org [14]	元数据词汇表	网页的注释
SKOS and SKOS-XL（Miles, Bechhofer [15]）	模式和元数据词汇表	叙词表和分类法及注释和来源

建议使用法律甚至事实的标准，因为其可以使数据集成更加容易。重复使用的范围取决于领域中的使用场景。

15.4 语义技术

文化遗产领域的典型使用场景只有通过集成所有可用数据源才能实现。因此，其主要的问题是数据清单的不同组成和范围。它们由复杂的结构组成，通常被存储在分布式资源中。此外，全球网络化产生了多语言内容，这使得数据源的集成更加困难。因此，我们的主要任务是弥合语言、语义、深度和范围等不同程度的异构性。

解决这些难题的方案就是运用语义网技术。例如，本体匹配已经成功地应用于处理一些程度和类型的异构。然而，它并不适用于所有程度和类型，这是由于自动匹配技术还没有带来令人满意的结果。此外，大多数匹配技术只适用于高度形式化的本体，而实践中使用的是轻量级本体和模式的组合。因此，对于当前部署的本体，匹配结果的质量是不够的。但是，这对于语义集成的成功是至关重要的，因此数据集成的主要部分仍然由领域专家手工完成，至少应该用半自动技术来代替这些过程。

15.5　典型使用场景

通过与文化遗产领域的数据提供者、管理者和档案工作人员的专家访谈，我们得出了以下重要使用场景。本节描述了每种使用场景，并讨论了可以应用哪些标准和技术来支持这种场景。

15.5.1　共享媒体文件

文化遗产领域的管理者和档案工作人员通常需要管理视频和照片等媒体资产。通常，数字档案来源于收集的纸质材料，通过扫描文件和手工注释文件将其数字化。

因此，由于媒体文件的特性，共享媒体文件在这一特定领域中非常重要。将表演或展览存档通常相当于将这些艺术品的视频和照片存档，因为这是它们唯一的事实来源。此外，甚至可能不存在艺术品的文本内容，或者相关资源包含很少的信息（例如，展览的海报或通知），这就导致了注释的特殊重要性。尽管近年来视频和图像分析算法有所改进，但在戏剧中寻找某个场景或在图画中检测某个特殊特征仍然严重依赖于注释和元数据。

在语义网技术的支持下，我们可以注释数据和创建元数据。某些事实上的标准词汇表，如 Dublin Core[11]、FOAF（Brickley、Miller[13]）、SKOS （Miles、Bechhofer[15]）和 MPEG 7[16]，提供了满足这些需求的模式。通过使用它们，不仅可以增强元数据的创建，而且如果使用相同的标准词汇表，档案之间的链接也会更容易。

但是，数据注释只是挑战之一。为了在可接受的时间范围内满足消费者的需求，共享媒体文件还要求档案接口具有良好的性能和高带宽。众所周知，语义网接口性能低下。因此，通常需要缓存关联数据内容，并使用语义集成、特征提取和索引技术（如 Apache Solr、Apache kafka 和 Apache Flink[17]）提供其他接口[18]以保证足够的性能。因此，需要围绕语义网及数据分析和数据集成技术仔细设计语义集成的媒体内容接口。

15.5.2　以文本形式存档内容数据

虽然共享媒体文件对于文化遗产领域的档案来说非常重要，但是以文本形式提供内容也起着重要的作用。访谈记录、舞台指示和绘画解释包含着重要的文本信息，可供档案消费者（如学者）使用。为了在搜索档案时方便地访问这些数据，通常使用文本分析算法和词性标记从内容数据中提取元数据。

在这一情况下，通常使用本体[18]，它们可以作为分类、标记、文本提取、命名实体识别和命名实体链接[19]的基础。通常情况下，辞典和列表足以完成这些任务，并且不需要太多的初始处理工作。是否需要投入精力使用本体，取决于用户场景和用例（见第 2 章）。例如，在关联数据的背景下使用档案数据，对注释和元数据使用 LD 词汇表可能有助于简化分享和减少数据集准备工作。

15.5.3　提供用户友好的数据共享界面

基于通用标准提供一致的接口，可以节省数据制作人员的时间和精力，特别是对于那些定期提供新数据的人员（例如，每次表演后上传照片），因为他们只需要将上传工具统一成某个标准即可，并且由于标准共享，甚至能够重用接口。因此，依赖外部数据生产者的档案工作人员和管理者应努力提供用户友好的数据共享接口，这不仅可以减少生产者的时间和工作，还可以减少档案工作人员和管理者导入和重新处理数据集的工作。

在该场景中，还要检查 OAIS 参考模型建议的数据流的描述[20]，该数据流是应用程序为数据生产者提供的接口产生的，以及需要定义数据生产者发送到档案的提交信息包（submission information package，SIP），如图 15.1 所示。

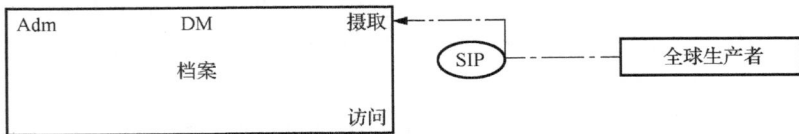

图 15.1　数据生产者发送到档案的 SIP

与以往定义不同，收集和摄取数据的来源并不仅限于已定义的数据生产者，从社会网络系统和数据共享平台导入数据已成为一种普遍的使用场景[21]。因此，我们需要一种简单且易于管理的方法记录该数据。

自动分享和摄取数据的常用技巧是使用应用程序配置文件，这种文件定义了有效内容和数据结构的规则[22]。在最基本的形式中，带有数据摄取定义的手工数据条目指南（例如，必填属性及其可接受的数据格式列表）可以用作应用程序配置文件。通过对新内容进行自动验证，机器可读的应用程序配置文件减少了手工导入工作。RDF 格式的应用程序配置文件还支持通过推理对现有内容和新内容进行链接。下面的清单显示了 RDF 中 Description Set Profile（描述集配置，Dublin Core 应用程序配置文件的约束语言）的一部分[23]。

```
:dTemplate_video rdf:type :DescriptionTemplate;
  dsp:minOccur "0"^^xsd:nonNegativeInteger;
  dsp:maxOccur "Infinity"^^xsd:string;
  dsp:resourceClass :Video;
  dsp:statementTemplate :litST_title,
:litST_mediaPosition,
:nonlitST_embodimentPerformance,
:nonlitST_depicts.
```

约束包含":Video"类的个体数量信息，并描述了哪些谓词可用于这些实体。在导入过程中，可以根据这些约束对视频数据集进行解析和验证。

15.5.4 使档案内容可发现

在媒体存档器的日常工作中，有很大一部分工作是致力于使数据可查找和访问。花在这项工作上的时间很大程度上取决于元数据和注释数据的质量。另一个因素是用户搜索选项的范围和多样性：他们是否只能搜索名称和日期，还是可以浏览整个内容？他们是否可以通过寻找"红鞋"找到某个表演的视频，还是他们必须提供艺术家的姓名和创作日期才能找到某幅画？

RDF 中存在着各种各样的元数据词汇表，其中一些词汇表已经在该领域得到了广泛的应用，这在前文中已进行了描述。将不同数据源的内容链接起来，并通过推理自动派生数据的可能性很高，因此在这种使用场景中建议使用语义网络技术。SPARQL（RDF 的查询语言）的强大功能进一步支持了这一点，其用于查询和操作 RDF 数据存储[24]。

此外，在过去的十年中，描述来源的本体［例如，Dublin Core Metadata Initiative（都柏林核心元数据计划）[11]，或开放来源模型[25]］已经得到了发展[26]。来源数据在成功查询和搜索数据时起着重要的作用。因此，使用这些本体可以提高搜索质量。但是，XML 中也存在注释和元数据词汇表，甚至 XML 中还存在一些来源词汇表（例如，开放来源模型）。因此，不一定需要使用 RDF，而是由档案的提供者决定哪种技术最合适。

语义网技术也可以用于用户的访问端：语义注释和本体可用于帮助理解和处理文本搜索请求。同样，这里也有性能问题。因此，必须权衡搜索质量和响应时间。

15.5.5　档案之间的互连

一般来说，OAIS[27]是一个完备的独立实体。然而，出于多种原因，需要考虑OAIS及其应用技术或组织之间的互联。例如，为了使档案数据能够被更广泛地指定社区访问，档案工作人员和管理者可以将他们的档案与同一领域的其他档案链接起来。例如，一个包含西班牙艺术家的画作的收藏可以链接到一个档案，里面有巴勃罗·毕加索（Pablo Picasso）展览的数据。这两个应用的用户都可以从增加的数据量中获益，从而允许他们向其终端用户提供更多的数据，而不必扩展他们的馆藏或档案内容。

链接馆藏和档案的另一个好处是可以比较数据集。例如，可以通过将数据与来自不同馆藏的类似数据集进行比较以验证数据的来源。这种方法有可能发现不一致之处。

在当前版本中，OAIS ISO 将 OAIS 之间共享内容和功能的关系分为四类：独立的、合作的、联合的和共享的资源。

在共享资源中，两个或多个 OAIS 将共享一组 OAIS 功能实体（functional entity，FE），以减少实现和维护的相关成本。然而，即使在这种情况下，形成完整的 OAIS 功能实体所需的所有功能操作仍然是一项繁重的任务。

关于这一点，已经在审查中发出了变更请求。如果获得批准，OAIS ISO 将引入带有分布式功能实体（distributed functional entity，DFE）的虚拟档案（virtual archives，VA）。其中，虚拟档案是 OAIS 之间的协议，以互补的方式将它们的分布式功能链接或集成在一起。这实质上使不同功能的集成成为可能，即可从不同的 OAIS 构建 OAIS 功能实体的完整功能体。

然而，在 OAIS ISO 中，在"合作"OAIS 类别下明确描述了档案之间的共享内容。在该交互类别中，OAIS1 可以充当第二个 OAIS，即 OAIS2 的消费者。在更为复杂的方案中，OAIS1 和 OAIS2 可以充当第三个 OAIS（OAIS3）的数据生产者和消费者。因此，消费者必须在所有档案中单独搜索，以找到感兴趣的数据对象[20]。

本质上，通过共享一个公共目录，可使用单个接口访问多个档案。这种方法在 OAIS 交互类别"联合"中进行了描述。在这里，OAIS 具有将档案的元数据和注释结合在一起的公共目录。搜索查询将使用公共目录的内容进行验证，并在相应的档案中进行处理。与请求匹配的发布信息包（dissemination information package，DIP）将被发送给消费者，如图 15.2 所示。

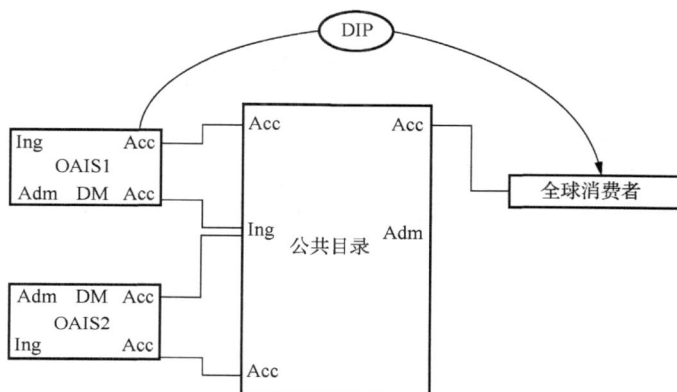

图 15.2　访问公共目录后，包含所请求数据内容的 DIP 由一个关联 OAIS 发送给用户

然而，联合 OAIS 也有几个问题。其中，必须将唯一标识符应用于非冲突访问，并且必须在 OAIS 之间正确处理用户管理，从而只允许已经授权的用户进行访问。

OAIS 参考模型还没有将联合档案的概念用于提交方法。联合档案可以使用公共摄取接口，并接收双向提交信息包来更新其存档存储。

应用语义网技术的一种方法是通过本体匹配的方法生成公共目录。本体匹配是在不同的本体中发现相似的概念或实体，对它们的对应关系进行评分，并将匹配结果存储在对齐记录中[2]。下面的清单显示了使用对齐 API[28]的本体匹配结果的摘录：

```
<Cell>
<entity1 rdf:resource="http://ontology1.owl#Person" />
<entity2 rdf:resource="http://ontology2.owl#Artist" />
<measure rdf:datatype="http://www.w3.org/2001/XMLSchema#float">
0.75</measure>
<relation>=</relation>
</Cell>
```

清单显示 Person 和 Artist 之间的匹配度为 0.75。

这样的对齐可以作为公共目录的基础。这将在异构模式之间提供链接，从而减少创建公共目录的手工工作量。

15.6 建 议

如何将文化遗产领域的档案进行语义链接，以及弥合不同程度的异构性？

1）利用标准。由于在该领域中已经存在大量的其他档案和馆藏，因此使用标准有助于减少将档案与其他源进行集成和链接的工作量。

2）检查该领域中常用的元数据词汇表，并加以利用。

3）虽然鼓励使用语义网技术，因为其绝对适合该领域，但是应该谨慎使用，如可能会出现性能问题。

15.7 结 论

文化遗产领域的管理者和档案工作人员面临许多挑战，其中主要的挑战是数据集成和如何使数据可被广泛访问。由于已经存在大量的档案和馆藏，在异构数据清单之间链接和交换数据是档案工作人员和管理者关注的另一项任务。

这些挑战可以通过使用该领域的法律和事实标准来克服。例如，按照 OAIS 参考模型设计档案有助于之后集成其他档案或数据源。使用已有词汇表构成档案的模式，并应用常用词汇表对数据进行注释，可以支持交换数据和提供标准接口。

领域环境支持使用链接数据和语义网技术，然而，它们并不总是提供最佳解决方案，应根据使用场景确定要使用的技术。

参 考 文 献

[1] Vecco M (2010) A definition of cultural heritage. From the tangible to the intangible. J Cult Herit 11(3):321-324.

[2] Euzenat J, Shvaiko P (2013) Ontology matching, 2nd edn. Springer, Berlin.

[3] Visser U, Schuster G (2002) Finding and integration of information-a practical solution for the semantic web. In: Web semantics: science, services and agents on the World Wide Web. pp 74-79. Elsevier, Amsterdam.

[4] Isaac A, Clayphan R, Haslhofer B (2012) Europeana: moving to linked open data. Inf Stand Q 24(2/3):34-40.

[5] Bizer C, Heath T, Berners-Lee T (2009) Linked data-the story so far. In: Semantic services, interoperability and web applications: emerging concepts. pp 205-227. IGI Global, Hershey, Pennsylvania.

[6] Overview of the BIBFRAME 2.0 Model (2010) BIBFRAME-Bibliographic Framework Initiative, Library of Congress. Available online at https://www.loc.gov/bibframe/docs/bibframe2-model.html. Checked on 15 May 2017.

[7]　CDWA Lite (2016) Available online at http://www.getty.edu/research/publications/electronic_publications/cdwa/cdwalite.html. Updated on 1 Feb 2016, checked on 15 May 2017.

[8]　CIDOC CRM (2017) Available online at http://www.cidoc-crm.org/. Updated on 15 May 2017, checked on 15 May 2017.

[9]　Europeana Data Model Documentation (2014) Available online at http://pro.europeana.eu/page/edm-documentation. Checked on 15 May 2017.

[10]　Bekiari C, Dörr M, Le Boeuf P (2008) FRBR. Object-oriented definition and mapping to FRBRER. International Working Group on FRBR and CIDOC CRM Harmonisation. Available online at http://www.ifla.org/files/assets/cataloguing/frbrrg/frbr-oo-v9.1_pr.pdf. Checked on 26 Jan 2016.

[11]　Dublin Core Metadata Initiative (2012) DCMI metadata terms. Available online at http://dublincore.org/documents/dcmi-terms/. Checked on 29 June 2017.

[12]　pbcore.org-Public broadcasting metadata dictionary project. Available online at http://pbcore.org/. Checked on 15 May 2017.

[13]　FOAF Vocabulary Specification (2014) Available online at http://xmlns.com/foaf/spec/. Updated on 14 Jan 2014, checked on 15 May 2017.

[14]　schema.org. Available online at http://schema.org/. Checked on 15 May 2017.

[15]　SKOS Simple Knowledge Organization System Reference (2009) Available online at https://www.w3.org/TR/2009/REC-skos-reference-20090818/. Updated on 18 Aug 2009, checked on 15 May 2017.

[16]　Kosch H, Heuer J (2005) MPEG-7. Gesellschaft für Informatik (GI). Available online at https://gi.de/service/informatiklexikon/detail/mpeg-7/. Updated on 4 Nov 2017, checked on 11 Nov 2017.

[17]　The Apache Software Foundation (2017) Apache projects. Available online at http://www.apache.org/index.html#projects-list. Updated on 27 Apr 2017, checked on 15 May 2017.

[18]　Deuschel T, Heuss T, Humm B, Fröhlich T (2014) Finding without searching: a serendipity-based approach for digital cultural heritage. In: Proceedings of the digital intelligence (DI) conference, Nantes, 17-19 Sept 2014.

[19]　Swoboda T, Hemmje M, Dascalu M, Trausan-Matu S (2016) Combining taxonomies using Word2vec. In: Sablatnig R, Hassan T (eds) Proceedings of the 2016 ACM symposium on document engineering, DocEng 2016, Vienna, 13-16 Sept 2016, ACM, pp 131-134. Available online at http://doi.acm.org/10.1145/2960811.2967151.

[20]　The Consultative Committee for Space Data Systems (2012) Reference model for an Open Archival Information System. Available online at https://public.ccsds.org/pubs/650x0m2.pdf.

[21]　Salman M, Buechner MFW, Vu B, Brocks H, Becker J, Heutelbeck D, Hemmje M (2016) Integrating scientific publication into an applied gaming ecosystem. GSTF J Comput (JoC) 5(1). Available online at http://dl6.globalstf.org/index.php/joc/article/view/1650. Checked on 19 Sept 2016.

[22]　Reinking K (2013) Einsatz eines Dublin Core Application Profile im digitalen Archiv der Pina-Bausch-Stiftung.Bachelorarbeit. Hochschule Darmstadt, Darmstadt.

[23]　Nilsson M (2008) Description set profiles: a constraint language for Dublin Core Application Profiles. Available online at http://dublincore.org/documents/dc-dsp/. Checked on 15 May 2017.

[24]　Hitzler P (2008) Semantic Web. Grundlagen. Springer, Berlin/Heidelberg (eXamen.press). Available online at https://doi.org/10.1007/978-3-540-33994-6.

[25] The Open Provenance Model (2011) Available online at http://openprovenance.org/. Updated on 27 June 2011, checked on 15 May 2017.

[26] Ding L, Bao J, Michaelis JR, Zhao J, McGuinness DL (2010) Reflections on provenance ontology encodings. In: McGuinness DL, Michaelis JR, Moreau L (eds) Provenance and annotation of data and processes. Third international provenance and annotation workshop, IPAW 2010. Troy, NY, USA. Springer, Berlin/Heidelberg, pp 198-205.

[27] ISO 14721:2012. Space data and information transfer systems-Open Archival Information System (OAIS)-Reference model. Available online at https://www.iso.org/standard/57284.html. Checked on 15 May 2017.

[28] David J, Euzenat J, Scharffe F, Trojahn dos Santos C (2011) The alignment API 4.0. Semant Web J 2:3-10.

第 16 章

语义流程过滤气泡

本章要点

1）在建模流程中，应当自动对业务流程模型进行标注。

2）使用语义标签的基于知识的导航会创建过滤气泡，从而支持模型阅读器访问相关信息。

3）流程上下文信息能够有效地推荐可用的知识空间元素。

4）型元素的标签信息创建了上下文信息，该信息可用于基于语义搜索机制的文档推荐。

16.1 简 介

随着新的存储位置和创建数据的新应用程序的增加，企业环境中的信息搜索变得越来越麻烦，为此我们引入了基于知识的导航概念，作为查找相关信息的替代方法。这一概念的目的是从业务流程中收集信息，以更好地浏览更大的模型集合和相关信息。这一概念的目的还包括识别符合导航意图的数据类型，以及创建用户友好的应用程序来显示信息。

这一概念已经在局域网环境中实现，本章也将对其实现进行描述。

16.1.1 信息社会中的流程概念

"流程"一词具有不同的含义。本章将在知识管理背景中对其进行研究：我们希望处理业务流程。业务流程可以用几种方式（如通过文本、使用表格、通过图片或使用模型）进行描述。模型可以包含图片，也可以用逻辑的方式描述流程。

业务流程建模目前主要有两个用例：一方面，创建流程模型是出于技术原因；

另一方面，是为了记录或组织。关于技术流程建模，用例是"图形化编程"，其中应用程序（工作流）是根据模型创建的。为了创建应用程序，这种流程模型需要大量详细的技术信息（参见参考文献[1]、[2]）。其不适合作为流程的文档或组织视图，那些是为了让非技术读者理解这一流程如何运行；也无法通过查看提到的技术模型（工作流程）来获得多个流程互连的一般概念。

文件或组织流程建模用于准备认证审核，支持组织设计，在质量管理的背景下定义新系统的需求，也可用于知识管理。这些模型通常在组织内部以某种门户应用程序的形式发布。

基于知识的导航概念是基于对业务流程的描述，也称为流程模型。在这个意义上，流程模型不仅描述流程的事件和步骤，还描述所涉及的系统、角色、文档和其他数据。

在建模时，流程模型的元素与相关知识空间中可用的其他内容相连接，以便允许用户通过门户以精准的方式访问这些内容。连接到其他内容的一种方法是通过业务对象的分配进行标记。业务对象是执行业务流程的核心元素。在流程建模期间，业务对象将自动分配给流程步骤，从而分配给业务流程模型。角色也是有关的。使用所有这些上下文信息，将创建一个过滤气泡，帮助用户有目的地访问信息。

在下文中，我们将重点讨论在知识管理上下文中使用的文档模型（业务流程）。

16.1.2　当前问题

业务流程模型常被用于描述组织协作[3]。由于这个原因，它们需要将额外的信息（如指导方针、表单、职责、风险等）分配给相应的流程元素。这些信息通常也是其他信息集合的一部分。整个信息（流程模型和分配的信息）形成了一个由关联数据和图形元素组成的复杂结构，需要有工具支持才能有目的地浏览这些结构。

通常，流程模型发布在流程门户网站上，如使用 Microsoft SharePoint 服务器，或者生成 HTML 表示形式。这些表示形式可能变得庞大而复杂，这意味着很难找到特定的信息。因此，寻找或过滤信息的工具是必要的。一些搜索和导航功能已经可用，如基于用户角色或工作流功能进行过滤，以检索正在执行任务的相关信息，也可以用更一般的方式搜索信息。到目前为止，所缺少的是将这些不同的方法组合在一起的解决方案，从而使它们共同发挥作用。如上所述，工作流和业务流程是两个不同的概念，因此常规搜索功能无法找到这两种表示形式中都包含的信息。将这些方面结合起来的方法将最大限度地提高用户满意度，并将查找相关信息所需的时间降到最低。

终端用户任务是主要焦点，因为它们构成了工作流程所需信息的基础，这些工作流程随后会被分解为特定的工作步骤。

16.1.3 组织和技术要求

在开发流程导航系统的过程中，我们发现了一些先决条件：

1）组织中的所有员工都被分配至少一个业务流程中的一个或多个特定角色。

2）在创建业务流程模型期间，角色被分配给特定的流程任务。

3）通过使用包含相关文档、超链接、文档类和其他信息（如业务对象）的建模工具特征，在语义上丰富流程模型。

4）识别业务流程中的用户：要么由手动给定，要么由工作流应用给出。然后，将此上下文用于上下文信息过滤。

5）使用业务对象形式的标记对流程元素进行注释是语义丰富的基础。因此，可以推断每个角色的相关业务对象。对于文档或超链接等信息也是如此。

16.1.4 技术平台

SemTalk®业务流程建模产品可用于构建解决方案，该产品由 Semtation GmbH 开发和分发。它是一个面向对象的流程建模工具，具有集成的标签机制。它旨在创建业务流程模型、组织图或本体模型，并允许在建模时对流程模型进行标记（基于给定的或用户创建的词汇表）。它作为一个基于.Net 框架技术的 Microsoft Visio 图形应用程序插件分发，因此 SemTalk 可以与基于 Microsoft 技术的其他产品协同工作。

SemTalk 可用于为不同类型的流程创建面向目标的表示。根本上，SemTalk 是更好地理解业务流程的工具，可对流程进行更改或优化。优化是通过对公司日常工作中所有关键流程和信息的深入了解来实现的。SemTalk 流程模型不仅仅是图形化的表示，还是信息、角色、IT 系统等的集合，包括相关文档的链接。流程创建者要选择模型中的数据，这些数据具有高度可配置性和灵活性，可以轻松添加新元素。SemTalk 中创建的信息和流程元素可以作为可重复使用的对象，也可以在不同的流程模型中重复使用。这样，建模过程反映了公司语言的独特领域。

为了满足上述要求，SemTalk 提供了以下功能：

1）以改进导航的方式从流程模型中总结语义数据。

2）将业务对象自动分配给流程元素。

3）将语义搜索与参数化进行集成。

4）将描述当前终端用户工作上下文的数据标识出来。

5）创建一个用户友好的门户网站来显示信息。

6）创建简单易用的功能，使用户容易理解和快速查找相关信息。

在我们的场景中，Microsoft SharePoint 服务器被用作流程模型的发布平台。通常，会创建一个流程门户网站，其中包含一个用于查看所有流程的图形查看器，以及一些 SharePoint 功能块（网络部件），该功能块用于显示附加到每个流程步骤的信息。流程模型保存在 SharePoint 服务器上。此外，可以保存建模过程中创建的模型信息，如角色、IT 系统和文档。此外，在开始建模项目之前，可以保存一个预定义术语列表，以便在建模过程中使用[4]。

Microsoft SharePoint 工作流引擎用于在 SharePoint 站点上自动执行流程[5]。在我们的场景中，SharePoint 本身用于实现和执行流程，这些流程为真实世界的流程建立了更技术性的表示。Microsoft SharePoint 服务器的另一个重要方面是搜索引擎，旨在查找位于 SharePoint 站点上的文档和其他信息。基于云的 SharePoint 版本使用了图形分析和人工智能来为用户推荐相关信息。标准的 SharePoint 搜索体验与显式指定的业务流程及其与用户的关系无关。利用流程模型可以过滤信息，使信息可以保持在流程相关的"气泡"中。

16.2　门户的完整说明

如前所述，基于流程导航的概念是建立在业务流程描述的基础上的。门户的目标是不仅要使用静态超链接将文档连接到流程元素，还要使用知识库（在示例中是 SharePoint）中的搜索结果，该搜索已基于流程上下文进行了参数化。

Microsoft SharePoint 搜索引擎提供了一些与此目标相关的功能，如查询配置功能、分类及文档和结构化信息的存储。SharePoint Server 是发布流程模型和所需元数据的主要平台。

Microsoft SharePoint 包含一个工作流引擎，它将流程实现为可执行的工作流。该规范是在 SharePoint 中通过名为 SharePoint Designer 的工具完成的。此外，还有一些第三方应用程序可以简化 SharePoint 工作流的规范。然而，不仅可执行过程可以被解释为工作流，在 SharePoint 中关联到特定的业务流程的非结构化用户交互（如搜索文档和使用表单）也可以被视为工作流，它们只是没有显式地定义在一个正式的工作流中。这些非结构化流程通常有改进的空间。因此，重要的是确定这些流程及其各自的流程步骤，确定哪些文档或信息是经常需要的，以及哪些不像预期那样容易访问。

16.2.1 基于流程上下文的搜索引擎参数化

使用信息对搜索引擎进行过滤和参数化有几种选项，具体如下[6-7]：

1）查询规则：搜索词影响引擎处理查询的方式，即可以针对特定的关键字或用户进行特定的操作。

① 有些源包含可搜索的内容。查询规则可以动态决定使用哪个源，如不同的 SharePoint 站点。

② 用户细分。通过使用用户角色或其他属性，用查询规则[8]修改查询，这样不同的用户可以得到不同的搜索结果。

2）内容扩充：爬取时，扩充服务将外部概念连接到已标识的概念。

3）自定义实体抽取：基于定义的词汇表，可在搜索文档中识别关键字。

在我们的流程上下文示例中，确定了三个用于参数化搜索的选项。

第一个选项是使用字典作为流程上下文（自定义实体提取）[9]的搜索源。与 SemTalk 一起，这些字典从流程和数据模型中导出到 SharePoint。字典由角色、流程步骤、同义词、业务对象和其他模型元素组成。当 SharePoint 的搜索引擎运行爬虫软件时，将在匹配到注释的爬取文档中搜索词典术语。带注释的文档对于过滤搜索结果中的相关文档非常有用。

第二个选项是使用内容扩充的概念。内容扩充的目的与自定义实体抽取相同，但它不是基于内部字典的，相反，它依赖于一个提供注释的网络服务。

在我们的示例中，第三个选项是使用流程模型作为执行搜索查询的基础：

1）哪些信息与特定用户的角色相关？

2）用户当前在哪个流程或流程步骤中，或者用户试图在哪个流程中查找信息？

3）对于特定的流程或流程步骤，可获得的文档中哪些文档是附加的，或者哪些文档是最有可能被搜索的？

4）哪些信息与当前流程领域相关联？

5）相同角色或使用相同工作流的其他用户访问过哪些文档？

对于本例中的推荐引擎，重点是第三个选项，因为这里模型是主要资产，而工作流、日志记录和使用情况数据来自第三方工具。

16.2.2　根据当前用户活动识别流程步骤

如何推导流程的特定参数，以便自定义搜索？

一个选择是从 SharePoint 工作流中识别流程步骤（工作流监控）。我们必须建立一个从业务流程模型到技术工作流的映射。在我们的解决方案中使用了相应的 SemTalk 功能，这意味着工作流任务与模型中的流程步骤相关联，以便建立公共上下文。使用 SharePoint 工作流实例的当前状态，我们可以在流程模型中找到指定的流程步骤，从而从流程模型中提取相关信息。业务对象通常可以定义用于过滤的信息子集。

另一个选项是分析 SharePoint 日志文件，以便推断实际的流程步骤。事件数据的流程挖掘已经成为一种流行的做法，但是识别和实现度量的基本架构始终是一个特定于流程的项目。消息中心（尤其是在云上的）使我们能够构建更复杂的事件到流程模型的映射。但是，本地 SharePoint 日志记录机制不能提供足够的相关数据，因此有必要使用额外的日志记录应用程序。

针对流程门户网站的 SemTalk 的特定事件记录功能，可以在用户访问工作流的流程和文档时记录用户的交互及其角色。可用此记录数据向具有相似角色和工作流程任务的下一个用户推荐信息。

16.2.3　流程门户中的流程信息

流程门户由多个网络部件组成。网络部件可以提供流程层次结构的详细信息，或提供一个导航树，其中包括按类型和名称分组的所有流程模型。这种图形和结构化信息的组合使用户能够访问与他们相关的流程模型。

16.2.4　基于流程上下文的门户事件日志记录

实际上，所有点击事件都被记录到一个外部数据库中，以添加关于该事件的信息。这些信息是流程模型、活动、文档和搜索，以及时间戳和工作流任务。可以使用这些信息改进向具有类似角色的未来用户提出的建议，这些用户在相同的流程模型中使用类似的搜索词。流程门户中的门户交互事件日志有以下几个好处：

1）根据之前的交互显示信息。

2）大多数重要文件的排名更高。

3）在此特定流程中经常被搜索的文档对于流程或流程步骤很重要。基于这些信息，可以直接将文档添加到流程模型中，或者以更高的排名呈现给下一个用户。

4）流程门户从用户那里学习哪些信息是相关的。

重要的是基于以下几个方面判断该事件的重要性及其文档的相关性：

1）对当前用户进行用户细分[10]。

2）工作流任务：用户执行哪些工作流。

3）用户当前正在使用的流程模型类型。

4）分配给用户的角色。

5）搜索术语。

6）打开的文件。

与门户中的用户驱动导航不同，基于日志事件的信息可以先发制人。系统自动添加建议，帮助用户找到他们需要的信息，然后将一组经过排序的文档和流程模型发送到流程门户，作为建议显示。

与本章基于的 SharePoint 2013 不同，SharePoint online 使用了云网络服务，提供了更多的过滤和搜索功能，包括知识图谱和人工智能。如果将这些工具应用于文档和模型内容，可提高搜索结果的质量。理想的推荐算法应该将所有这些结合起来。

16.2.5　工作流监控

流程门户建立后，可以添加工作流监视组件。使用工作流的定义文件（文件为 XML 结构）将工作流连接到流程模型，该文件被导入到 SemTalk 中。SemTalk 提取工作流任务并相应地创建可用的 SemTalk 对象，流程建模人员手动将这些工作流任务附加到适用的流程活动。之后，工作流任务和流程活动之间的映射信息将导出到 SharePoint 列表中。稍后，流程门户将访问此列表，以提供工作流监视视图。

使用 SharePoint 工作流根据当前工作流任务提供特定的信息，会带来以下好处：

1）文档直接链接到工作流任务，从而链接到与流程门户网站集成的工作流监控。

2）信息显示在图形化流程模型旁边。

3）工作流监控解决方案将业务流程模型与实时工作流实例联系起来。

4）选择流程步骤的同时也选择了相应的工作流任务及其附加的文档和结构化数据。

5）设置流程门户是为了根据用户细分显示特定用户的业务流程及当前工作流任务。

6）不需要主动搜索。

在工作流监视门户的场景中，门户的用户选择特定的工作流实例，Visio Web Access 网络部件根据前面创建的工作流任务和流程步骤之间的连接，将工作流显示为流程模型的叠加。已完成工作流任务的步骤显示为绿色框，而正在进行的工作流任务活动显示为红色框，以便用户查看工作流实例的状态。

门户可包含一个网络部件，用来显示已识别的用户。识别用户后，可对工作流任务进行个性化过滤，并推荐适当的活动。

门户还可包含另一个网络部件，显示该用户的所有工作流任务。在此网络部件中选择任务后将导航到相应的流程模型，并高亮显示工作流任务所附加的活动，用户可以大概了解其任务在业务流程上下文中的位置。如果用户在 Visio Web Access 网络部件中选择一个形状，那么他将从流程模型中获得所有附加的信息，如链接的文档、角色、属性等。用户需要的大部分信息是预先呈现出来的，不需要搜索，即可直接访问与该工作流实例相关的文档和项。

目前已经建立了这种门户（其将静态流程模型与动态运行时的信息结合起来），如任务列表、项目管理系统、ERP 系统、事件流程及物联网场景。总体概念是捕获执行状态，并使用可视化表示和逻辑流程图导航到相关内容。

16.3 建　　议

1）语义注释可能有助于流程模型中的基于知识的导航。

2）语义搜索可用于自动搜索单个流程步骤的文档。搜索参数可以基于流程上下文信息确定。

3）基于知识的导航应该集成到知识生态系统中，如 Microsoft SharePoint。然而，其托管元数据的概念不能发挥语义技术的全部潜力。

4）即使没有完整的语义技术栈，也可以构建有用的导航和搜索解决方案。

5）企业环境中的语义项目总是需要领域的概念模型。如果已经有了这些，项目成功的可能性就会高得多。

16.4 结论与未来研究

实践证明，基于流程的导航支持信息过滤。添加语义概念可以减少信息溢出，并有助于专注于与业务相关的信息。其总体目标是向用户显示相关的流程信息，且不必手动触发搜索，而是让它预先显示出来。

未来的研究可能包括将其他知识源添加到流程上下文中，以便可以更灵活地访问这些信息。

参 考 文 献

[1] Freund J (2017) BPM guide. BPMS-die nächste Generation. http://www.bpm-guide.de/2010/01/16/bpms-die-nachste-generation/.

[2] Wolverton M, Martin D, Harrison I, Thomere J (2008) A process catalog for workflow generation. In: Sheth A et al (eds) ISWC, LNCS, vol 5318. Springer, Berlin /Heidelberg, pp 833-846.

[3] Weßel C (2011) Einführung von Prozessmodellen als Chance zur Organisationsentwicklung: Das Beispiel Klinische Behandlungspfade. Manuskript. Frankfurt am Main.

[4] Semtation G (2014) Microsoft Visio und Microsoft SharePoint. Von http://www.semtation.de/: http://www.semtation.de/index.php/de/visiosharepoint.

[5] msdn.microsoft.com (2012) Get started with workflows in SharePoint 2013. Von. http://msdn.microsoft.com/: http://msdn.microsoft.com/en-us/library/office/jj163917.aspx.

[6] Battiston F (2013) How to customize SharePoint 2013 search results using query rules and result sources. Von http://blogs.technet.com/:https://blogs.technet.microsoft.com/mspfe/2013/02/01/how-to-customize-sharepoint-2013-search-results- using-query-rules-and-result-sources/.

[7] technet.microsoft.com (2013) Overview of the search schema in SharePoint Server 2013. Von http://technet.microsoft.com: http://technet.microsoft.com/en-us/library/jj219669.aspx.

[8] Skinner R (2013) User context sensitive searching in SharePoint 2013 Part 1. Von http://richardstk.com/:.http://richardstk.com/2013/07/12/user-context-sensitive-searching-in-sharepoint-2013-part-1/.

[9] diZerega R (2013) Advanced content enrichment in SharePoint 2013 search. Von http://blogs.msdn.com/: http://blogs.msdn.com/b/richard_dizeregas_blog/archive/2013/06/19/advanced-content-enrichment-in-sharepoint-2013-search.aspx.

[10] Peschka S (2012) Using user context (AKA segmentation) in search with SharePoint 2013. Von http://blogs.technet.com/:http://blogs.technet.com/b/speschka/archive/2012/12/02/using-usercontext-aka-as-segmentation-in-search-with-sharepoint-2013.aspx.

第17章

特定领域的语义搜索程序示例：SoftwareFinder

本章要点

1）特定领域的语义搜索应用程序可以改善用户体验。

2）语义搜索应用程序通过语义应用逻辑扩展了传统的全文搜索，示例包括语义方面的搜索、语义自动建议和相似产品推荐。

3）语义搜索应用程序的核心是本体，所有语义应用逻辑都依赖于本体。

4）语义应用逻辑的实现取决于应用程序领域和所使用的本体。

5）对于许多应用领域，如软件组件搜索，不存在预定义的本体。

6）在不存在预先定义的本体并且无法进行手工本体开发的情况下，可以基于数据挖掘半自动地开发简单本体。

17.1 简 介

现在的软件开发在很大程度上意味着集成已有的软件组件。组件是软件的一个单元，其具有已发布的接口，如数据库管理系统、中间件组件和 GUI 库，这些组件可以与其他组件组合使用，形成更大的单元[1]，如库、框架、网络服务和整个应用程序。软件解决方案架构师的一项重要任务是确定合适的软件组件，包括商用的、免费的或开源的。为了确定组件在项目环境中的适用性，软件架构师需要考虑不同方面，如许可证类型、成熟度、社区支持等。

随着组件数量的快速增长，软件重用中的一个主要问题是缺乏有效手段来检索可重用组件[2]。通常，软件架构师依赖于他们已知的软件组件。面对新的问题领域，他们只能向同事请教，或者利用谷歌等通用搜索引擎。另外，他们还会访问提供各类软件组件的站点，如 GitHub、Apache.org 或 Sourceforge.net。

将语义搜索应用程序用于软件组件检索不是很好吗？例如，通过查询"Free Java library for machine learning?"（机器学习的免费 Java 库有哪些？），语义搜索应用程序就会返回一系列合适的产品，如 Weka 和 RapidMiner。

语义搜索应用程序在过去十年中越来越流行[3]，各个领域都已经创建了语义搜索应用，包括酒店门户网站、专利检索、约会网站等。令人惊讶的是，语义搜索在计算机科学领域，特别是软件组件方面，还没有得到广泛的应用，正如"鞋匠的儿子总是打赤脚"。

本章介绍了软件组件的语义搜索应用程序 SoftwareFinder 的概念及其实现。

17.2　SoftwareFinder 示例

本节通过搜索"机器学习免费 Java 库"的示例来说明 SoftwareFinder 的用户交互概念。SoftwareFinder 提供了一个简单的搜索框，类似于谷歌搜索引擎。语义自动推荐功能会推荐合适的术语，如图 17.1 所示。

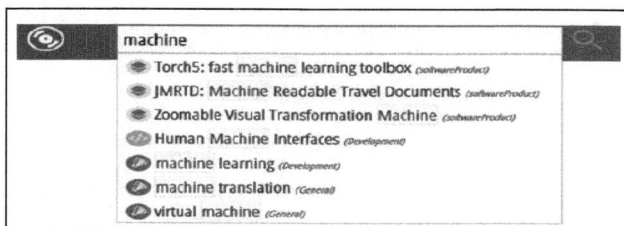

图 17.1　语义自动推荐

当用户依次在框中输入搜索词（在本例中为 machine learning）的字母时，语义自动推荐功能会为搜索查询提供合适的自动补齐的词。示例中的建议包括具体的产品（如"Torch5: fast machine learning toolbox"）、开发术语（如"Human Machine Interfaces"）和通用术语（如"machine learning"）。除了类似谷歌的自动推荐提示外，语义自动推荐还推荐其他带有语义类别的术语，如软件产品、编程语言、业务、开发、通用等。此外，同义词和首字母缩略词也被考虑在内。

输入搜索词后，将显示术语 machine learning 匹配的软件组件的列表。另外，我们称之为"主题饼图"[4]的创新用户交互元素可以支持语义分面搜索，如图 17.2 所示。

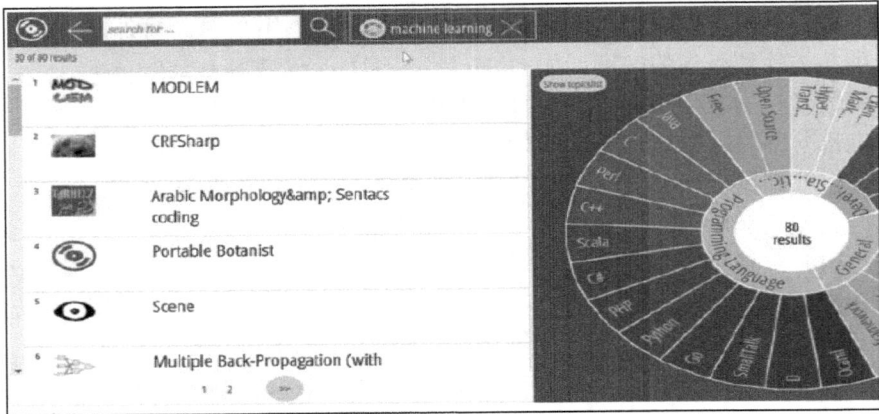

图 17.2　主题饼图

主题饼图包含不同颜色的部分，这些部分将不同的语义类别表示为方面，如编程语言、许可证、开发等（图 17.2 中的内环）。图 17.2 中外环包含具体实例，如 Java、C#、Python 等编程语言。

现在，用户可以通过选择主题饼图的一部分（如 Java、Open Source 等）来迭代地优化搜索，这部分将显示在搜索框旁边，如图 17.3 所示。

图 17.3　逐步改进的语义分面搜索

在每个优化步骤中，搜索结果列表及主题饼图都会进行更新来匹配当前搜索条件。因此，结果的数量可以从最初的 150（machine learning）减少到 35（machine learning & Java），最后减少到 20（machine learning & Java & Open Source）。

导航的后退按钮允许返回之前的搜索状态。此外，可以从各种角度探索搜索空间，如编程语言、许可证类型等。例如，编程语言 Java 可以用 Python 代替，如图 17.4 所示。

图 17.4　修改"编程语言"维度

最后，假设选择了产品 Weka，会显示一个包含简短描述、标签、编程语言、许可证类型和评分星级的详细信息页面，并会提供指向项目主页和软件下载页面的链接，如图 17.5 所示。

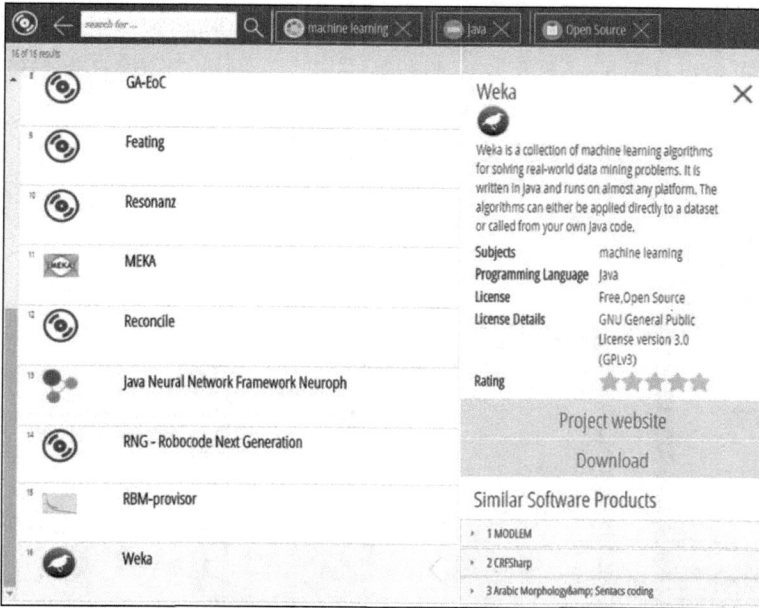

图 17.5　软件产品详细信息

通过主题饼图进行语义自动建议和语义分面搜索，可帮助用户快速缩小搜索范围。但是，有时扩大视野非常有帮助，特别是当用户已经知道某个特定产品（如Weka）而对类似产品感兴趣时。众所周知，网上商店会提供诸如"购买此产品的客户也喜欢的产品"的建议，SoftwareFinder 同样提供此功能，推荐语义上相似的软件产品，如图 17.6 所示。

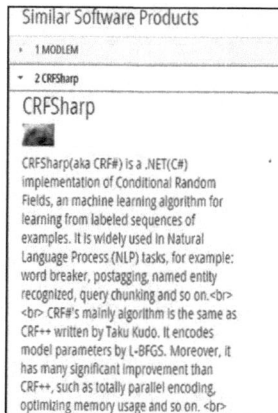

图 17.6　类似软件产品

SoftwareFinder 响应迅速，可以在台式机、平板电脑和智能手机等不同设备上运行，布局会自动适应屏幕尺寸。在智能手机上，主题饼图仅在屏幕的左下角部分可见。触摸时，将完全显示并可正常使用。

当然，响应式设计不是语义功能。但是，为了改善语义应用的用户体验，像响应式设计这样的因素同样重要，如图 17.7 所示。

图 17.7　响应式设计[5]

17.3　本体作为语义应用的核心

本体是 SoftwareFinder 等语义应用程序的核心。所有的语义应用逻辑，如语义自动推荐、通过主题饼图进行语义分面搜索、语义搜索与排序、推荐等都是基于本体的，如图 17.8 所示。

对于 SoftwareFinder，实现上面介绍的语义应用逻辑只需要一个简单的本体（例如，以词库的形式），本体由术语（如 machine learning）、语义类别（如 general）、缩略语（如 ML）、同义词（如 machineLearning 和 machine learnings）和评分（如 0.6）组成。

像 Weka 这样的软件产品，除了使用名称、简短描述和下载链接等属性描述外，还使用本体术语（标签、编程语言和许可证类型）进行描述。

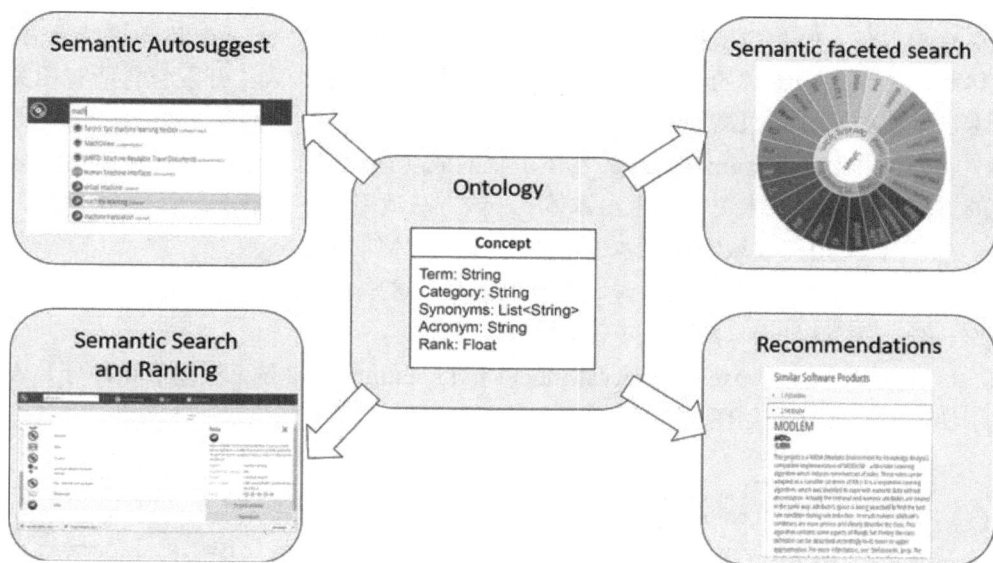

图 17.8　作为语义应用逻辑基础的本体

17.3.1　如何获得本体

SoftwareFinder 的本体虽然结构简单，但需要足够完整才能发挥作用。这意味着其必须包含所有可搜索的软件产品使用的所有标签、编程语言和许可类型。所有的术语必须在语义上分类，并在适当的地方提供同义词和首字母缩略词。

开发语义应用程序的最佳做法是首先寻找合适的现成本体。然而，尽管进行了大量的搜索工作，但仍然没有现成的本体能够满足 SoftwareFinder 的需求。像 DBpedia 或 YAGO 这样的通用本体目前还不够专业化。特定领域的分类系统和分类法（如 ACM 或 IEEE 中的分类法）包含通用的术语和类别，但没有像“日志分析”这种特定的标签。

像 Apache.org、Sourceforge.net 和 AlternativeTo.net 等软件托管站点提供了描述软件组件的标签，这些标签可用于派生所需本体背后的术语。使用爬虫技术，可以识别 20000 多个术语。然而，手工创建包含 20000 个术语的本体需要大量时间。那么如何处理才是最好的方式？

17.3.2　使用大型领域术语开发本体的经济有效的方法

如果应用领域没有合适的现成本体可用，则需要开发新的本体。开发本体的良好起点是一组与应用程序领域相关的术语，我们把这样一组术语称为领域术语。然而，如果一个领域的术语很多，如有数千个术语，那么人工开发包含所有相关术语本体的成本是很高的。

为了开发 SoftwareFinder 的本体，我们成功地使用了一种方法：用半自动化的方式从大型领域术语中派生出本体[6]。该方法适用于下列情况：

1）在应用的领域中需要本体，并说明了本体的需求。

2）应用领域存在大量术语，约有数千个，这些术语需要包含在本体中。

3）没有满足需求的现成本体。

有关 BPMN（business process model and notations，业务流程模型和符号）表示法的方法概述，如图 17.9 所示。

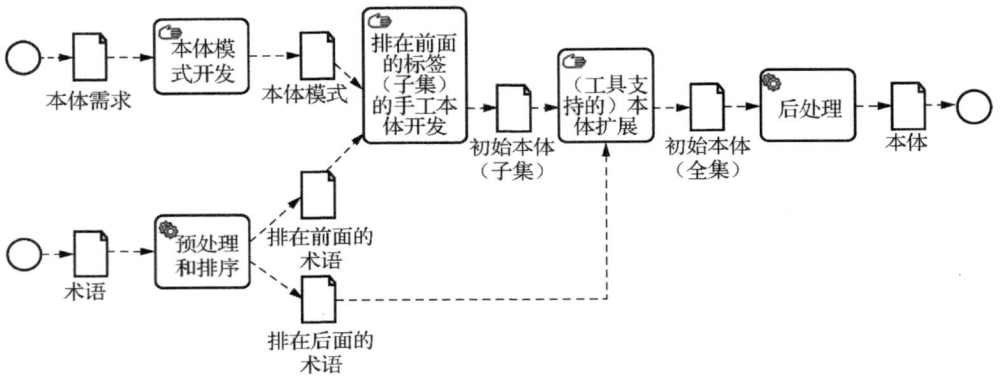

图 17.9　从大量领域术语开发本体的方法（改编自参考文献[6]）

1. 本体模式开发

基于本体需求，需要开发领域的本体模式。在软件组件搜索示例中，本体需求如下：所有描述软件组件的术语都应指定一个语义类别，如术语"企业资源规划"对应"业务"类别或术语"数据库管理系统"对应"开发"类别。对于 SoftwareFinder，已经确定了 12 个语义类别。首字母缩略应与术语相关联，如 DBMS 与"数据库管理系统"关联。此外，同义词应与术语相关联，如"数据库"与"数据库管理系统"。

基于这些需求，本体模式由单个实体"概念"组成，在图 17.10 中以 UML 类图的形式表示。

概念
术语：String 类别：Strings 同义词：List\<Strings> 首字母缩略：String 排序：Float

图 17.10 概念实体类图[6]

2. 预处理和排序

在此步骤中，术语被规范化，异常是依据特定领域处理的。此外，所有术语均根据相关性进行了排序。

对于 SoftwareFinder，使用以下配置数据进行标准化。

1）黑名单（需忽略的列表）：有些术语与 SoftwareFinder 无关。例如，Sourceforge.net 中使用的术语"其他/未列出的主题"没有为软件组件搜索提供有用的信息。因此，在黑名单中指定了这些术语，这样可以在预处理步骤中将它们从术语表中删除。

2）复合术语：有些术语是包括多个概念的复合术语。例如，术语"音频/视频"表示音频处理和视频处理的功能。为了改进搜索，可以将这些术语分成多个词，如"音频"和"视频"。

需要针对领域根据频率对术语进行排序是特定于领域的。对于 SoftwareFinder，会参考术语对应的软件组件的数量计算其相关性：术语的使用频率越高，则认为其越相关。

"预处理与排序"步骤的输出是一个标准化的术语列表，按照频率排序，将频率最高的术语放在首位。

3. 手工本体开发

在此步骤中，领域专家会获得术语的可管理子集（如排名前 500 的术语），并手动创建相应的概念和关系。

这包括手动将术语分配到适当的语义类别。此步骤输出第一版本体，由包含术语及对应语义类别的概念子集组成。

4. 本体增强

在此步骤中，开发了初始的完整本体（包括排名较低的术语）。为完成此任务，可以交互使用领域的软件工具。

在软件组件搜索示例中，可以开发简单的软件工具并将其用于识别同义词和首字母缩略词的候选词。例如，一个术语包含在另一个术语中，预示了潜在的同义词，如 word processor（文字处理器，单数）包含在 word processors（文字处理器，复数）中。

注意：从语言学上讲，word processor 和 word processors 不是同义词。但是，我们假设用户在托管站点（如 sourceforge.net）手动标记软件组件时，会认为这两个术语可以互换。

此外，诸如 Jaro-Winkler[7]这样的模板匹配技术可以用于寻找潜在同义词的相似性线索，如 word processor 和 word processing。使用这些工具，领域专家可以交互式地对本体进行增强。

为了找出本体术语中潜在的缩略词，使用 Schwartz 和 Hearst[8]提出的提取缩略语的算法。该算法的输出是本体中所有术语的建议潜在缩略词列表，领域专家可以手动遍历列表并相应地扩展本体。

5. 后处理

在该步骤中完成整个本体。这里，可以使用自动化智能流程。

在软件组件搜索示例中，需要为所有排名较低的词汇（总数超过 20000 个）预测语义类别。预测的输入为软件组件中术语的共现。这是基于以下假设：通常一起用于描述软件组件的术语属于同一语义类别。

为了验证该假设，我们用各种监督机器学习技术[9]进行了实验。训练集基于手动标注的排在前面的术语（约 700 个）的语义类别。我们使用了数据科学平台 RapidMiner（https://rapidminer.com），应用了深度神经网络、贝叶斯分类器和决策树等十多种机器学习技术，使用交叉验证[10]对总体精度进行了评估。但是，所有方法的精度都在 27%～37%，这样的精度是不够的。

为了提高预测准确性，我们实施了针对领域的启发式方法。对于每一个术语，收集在所有软件产品中与其共现的所有术语。这些共现的术语中最常使用的语义类别作为语义类别的预测。参考以下示例：

1）"文字处理器"（类别："通用"）。其中，通用：259（正确!），开发：38，基础架构：37，商业：12，多媒体：8，通信：7，标准：6，科学：5，人文：5，娱乐：3，工程：2，安全：1。

2）"数据库管理系统"（类别："基础架构"）。其中，基础架构：81（正确!），开发：43，一般：31，业务：15，标准：3，科学：1。

3）超文本标记语言（HTML，类别："标准"）。其中，开发：353（不正确!），一般：147，标准：63，基础设施：38，通信：11，商业：4，多媒体：2，人文：2。

该方法在预测精度上优于机器学习方法。787 项中，正确分类 391 项，错误分类 287 项，不能分类 109 项，预测的准确率约为 50%。不对共现术语进行分类，就不可能对术语进行预测。

对于 SoftwareFinder，启发式方法的预测准确性是足够的，因为错误的语义类别不是影响任务的关键因素。例如，对 HTML 进行错误分类的唯一影响是，在语义自动建议和主题饼图中，HTML 将在"开发"类别下而不是"标准"类别下显示。SoftwareFinder 的用户可能会对此感到惊讶，但其肯定不会妨碍语义搜索。

17.4　如何实现语义功能

图 17.11 给出了 SoftwareFinder[5]的软件架构。其软件架构分为离线子系统和在线子系统，其中：离线子系统管理对软件托管站点的爬取，以批处理的方式定期更新 SoftwareFinder 的数据存储；在线子系统执行语义搜索。

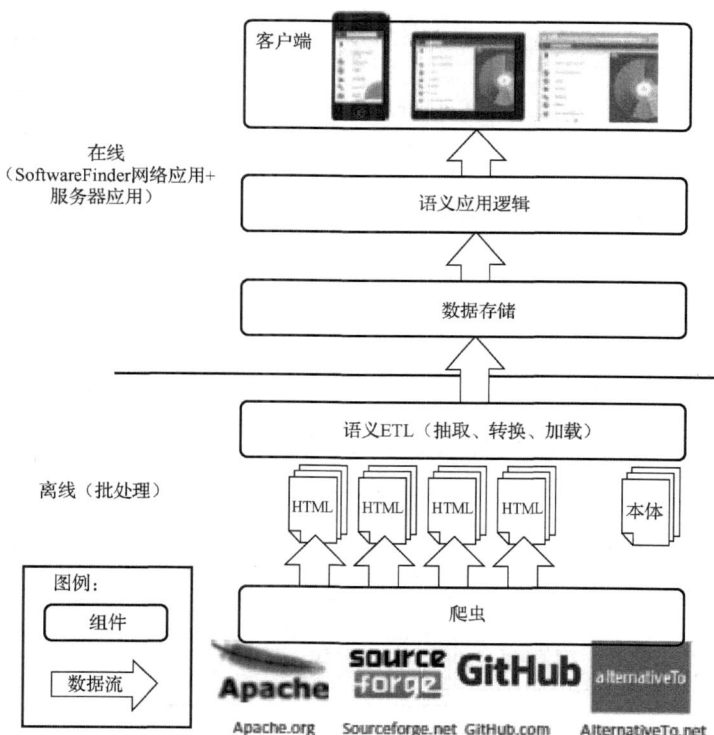

图 17.11　SoftwareFinder 软件架构[5]

1. 离线子系统

SoftwareFinder 离线子系统使用软件流水线架构。爬虫程序访问软件托管站点，并保存托管的各个软件组件的 HTML 页面。然后，开始语义 ETL 过程。从 HTML 页面中抽取软件组件的元数据，将它们转换成统一的格式，进行语义预处理，并加载到数据存储中。

2. 标签规范化

使用本体对来自不同托管站点的软件组件标签进行自动规范（图 17.12）。例如，同义词标签 Monitor 和 Monitors 被统一为首选标签 Monitor；还处理了首字母缩略词，如 CMS 被"内容管理系统"代替；去掉了列入黑名单的标签（如"其他/未列出的主题"），并拆分了复合标签（如"项目和站点管理"）。

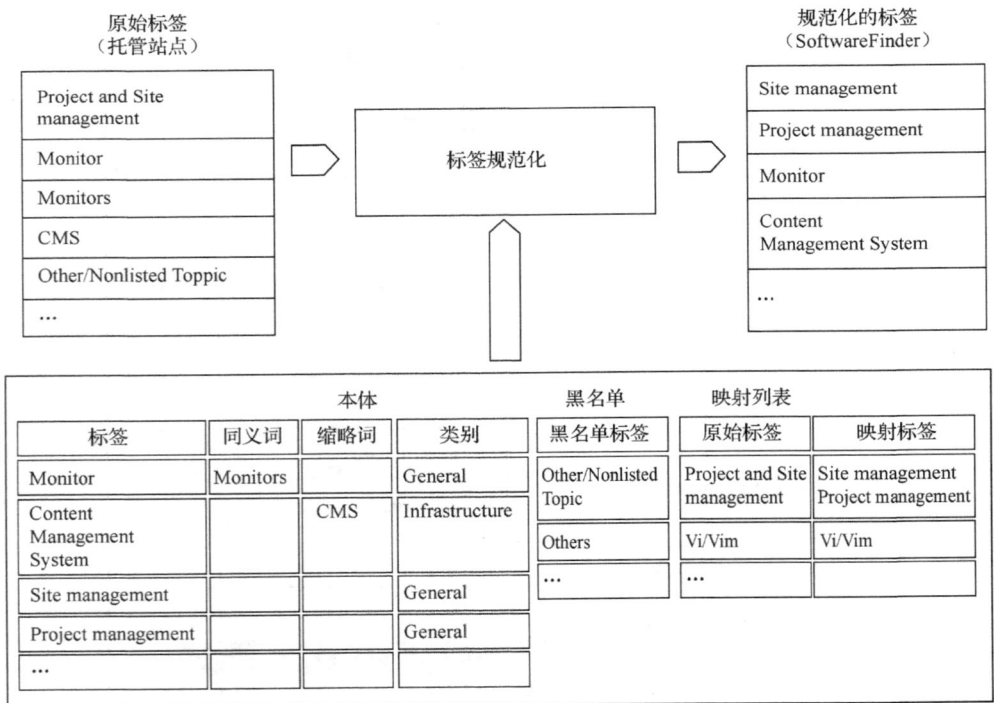

本体				黑名单	映射列表	
标签	同义词	缩略词	类别	黑名单标签	原始标签	映射标签
Monitor	Monitors		General	Other/Nonlisted Topic	Project and Site management	Site management Project management
Content Management System		CMS	Infrastructure	Others	Vi/Vim	Vi/Vim
Site management			General	...	...	...
Project management			General			
...						

图 17.12　标签规范化[5]

3. 在线子系统

在线子系统设计为经典的三层体系结构，包括客户端、语义应用逻辑和数据存储。客户端实现包括响应式设计的 SoftwareFinder GUI。它通过 API 访问语义应用逻辑。语义应用逻辑涵盖了各个方面，包括语义自动建议、语义分面搜索和建议等。数据存储包含软件组件和本体的元数据，对其进行索引以实现高性能访问。

4. 语义自动建议

为支持语义自动建议服务，对本体中的所有概念及所有编程语言、操作系统、许可证类型和软件产品名称都进行了索引。最初，将与用户输入匹配的标签进行了基于启发式的相关性排序。使用的启发式方法如下：术语词频越高，即标签在软件产品元数据中使用的频率越高，其相关性就越高。

在潜在的数百个匹配标签中，只有前七个标签会展示给用户。使用基于相关性的排序只有一个缺点，即在很多情况下，显示的标签都属于同一个类别。为了增加类别的多样性，对基于相关性的初始排序结果进行重新排序。通过去掉同一类别的多余术语，可以确保用户至少可以从三个不同类别中选择相关标签。

5. 主题饼图生成

主题饼图分几个步骤生成，如图 17.13 所示。主题饼图生成器的输入是当前搜索的结果集合，即软件产品元数据的列表。首先，从元数据中提取标签；然后，将提取的标签根据其类别进行分组，并使用基于启发式的相关性排序方法。使用的启发式方法如下：术语频率越高，即标签在结果集中使用的频率越高，标签就越相关。因此，标签的评分是在结果集中出现的次数。类别也根据其中各个标签的排名进行排序：类别在结果集中出现次数越多，它就越相关。因此，类别的评分是其标签评分的总和。

主题饼图可容纳多达 25 个标签，而这些标签是从数百个选定的标签中得到的。只选择排名前 25 位的标签通常导致只会向用户显示 1～2 个类别。因此，就像语义自动建议功能一样，为了显示均衡的主题饼图，对相关性与多样性进行了权衡。通过去掉每个类别的多余标签，可以确保有五个不同类别的标签可供用户选择。

6. 推荐

为了推荐与用户当前选择的软件组件相似的软件组件，使用相似性度量：两个软件组件共有的标签越多，它们就越相似。由于所有标签在语义 ETL 过程中都已标准化，因此这里不需要考虑同义词、首字母缩略等问题。相似软件组件列表中，排在前三的组件将展示给用户，而列表是根据相似性排序的。

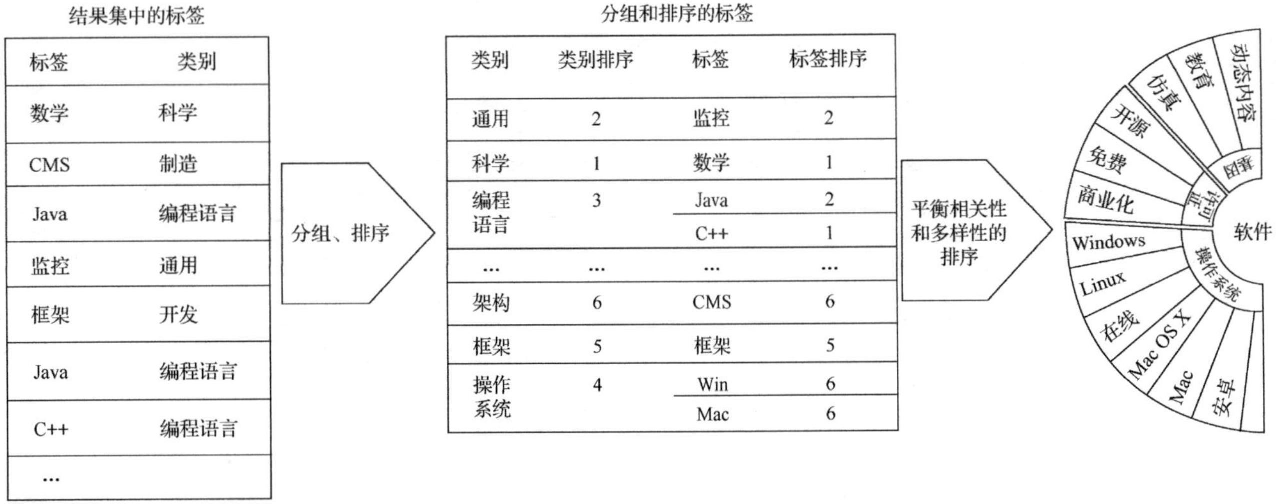
结果集中的标签
标签 类别
数学 科学
CMS 制造
Java 编程语言
监控 通用
框架 开发
Java 编程语言
C++ 编程语言
…
分组、排序
分组和排序的标签
类别 类别排序 标签 标签排序
通用 2 监控 2
科学 1 数学 1
编程语言 3 Java 2
C++ 1
… … … …
架构 6 CMS 6
框架 5 框架 5
操作系统 4 Win 6
Mac 6
平衡相关性和多样性的排序
软件
图书
动态内容
教育
仿真
许可证
开源
免费
商业化
操作系统
Windows
Linux
在线
Mac OS X
Mac
安卓

图 17.13 主题饼图[5]

17.5 实　　现

我们已经成功地实现了 SoftwareFinder。服务器是用 Java 8 实现的，涉及许多第三方库，如爬虫使用 crawl4j 库，数据存储使用 Apache Lucene。语义搜索是通过 Lucene 的文档字段实现的。排名策略是使用 Lucene 的自定义 boosting 实现的。语义自动建议的索引使用了 Lucene 建议器，基于名为 AnalyzingInfixSuggester 的中缀匹配功能。即使对于复杂查询，其访问性能也在 100ms 以内。

客户端/服务器通信是通过 HTTP 进行的，使用 JSON 作为数据格式。客户端网络应用程序是用 HTML5/CSS3/JavaScript 实现的，使用多种 JavaScript 库，如Knockout.js 用于实现 MVVM 架构，JQuery、JQuery-UI 和 JQuery-touchSwipe 用于部件开发和客户端-服务器通信。

服务器和网络应用程序部署在 Apache Tomcat servlet 容器中，可以在以下 URL使用 SoftwareFinder: www.softwarefinder.org。

17.6 建　　议

我们总结了实现 SoftwareFinder 的主要经验。

1）在没有合适的现成本体但是有大量领域词汇的应用领域中，半自动本体开发可能是一种经济高效的方法。手工分类工作可以使用智能工具进行支持，如同义词和首字母缩略词建议；还可以通过启发式方法和机器学习进行支持，如自动术语分类。

2）在实现语义搜索应用程序时，考虑提供以下基于本体的功能：

① 语义自动建议：这是谷歌等搜索引擎自动建议功能的增强版，包括类别、同义词或首字母缩略词等语义信息。

② 通过主题饼图实现语义分面搜索：基于搜索结果和本体向用户提供用于优化搜索的选项（分面）。作为直观的图形部件，主题饼图可用于显示语义分面。

③ 推荐：在选择搜索结果时，可以为用户推荐在语义上相似的替代产品。

3）Apache Lucene 和 Apache Solr 等搜索技术适合用于实现高性能的语义搜索，如语义自动建议、通过主题饼图实现的语义分面搜索和推荐等功能可以使用搜索技术很好地实现。

17.7 结 论

语义搜索应用可以改善用户体验。但是，这不是凭空而来的，必须准备合适的本体、开发高性能的语义应用逻辑及精心设计用户界面。

我们希望 SoftwareFinder 是使用语义搜索来改善用户体验的一个很好的示例。

参 考 文 献

[1] Deuschel T, Greppmeier C, Humm BG, Stille W (2014) Semantically faceted navigation with topic pies. ACM Press, Leipzig.

[2] Hopkins J (2000) Component primer. Commun ACM 43(10):27-30.

[3] Humm BG, Ossanloo H (2016) A semantic search engine for software components. IADIS Press, Mannheim, pp 127-135.

[4] Humm BG, Ossanloo H (2017) Cost-effective semi-automatic ontology development from large domain terminology. In: Proceedings of the collaborative European research conference (CERC 2017), Karlsruhe.

[5] Larson SC (1931) The shrinkage of the coefficient of multiple correlation. J Educ Psychol 22:45.

[6] Russell SJ, Norvig P (2009) Artificial intelligence: a modern approach, 3rd edn. Pearson Education, Upper Saddle River.

[7] Schwartz AS, Hearst MA (2003) A simple algorithm for identifying abbreviation definitions in biomedical text. Pac Symp Biocomput 2003:451-462.

[8] Sirisha J, Subbarao B, Kavitha D (2015) A Cram on semantic web components. Int J Adv Res Comput Sci 6(3):62-67. 6 p.

[9] Spinellis D, Raptis K (2000) Component mining: a process and its pattern language. Inf Softw Technol 42(9):609-617.

[10] Winkler WE (1999) The state of record linkage and current research problems. US Census Bureau, Washington, DC.